グローバリゼーションと
アメリカ・アジア太平洋地域

杉田 米行 編著

大学教育出版

グローバリゼーションとアメリカ・アジア太平洋地域
目　次

序　章　グローバリゼーションとアメリカ・アジア太平洋地域
　　　　　　　　　　　……………………（杉田米行）………3

第1章　グローバリゼーションと横井小楠
　　　　　　　　　　　……………………（森藤一史）……10
　1．問題の限定……………………………………………10
　2．「グローバリゼーション 1.0」と横井小楠…………12
　3．「グローバリゼーション 2.0」と横井小楠…………16
　4．小楠の「グローバリゼーション 2.0」批判
　　　──　むすびにかえて　…………………………24

第2章　太平洋を渡った日本人、帰ってきた日系人
　　　──　グローバリゼーションの落とし子は故郷に錦を飾れたか？　──
　　　　　　　　　　　……………………（杉野俊子）……30
　はじめに……………………………………………………30
　1．日本からアメリカへ（1885-1924）…………………32
　　(1) グローバリゼーション、移民、日系の定義　32
　　(2) 中国人移民から日本人移民へ（1885-1924）　33
　　(3) 「敵性外国人」としての日系人（第二次世界大戦中）　34
　2．日本からブラジルへ（1908-1954-1989）……………36
　3．ブラジルから日本へ（1990-2008）…………………38
　　(1) 出稼ぎからデカセギ（*dekasseguis*）へ　38
　　(2) 浜松の日系ブラジル人　40
　　(3) 浜松のブラジル人学校　41
　　(4) 浜松住人と日系ブラジル人の関わり　43
　4．再び日本からブラジルへ（1990-2008）……………46
　5．日系移民の共通項……………………………………48
　おわりに……………………………………………………51

第3章　太平洋におけるメキシコと日本の邂逅
　　　── グローバリゼーションがもたらす薄墨色の境界線 ──
　　　　　　　　　　　　　　　　……………………（井村俊義）……*58*

はじめに………………………………………………………………………*58*

１．明確な境界線から薄墨色の境界線へ……………………………*60*

　　(1) グローバリゼーションと境界線　*60*

　　(2) 1940年代前半のロサンゼルス　*64*

２．太平洋で出会うための文法と概念………………………………*67*

　　(1) 薄墨色の修辞法とディフラシスモ　*67*

　　(2) パレーデスとグレーター・メキシコ　*70*

おわりに………………………………………………………………………*73*

第4章　グローバリゼーション時代における文化交流の可能性
　　　── ポピュラー・カルチャーは国家的・文化的特質を変容させうるのか？──
　　　　　　　　　　　　　　　　………………………（中垣恒太郎）…*79*

序　グローバリゼーション時代の文化交流の現在
　　　── アメリカナイゼーションからジャパナイゼーションへ …*79*

１．1980年代以降の「日本」表象
　　　──「ガイジン」としての眼差しと高度消費文化（ハイパー・
　　　コンシューマリズム）前夜 ………………………………………*83*

２．「ジャパン・アズ・ナンバーワン」を超えて
　　　──「日本」表象の分岐点 ………………………………………*87*

３．21世紀の「日本」表象映画
　　　──『ロスト・イン・トランスレーション』(2003)……………*89*

４．『ジャパニーズ・ストーリー』(2003)
　　　── 図式としての異文化の相克 …………………………………*92*

５．『畏れ慄いて』(2003)
　　　── カイシャ社会の中の『戦場のメリー・クリスマス』………*98*

結論 ………………………………………………………………… *105*

第5章　グローバリゼーションとアーティストの想像力
　　——『ミリキタニの猫』と『海辺のカフカ』——
　　　　　　　　　　　　　　……………（ゲイル・K・サトウ）…… *109*
　　1．間テクスト性 ………………………………………………… *112*
　　2．1943年トゥールレーク・2001年ニューヨークシティ ……… *115*
　　3．1944年山梨県・2001年東京／高松 ………………………… *118*
　　4．世界の猫——生きるためのメタファー …………………… *122*

第6章　韓国の「世界化」と英語教育改革
　　　　　　　　　　　　　………………………（樋口謙一郎）…… *129*
　　はじめに
　　　　——韓国における「世界化」と英語教育政策のかかわり…… *129*
　　1．英語教育改革の背景——世界化推進委員会とIMF危機 …… *131*
　　　(1)　世界化推進委員会の認識　　*131*
　　　(2)　IMF危機と英語　　*132*
　　2．英語教育改革の手法 ………………………………………… *133*
　　3．英語教育改革の結果——「過熱」と「格差」の処方箋？…… *135*
　　むすび——グローバルな英語と韓国の英語教育 ……………… *139*

第7章　アメリカにおける国民統合の振り子
　　——上院包括的移民制度改革法案を手がかりとして——
　　　　　　　　　　　　　　　……………………（山中亜紀）…… *143*
　　はじめに ………………………………………………………… *143*
　　1．「不法移民問題」の所在 ……………………………………… *146*
　　2．包括的移民制度改革法案をめぐる攻防の「争点」………… *150*
　　3．一体性と多様性 ……………………………………………… *155*

　　　　　　　　　　　　　　　　　　　　　　　　　　目　次　v

　　おわりに ………………………………………………………………161

第8章　日本の安全保障政策とグローバリゼーション（1953－60）
　　　──「極東条項」への批判はどのように生まれたのか？──
　　　　　　　　　　　　　　　　　　……………（正司光則）……170
　　1．問題の所在 …………………………………………………………170
　　2．MSA協定と自衛隊の「海外派兵」………………………………172
　　3．55年体制の成立と重光ダレス会談 ………………………………176
　　4．日本社会党と「巻き込まれる恐怖」………………………………182
　　5．「極東条項」の変容…………………………………………………191
　　6．おわりに ……………………………………………………………197

第9章　環境問題とアメリカ
　　　──京都議定書離脱後のアメリカ国内における環境保全への視点と政治的アプローチ──
　　　　　　　　　　　　　　　　　　……………（上田伸治）……204
　　はじめに …………………………………………………………………204
　　1．アメリカのブッシュ大統領の環境政策 …………………………206
　　　（1）2008年洞爺湖サミットにおけるブッシュの論理　206
　　　（2）京都議定書の影響　207
　　　（3）一貫していたブッシュ政権の姿勢──京都議定書の離脱　208
　　　（4）ブッシュ政権の代替案──国内の環境政策　210
　　2．ブッシュ政権の国内環境政策への反対 …………………………211
　　　（1）ブッシュの環境政策に反対した市民、団体、州政府　211
　　　（2）グローバルな視点に立った企業の環境問題に対するアプローチ　214
　　　（3）連邦政府から独立した行政政策を行ったカリフォルニア州　216
　　　（4）共和党州知事と民主党多数派の州議会の団結と国際社会の擁護　218
　　3．連邦最高裁判所の判決に見られる三権分立のダイナミズム …221
　　　（1）州政府の主張とブッシュ政権の判断　221

(2) 連邦最高裁判所判決 *Massachusetts v. EPA* の主文　*222*
　　　(3) 判決に対する反応　*223*
　　　(4) 連邦最高裁判所の反対意見に見られるロジック　*224*
　　4．連邦裁判所の判決以降の動き ……………………………*226*
　　　(1) 議会の動きと環境保護庁の判断　*226*
　　　(2) 環境問題に対する省庁間の温度差　*228*
　　　(3) 連邦政府のレトリックと州政府の反論　*230*
　　まとめ ………………………………………………………………*233*

あとがき ……………………………………………(杉田米行)……*246*
執筆者紹介 …………………………………………………………*247*

グローバリゼーションとアメリカ・アジア太平洋地域

序　章

グローバリゼーションとアメリカ・アジア太平洋地域

　「グローバリゼーション」という言葉を辞書でひくと、「世界的規模に広がること。政治・経済・文化などが国境を越えて地球規模で拡大することをいう」（大辞林）、「国際化。特に、経済活動やものの考え方などを世界的規模に広げること」（大辞泉）、「国家の枠を越え世界的規模に広げること」（デイリーコンサイス国語辞典）などと定義されている。さらに、百科事典では詳細になり、「近代世界を特徴づけてきた均質化と差異化の過程が、これまでの国民国家という一元的な境界をこえて浸透し、国民国家という領域性が崩壊あるいは変形しつつある状況、といえるであろう。こうした均質化と差異化の過程は、経済ならびに政治・文化などさまざまなレベルで進行してきている」（平凡社　世界大百科事典オンライン版、伊豫谷登士翁氏執筆）と定義づけられている。グローバリゼーションという言葉じたいが、まさに「さまざまなレベルで進行」しているので、定義づけをした各レベルでいろいろな現象となりうる重層的な過程ということができる。

　グローバリゼーションはいつごろから始まったのだろうか。これは主に20世紀後半の現象だと言われている。しかし、グローバリゼーションを20世紀後半、特に冷戦終結以降の現象であると限定する必要があるのだろうか。確かに冷戦の終結、情報通信技術の発達、コンピュータの普及などにより、時空の障壁を越えた情報のやりとりが可能となり、市場経済を基調とした世界の一体化の過程が飛躍的に進んだ。だが、グローバリゼーションの起爆剤になったといわれる情報通信技術の発達が人類史に革命を起こし、現在は近代と質的に異なった社会（いわゆる情報革命を経た情報化社会）になっているのか否かという

ことに関しては議論の余地がある。つまり、20世紀後半のいわゆる「グローバリゼーションの時代」とそれ以前の時代は、同じ近代という範疇の中にある、異なった局面ということもできるだろう[1]。

近代とは、始まった当初からグローバルなものであり、その近代が国境を作りだしたために、ナショナルとグローバルという考え方が生じたといえる[2]。グローバリゼーションが、近代世界システムとともに始まる過程だと考えることもできる[3]。

本書では、アメリカ・アジア太平洋地域におけるグローバリゼーションという共通テーマを掲げ、さまざまなレベルにおける多様な現象を分析している。時代設定も上記のような理由から、20世紀後半に限定せず、長期的な時間軸を採用している。

第1章「グローバリゼーションと横井小楠」は、グローバリゼーションを思想のレベルで考察している。19世紀の日本を分析対象とした森藤一史は、19世紀前半から中盤にかけて、日本がまさにグローバリゼーションの波に巻き込まれ、鎖国から開国へと移っていく激動の時代を、横井小楠という1人の思想家の思想的変遷を通して分析を行っている。横井小楠は、ケンペル『鎖国論』を読んで初めて、日本がキリスト教を厳禁して「鎖国」している理由を知り、ポルトガル人によってもたらされたグローバリゼーションを拒否したことを評価した。横井はこのような「鎖国」肯定論に立ち、黒船来航という次の段階のグローバリゼーションに「攘夷」で対応しようとした。しかし、実際には攘夷ができない中で、新しい対応を模索した。最終的には、「良心」を磨き「利欲の私心」を去り「人道」を明らかにすることによって、「世界第一等の仁義の国」となり、利害対立や戦争を止めさせる「世界の世話やき」になる「道」を展望したという。

第2章「太平洋を渡った日本人、帰ってきた日系人──グローバリゼーションの落とし子は故郷に錦を飾れたか？──」では、ヒトの移動のレベルでグローバリゼーションを考察している。20世紀初頭、明治末から大正にかけて海外に移住した日本人は、およそ85万3,000人にのぼる。その数が増えるにつれ日本からの出稼ぎ労働者は「脅威」として認識され、20世紀前半には、アメリカ

への日系移民を防ぐことを目的とした排日移民法ができた。このように日系移民は、常に偏見や人種差別に直面していたのである。最近では、グローバリゼーションの影響で日本に戻ってきた日系ブラジル人を研究対象とする研究が多くなってきた。杉野俊子は、従来の研究のように、「アメリカの日系アメリカ人」「ブラジルの日系ブラジル人」「日本在住の日系ブラジル人」を、個々バラバラの動きと捉えるのではなく、これら3グループの動きを三角形の動線と捉え、そこから生まれてくる共通点を探っている。特に、偏見や差別と闘ってきた日本人移民の動線となった要因を、歴史的・経済的・社会学的（差別・偏見・アイデンティティを含める）見地から複合的に見ることで、多文化・共生・定住化という現代社会を理解する鍵を提供している。

　第3章「太平洋におけるメキシコと日本の邂逅――グローバリゼーションがもたらす薄墨色の境界線――」も2章同様、ヒトの移動のレベルでグローバリゼーションを考察している。ここで井村俊義は、混血のメキシコ人を生んだ16世紀以降のグローバリゼーションと、日系アメリカ人を生んだ19世紀以降のグローバリゼーションは、太平洋を越えた両者の邂逅をもたらした、と主張している。メキシコと日本は19世紀半ばの米墨戦争とその100年後の太平洋戦争で、アメリカとの戦争に敗れ、占領されるという共通の経験を持った。そのような経験を経たメキシコ人と日本人の出会いによって、近代的な論理を押しつけるグローバリゼーションを相対化する、反近代的なグローバリゼーションの可能性が生まれるという。特に、第二次世界大戦争中のロサンゼルスや日系人強制収容所、そして戦争直後の東京などから、両者の出会いの意味を多角的に考察できる。このような反近代的な言語や発想や思想を胚胎しているもう1つのグローバリゼーションは、西洋由来の近代的なグローバリゼーションが陥りがちな欠点を補完し、世界中の人びとがグローバルに結びつくための新たな世界観を提示しているといえる。

　第4章「グローバリゼーション時代における文化交流の可能性――ポピュラー・カルチャーは国家的／文化的特質を変容させうるのか？――」は、文化レベルでグローバリゼーションを考察している。中垣恒太郎は、ステレオタイプな日本のフジヤマやゲイシャ、そして東洋趣味、その正反対の揶揄をも超えた

形での日本人像が、近年目立った動きを示しているという。同時に、サムライ、ゲイシャのイメージを洗練させたり、誇張させたりする形での日本表象は依然として根強い人気がある。また、アニメやマンガをはじめとする、日本のサブカルチャーは日本の文脈をも外れ、グローバリゼーションを実践する形で、世界中で流通しつつあり、アジアの領域ではそれに加えて、J-POPや日本のトレンディ・ドラマの浸透も著しい。つまり、サブカルチャーの流通を通じて、日本の価値観までもが広く浸透しているともいえる。

　中垣は、映画『ロスト・イン・トランスレーション』などを分析し、それは西欧から見た最新の日本人像の一端であるが、日本におけるバブル景気以前以後の時代の分水嶺、そしてインターネットの普及に体現されるグローバリゼーション化の時代の中で、ステレオタイプによる幻想に包まれていた不思議の国ニッポンのベールが少しずつ剥がされることを実証した。

　さらに中垣は、グローバリゼーションの時代において、異文化の相互浸透の中から、文化や民族性の独自性を再認識する可能性があることを積極的に捉えていこうとしている。日本および日本表象の変遷過程をたどることで、文化浸透が及ぼす影響力への懸念と、その可能性の両面を確認できると考えているのである。

　第5章「グローバリゼーションとアーティストの想像力——『ミリキタニの猫』と『海辺のカフカ』——」では、文学批評のレベルでグローバリゼーションに対するアーティストの反応を考察している。文学研究者の立場からゲイル・K・サトウは、リンダ・ハッテンドーフのドキュメンタリー映画『ミリキタニの猫』と村上春樹の小説『海辺のカフカ』の間テクスト分析を行っている。サトウは、テクストによる世界表象の考察から、テクストを世界へと再び戻している。換言すれば、サトウは、芸術作品に深く刻まれたクリティカルイマジネーションを、グローバリゼーションの政策立案の領域へと「導入」することを試みている。その領域とは、労働力、資源や産物が世界中に流布し、消費されるような現実のシステムを再生していかなければならない場所だといえる。

　第6章「韓国の『世界化』と英語教育改革」は、教育レベルでグローバリゼーションを考察している。樋口謙一郎は、「世界化」から「先進化」へという国

家戦略の移行期における韓国の英語教育改革について、その背景となった国内的・国際的環境を整理し、同時に、改革の結果としてもたらされた政治・社会・文化的な価値観および構造の変容について述べ、韓国における「世界化」構想と英語教育をめぐる問題認識と将来展望を論じている。韓国において、グローバリゼーションの潮流のなかで大きく変化したものの1つに、英語教育がある。1990年代中盤に金泳三大統領（当時）が「世界化」構想を打ち出し、教育部門は「世界化」の重要な担い手の1つとみなされるようになったのである。特に、英語教育は、従来のあり方が大きく見直され、初等英語教育の導入、「教育課程」（学習指導要領に相当）の大幅改革、外国人補助教師制度の導入など新たな施策が次々に実施された。

　2008年に大統領に就任した李明博は、「先進化」という新たな国家戦略構想を提示したが、一方で、従来の「世界化」による諸政策をめぐる問題も提起している。実際、「世界化」を基調とした公教育における英語教育の変化は、私教育の領域の拡大や社会システム（特に教育と就業の社会階層の関係）にも及び、韓国の伝統的な教育のあり方にも修正を迫っている。

　第7章「アメリカにおける国民統合の振り子――上院包括的移民制度改革法案を手がかりとして――」は不法移民と国民統合というレベルでグローバリゼーションを考察している。山中亜紀は、ヒト・モノ・カネがグローバルに移動する現代では、多くの先進諸国において、移民や外国人労働者といった「国民ではない人々」が人口の一定数を占めるようになっているとした。「異質な」人びとの流入に伴い、「外国人犯罪」の蔓延による治安の悪化、国民の分断や断片化現象が議論されるようになってきた。特に、1,200万人ともいわれる「不法移民」を抱えるアメリカでは、事態は深刻であり、「不法移民問題」の解決は喫緊の政治課題と位置づけられている。山中はアメリカにおける「不法移民問題」をめぐる近年の政治的議論を分析する作業をつうじて、「非アメリカ（人）的なるもの」を解消するためには、「不法移民問題」を解決する必要があり、現在、アメリカにおいて「国民の一体性」を高めようとする同化戦略への要請が強まっていると結論づけている。

　第8章「日本の安全保障政策とグローバリゼーション（1953－1960）――「極

東条項」への批判はどのように生まれたのか？―」では安全保障のレベルでグローバリゼーションを考察している。正司光則は、日本の安全保障政策において、「米国の戦争に日本が巻き込まれる」という議論がどのように、なぜ生まれたのか、そして、「極東条項」への批判にどのように転化したのかを、グローバリゼーションと絡めながら明らかにしている。冷戦の進行により、アメリカ政府は日米安全保障体制を地域的な安全保障と結びつけることを求め、日本政府に、安全保障政策におけるグローバル化の要求を突きつけていった。しかし、日本国内ではそのようなグローバル化に対する警戒感や反発が根強く存在しており、1954年の第一次台湾海峡危機以降、「米国の戦争に日本が巻き込まれる」という議論が日本国内で盛んになるにつれ、日本社会党によって「極東条項」に対する批判へと結びついていった。

当初、日本政府は「米国の戦争に日本が巻き込まれる」ことを大きな政治課題だとは考えていなかった。しかし、岸信介首相の答弁をきっかけに、「巻き込まれる恐怖」への対応が不可避な状況へと追い込まれた。日米安全保障条約改定交渉においては、アメリカは「太平洋地域」を受け入れるように主張したものの、日本政府はその要求を拒否し、日米両国は「極東条項」を再確認することとなった。さらに、国会審議においては、日本政府はアメリカと協議していないにもかかわらず、国内的には「巻き込まれない」という説明をすることでこの事態を何とか切り抜けようとしたのだ。

第9章「環境問題とアメリカ――京都議定書離脱後のアメリカ国内における環境保全への視点と政治的アプローチ――」はグローバリゼーションを環境のレベルで考察した。上田伸治は、アメリカが京都議定書離脱を決めた2001年からブッシュ政権が終わる2008年までのアメリカ国内における環境問題に対する取り組みを考察することによって、どのような政治アクターがグローバルな環境保護の流れの視点をもち、どのような環境政策のグローバル化に向けて政治的なアプローチを行っていったのかについて検証している。

ブッシュ政権は2001年に地球的問題である温室効果ガスの削減を目指した京都議定書から離脱することを発表した。環境保全が世界の中で急務の問題として意識が高まり、国際的な対応を具体的に話し合う機運が盛り上がっていた時

だけに、温室効果ガス排出量が多いアメリカが離脱することは、環境問題に対するグローバルな取り組みへの逆行であることは明らかだった。しかし、ブッシュ政権の世界的な取り組みへの逆行行為に対し、アメリカ国内では市民、環境団体、企業、地方自治体などさまざまな政治アクターが同政権に反発し、政治的また法的な行動を起こした。その結果、徐々にこれらの市民、団体、地方自治体の環境保全のアプローチが重要な視点だと受容されるようになり、ブッシュ政権後半になると反グローバルな環境政策に対する大きな圧力へとなっていった。

結果的にはブッシュ政権下においては京都議定書離脱が覆されなかったものの、国内において地方自治体、企業等が環境保全の視点から取り組みを実践し、また市民、団体、州政府が政治的、法的アプローチをしたことによって、連邦政府内でも連邦議会、連邦最高裁判所が温室効果ガス排出量の制限を支持していったという。

これらのように、さまざまなレベルにおいてグローバリゼーションを検討することで、その概念がもつ多様性が一層顕著になったといえよう。今後さらに、個々のレベルにおけるグローバリゼーションに関する実証研究が進むことを願ってやまない。

注

1) 筆者は、いわゆる情報革命が近代の枠を超えていないと考えている。Yoneyuki Sugita, "Is the 'Cyberspace Revolution' Really a Revolution? A Case Study: Healthcare and Modern Scientific Thought," *The Japanese Journal of American Studies*, No.13 (2002).
http://wwwsoc.nii.ac.jp/jaas/periodicals/JJAS/PDF/2002/No.13-107.pdf
2) 伊豫谷登士翁『グローバリゼーションとは何か：液状化する世界を読み解く』平凡社、2002、p.64
3) 近代世界システムに関しては、イマニュエル・ウォーラーステイン『近代世界システム：農業資本主義と『ヨーロッパ世界経済』の成立1・2』岩波書店、2006参照。

第1章

グローバリゼーションと横井小楠

1. 問題の限定

ピュリツァー賞を3度受賞したジャーナリスト、トーマス・フリードマンは、著書『フラット化する世界』で、グローバリゼーションについて、次のように述べている。

「コロンブスが航海に乗り出し、旧世界と新世界のあいだの貿易が始まった一四九二年から一八〇〇年頃までが、最初の時代に当たる。これをグローバリゼーション1.0と呼ぼう。それが世界のサイズをLからMに縮めた。グローバリゼーション1.0は、国家と腕力の時代だった。つまり、グローバリゼーション1.0における変化の重要因子、世界統一の過程を推進する原動力は、物理的な力 ── 腕力、馬力、風力、さらに後世では汽力（蒸気動力）── だった。国家がそういったものをどれだけ持っていて、どれだけ創造的に用いるかに左右されていた。この時代の国家や政府（宗教、帝国主義、あるいはその両方の組み合わせによって成り立っていることが多かった）は、壁を打ち壊して、世界をつなぎ合わせ、世界統一をはかろうとした。（略）」

「次の大きな時代区分、グローバリゼーション2.0は、大恐慌と二度の世界大戦によって中断したものの、おおまかにいって一八〇〇年から二〇〇〇年まで続いた。この時代、世界のサイズはMからSに縮まった。グローバリゼーション2.0における変化の重要因子、世界統一を進める原動力

は、多国籍企業だった。多国籍企業は、市場と労働力を求めてグローバル化した。共同出資によるオランダやイギリスの会社と産業革命の発展が先鋒をつとめた。この時代、前半の世界統一は蒸気機関と鉄道による輸送コストの軽減が、後半は通信コストの軽減——電報、電話、パソコン、人工衛星、光ファイバー、初期のワールド・ワイド・ウェブ——が原動力になった。この時代にわれわれはまさに世界経済の誕生と熟成を目にした。大陸から大陸へと大量の商品や情報が移動することによって、世界市場が生まれ、生産と労働の両方の世界的な取引がそこに生じた。ハードウェアの分野での飛躍的進歩——最初は蒸気船や鉄道、そして電話やメインフレーム・コンピュータといったもの——が、このグローバリゼーションの時代の原動力だった。」[1]

トーマス・フリードマン自身は、『フラット化する世界』で、2000年前後から始まる「グローバリゼーション3.0」を論じているのだが、小論では、「グローバリゼーション1.0」と「グローバリゼーション2.0」に時期を限定する。そして、「グローバリゼーション1.0」と「グローバリゼーション2.0」に対する日本人の対応を、1人の思想家横井小楠を通して、考察する。周知のように、横井小楠（1809 - 1869）は、まさに「グローバリゼーション2.0」が日本に押し寄せた激動の時代に、日本を導いた先駆的思想家の1人である。小楠は、「グローバリゼーション2.0」の波及に対して当時の日本人と共通の対応である「攘夷」論から出発しながらも、「グローバリゼーション2.0」のもつ「文明化」作用を認めて受容するようになり、さらに「グローバリゼーション2.0」に内在する本質的矛盾を見抜き、それを超える可能性を展望した。しかも、小楠は、過去の「グローバリゼーション1.0」に対しても、自らの考えを遺している。われわれは、この小楠を検討することによって、「グローバリゼーション1.0」と「グローバリゼーション2.0」の功罪を知り、「グローバリゼーション3.0」に対する対応の仕方を学ぶことができるであろう。

2.「グローバリゼーション1.0」と横井小楠

「グローバリゼーション1.0」の日本への波及は、1543(天文13)年にポルトガル船が種子島に来て鉄砲を伝えたことに始まる。当時覇を争っていた戦国大名はこの新来の武器に注目し、競って入手しようとした。瞬く間にこの鉄砲(「種子島銃」と名づけられた)は普及するとともに、ポルトガルとの交易は盛んになった。

また、ポルトガルおよびスペインに主導された「グローバリゼーション1.0」は、キリスト教の布教を伴うものであった。日本へのキリスト教布教は、1549(天文18)年にイエズス会(耶蘇会)の宣教師フランシスコ・ザビエル(1506 – 1552)が鹿児島に来た時から始まる。

京都に上って全国制覇を目指す織田信長(1534 – 1582)は、武器等の輸入にポルトガル人との友好関係が不可欠と考え、キリスト教の布教を許した。信長は道半ばにして本能寺の変で亡くなったが、後を継いだ豊臣秀吉(1536 – 1598)は、1587(天正15)年に筥崎で九州諸大名の封域を定めると同時に、キリスト教宣教師を追放した(「バテレン追放令」)。一転して、秀吉は、キリスト教を禁止したのである。以降秀吉は、キリスト教弾圧政策を推進した。1588(天正16)年には長崎のキリスト教徒(キリシタン)を追放し、1589(天正17)年には京都のキリスト教教会を焼き払い、1596(慶長元)年には逮捕したキリシタン26名を長崎で磔殺した。

秀吉の死後、関ヶ原の戦いに勝利して江戸に幕府を開いた徳川家康(1542 – 1616)も、キリスト教厳禁政策を継承した。

徳川幕府は、1613(慶長18)年に「伴天連追放之文」を発し、翌年宣教師や高山右近などのキリシタン大名を国外に追放した。家康死後も、幕府は、1619(元和5)年にはキリシタン60名余を京都七条河原で火刑とし、1622(元和8)年には長崎で55名を処刑し、翌年には江戸芝で50名を火刑とした。このようにキリシタンを弾圧するとともに、キリスト教関係の書物の輸入を禁止した。

また、徳川幕府は、1633(寛永10)年に在外5年以上の日本人の帰国を禁止し、

1635(寛永12)年には日本人の海外渡航と在外日本人の帰国を禁止した。同時に、外国船の入港と貿易を長崎と平戸に制限した。翌年、ポルトガル人を長崎出島に移し、貿易に関係ないポルトガル人を追放した。

そして、1637(寛永14)年、かつてキリシタン大名有馬晴信（1612年に斬首された）が領有していた島原・天草地方で、キリシタン農民の一揆が起こった。この「島原の乱」を武力で鎮圧した幕府は、キリスト教厳禁政策を一層強化することになった。

1639(寛永16)年にポルトガル船の来航を禁止した幕府は、翌年に通商再開を求めて長崎に入港したポルトガル船を焼き、乗組員61名を斬殺した。

このような経緯を経て、ポルトガルによる「グローバリゼーション1.0」の日本への波及は、押し止められた。以降、キリスト教の布教を伴わない貿易が、長崎出島において、オランダと中国との間に行われることになった。

このような体制は今日「鎖国」と呼ばれているが、それは元長崎通事志筑忠雄（1760－1806）がエンゲルベルト・ケンペル（1651－1716）[2]の『日本誌』[3]の一部を『鎖国論』と題して翻訳した（1801年）ことに由来する、といわれる[4]。この『鎖国論』は、1850(嘉永3)年に黒澤翁満（1795－1859）が『異人恐怖伝』[5]と題して出版するまで公刊されることはなかったのであるが、写本として広く流布していた[6]。

さて、1839(天保10)年江戸に遊学した横井小楠は、この『鎖国論』の写本を入手して、遊学中の備忘録『遊学雑誌』に主要部分を書き写した。

まず、小楠は、ケンペルの『鎖国論』を読むまでは、なぜわが国でキリスト教が禁止されているのか、その理由を深く考えたことがなかった、と正直に告白している。

「我邦吉利支丹教を禁ぜらるゝこと深き所以を考へざりしに、ケンフルが鎖国論にて此の教の大害にして太閤以来厳禁に及ばれしことを知れり。」[7]

そして小楠は、この『鎖国論』を読んでキリスト「教の大害」を知り、秀吉「以来厳禁」されていることを納得した。

小楠は、1543(天文13)年のポルトガル人来航以来「鎖国」に至るまでの経緯

と貿易による金の流出を『鎖国論』から書き写し[8]、次のように結論づけた。

　　「去れば吉利支丹を厳禁のことは甚深遠の慮にて第一は吾が愚民を誑し信心弘通せしめ禍乱の基に成り、第二に我が貨財を輸し去り虚乏空耗なさしむるに至り、国家の大害此の教に如くもの無し。」[9]

　小楠は、キリスト「教の大害」を次の2点に求めた。第一に、キリスト教がわが国の民衆をたぶらかして広まることによって禍乱の原因になっている。第2に、わが国の財貨が国外に流出して不足を生じている[10]。この2点から「吉利支丹を厳禁」したことは、「甚深遠の慮」である、と小楠は評価した。

　このような観点から小楠は、1640(寛永17)年に来航したポルトガル人61名を斬殺して、その望みを絶ったことを、「英断」であった、と高く評価した。

　　「寛永十七年〈吉利支丹教厳禁に逢い波爾杜瓦爾交易を止められし後なり〉波爾杜瓦爾人の使者を長崎に遣し尚又教法交易のことを願しに、其使者教僧六十一人厳命にて斬罪に処せらる。是にて波爾杜瓦爾人の望を絶ち長く邪教の禁行る本にて当時英断奉し仰なり。」[11]

　また、小楠は、『鎖国論』を『遊学雑志』に書き写しただけでなく、執筆時期は不明であるが、「読鎖国論」と題する漢文を作成した（ただし未完）。この「読鎖国論」に、われわれは、小楠がケンペルの『鎖国論』から大きな影響を受け、自らの鎖国肯定論を構築したことを、窺うことができる。そこには、次のようにある。

　　「我邦は東海中に孤峙し、天地の中を得、物足り人蕃し。外に山海風濤の険あり、内に列国藩屏の固きあり、万国に雄視して二千年なり。昔日蒙古十万の軍を挙げて侵し来るも、一風濤の之を淹滅し、爾後醜虜の敢て覬覦の心を萌さざるは、抑天の我邦に於て独り之を厚くする者の存する有るに非ずや。豊太閤雄大の見を以て一切万国の通を絶つ。当今の制は之に因る。独り進港を許せしは清・蘭二国なり。此二国は我と好を修して交を結びしに非ず。書籍と薬物と彼に需むる所あり、又其の交通に因て以て万

国の動静を窺察するに非ず。ただ二国の通久しくしてかつ謹なる故に許して絶たざるは我が覆天の仁を示す所以なり。近世に至り和蘭学の漸に行なはれて泰西諸州沿革の勢を見るあれば、遽に其の戦艦・火器の大且つ巧なるに愕きて、動もすれば魯西細亜(オロシア)・諳厄利亜(アングリア)等吞幷の事を以て我邦人を虚喝(やや)す。是(これ)其の人の眼に淵識(えんしき)無く、胆は虚声に落つるにして安(いずく)んぞ天下の勢を知らん。天下の勢は唯我が眼有る者の能く之を知るのみならず、彼の泰西の人も既に之を知るあり。乃(すなは)ち検夫爾(ケンプル)の鎖国論の如く、我(わが)山海の険絶を窺ひ、我士気の剛鋭を見、我土地の産する所の百物自づから足るを知り、すなはち極めて我鎖国の卓越の見に服せるなり。蓋し泰西諸州は大抵襟帯相接し、猶我七道のごとし、交らずしては互に生を為すことを得ず。是彼の我と球を同じうし、而して地を殊にする所以なり。故に彼に在りては通を開きて道と為し、我に在りては閉鎖して道と為す。各々其の宜しき所を得て而して後に之を天に順(したが)ふものと謂ふ。夫れ民の頼りて以て生を為す所は天なり。天の賦(さづ)くる所既に地を殊にし、則ち治法殊ならざるを得ず。是検夫爾の論ずる所にして、而して各々斯民を安んずる所以の道に非ずや。」[12]

　小楠は、国を開くかどうかはそれぞれの国情による、と言う。各国がその国情に応じて「宜しき所を得」るのが「天に順ふ」ことである、という。ヨーロッパ(「泰西諸州」)では、国々が陸続きで国境を接していて、互いに交わらなければ生活できない。そこでは、国を開いて交際することが「道」である。それに対して、わが国は、周りを海に囲まれて孤立しており、また他国(「醜虜」)の侵略を許さないほど士気が高く、かつ自給自足が行われている。ここでは、国を「閉鎖」することが「道」であり、「民を安んずる所以」である。ケンペル(「検夫爾」)は『鎖国論』で、わが国が採った「鎖国」が「卓越の見」であることを見抜いていた、と小楠はいう。

　このように小楠は、ケンペルの『鎖国論』を読んで、キリスト教を厳禁し、オランダと清国だけに長崎出島での交易を許す「鎖国」体制を肯定することになった。したがって小楠は、「グローバリゼーション 1.0」に対して明確に拒否の姿勢を採った、ということができる。

3.「グローバリゼーション 2.0」と横井小楠

このように「鎖国」を肯定する横井小楠が、「グローバリゼーション 2.0」が日本に押し寄せた時、それを拒否する態度をとったことは、当然の帰結であった。1850(嘉永3)年5月13日、小楠は、越前福井藩士三寺三作に宛てて、次のように書き送った。

> 「洋夷来寇之沙汰紛々と有レ之、彼が情勢既に顕然に御座候へば干戈に及候事も遠くは有二御座_間敷、被二仰下_候通天下之憂に任じ候人は実に寝食を安じ不レ申候時節に候へば、挙世総て宴安二字之深坑に落入、天下之士気如レ此に衰弱に至り候は真に痛心大息に奉レ存候。(略) 只今より既に和議之説れ候は実に南宋衰弱之時勢に少しも替り不レ申候。後来之成行甚だ以て気遣仕候。夫我　神州は　百王一代三千年来天地之間に独立し世界万国に比類無レ之事に候へば、譬人民は皆死果、土地は総て尽き果て候ても決して醜虜と和を致し候道理無レ之候。(略) 是朱子上二孝宗_之書深意肝要之大義理にして、真に是二つなき道と被レ存候。」[13]

この書簡で小楠が援用している「朱子上二孝宗_之書」において、南宋の朱子(1130-1200)は、北宋を滅ぼした夷狄(=金)を打ち攘うように提言した。

> 「臣またこれを聞く、天下国家を為むるものは、必ず一定にして易はらざるの計ありと。而して今日の計は、政事を脩め、夷狄を攘ふに過ぎざるのみ。隠奥にして知り難きにあらざるなり。然れどもその計の時として定まらざる所以は、講和の説これを疑ふを以てなり。／それ金虜は我において、共に天を戴かざることあるの讐なれば、すなはちその和すべからざるや、義理明かなり。」[14]

朱子によれば、金(「金虜」)は自分たち人間と「共に天を戴かざる」存在、すなわち人間と禽獣の間に位置する「夷狄」だから、「講和」(=契約)を結ぶことなどそもそもありえない。このように朱子は、「講和の説」をきっぱりと否

定し、「夷狄を攘ふ」ことを主張したのであった。
　この、朱子の攘夷論に依拠して、小楠は、佐藤一斎（1772－1859）を名指しして「和議之説」15)を退け、たとえ人民はみな死に果て土地はすべて尽き果てても決して「醜虜」と講和を結ぶべきではないと主張した。非常に激烈な攘夷論というべきであろう。
　この書簡で小楠は、来航が噂されている欧米人のことを「醜虜」と呼んでいる。これは、「読鎖国論」において元寇やポルトガル人に対して用いられたものと同じ蔑称である。このことから、小楠が「グローバリゼーション1.0」と「グローバリゼーション2.0」の違いを未だ認識していないことが窺われる。
　いずれにしても小楠は、迫り来る「グローバリゼーション2.0」に脅威を感じて、朱子に依拠して攘夷論を展開したのであった。
　ところが、1853（嘉永6）年6月3日、ペリーが軍艦4隻を率いて浦賀に来航した。が、幕府は、「攘夷」を実行しなかった。そればかりか、ペリーの恫喝外交の前に、久里浜でミラード・フィルモア大統領の親書を受け取る羽目になった。
　続いて、7月18日、ロシアのプチャーチンが同じく軍艦4隻を率いて長崎に入港した。
　このように、立て続きに「黒船」が来航するという形で「グローバリゼーション2.0」が押し寄せた。このことに対応して小楠は、プチャーチンの応接係となった友人川路聖謨（1801－1868）に、具体的な攘夷策ではなく交渉案を提案した。『夷虜応接大意』である。
　この『夷虜応接大意』で小楠は、わが国の外交原則を、次のように述べた。

　　「凡(およそ)我国の外夷に処するの国是(こくぜ)たるや、有道の国は通信を許し、無道の国は拒絶するの二ツ也。」16)

　すなわち、小楠によれば、わが国は、すべての国に対して国を閉ざしているのではなく、「有道の国」には「通信」「交易」を許し、「無道の国」を拒絶しているだけである。現に、オランダと清国には「交易」を許している。この認識はケンペルの『鎖国論』を読んだ時点で獲得されたものであるが、この『夷虜応接大意』では国の峻別基準として「有道・無道」論が新たに付け加えられた。

「鎖国」体制下でオランダと清国に「交易」が許されたのは両国が「有道の国」だったからである、と過去に対する意味付与がなされると共に、将来に対しては、「通信」「交易」を求めて来る国のうち、どの国が「有道の国」で、どの国が「無道の国」か、「道」の有無で対応を区別しようというのである。こうなると、「通信」「交易」を求めて来る国の自己申告によるわけにはいかず、わが国自身が、直接的には小楠自身が、当該国における「道」の有無を判断できなくてはならない。

こうして小楠は、以後精力的に西洋諸国の実情を研究することになった。その結果小楠は、今まで欧米諸国は「夷狄」で「無道の国」だと思い込んでいたが、それは大きな思い違いであった、というようになる。小楠において、攘夷論が大きく揺らぎ始めたのである。

ところで、小楠が西洋諸国における「道」の有無を判断する時に準拠した概念は、自らが理想の政治と考える「堯舜の道」「三代の道」であった。この「堯舜の道」とは、いうまでもなく、古代中国の君主である堯と舜の政治を理想化した概念であり、「三代の道」とは、舜に続く夏・殷・周の三王朝の政治を理想化した概念である。そこにおけるキーワードの1つは、「政教一途」である。すなわち、教えに基づいて民を富まし安んずる政治を行う、ということである。

この「堯舜の道」「三代の道」を基準にして小楠は、西洋諸国を、次のように評価した。

「惣じて西洋諸国之事情、彼是に付て及_吟味_候へば、彼之天主教なるもの本より巨細之筋は知れ不ⳆⳆ申候へ共、我天文之頃 渡 候吉支丹とは雲泥之相違にて、其宗意たる天意に本き彝倫を主とし、扨教法を戒律といたし候。上は国主より下庶人に至る迄、真実に其戒律を持守いたし、政教一途に 行 候教法と相聞申候。大抵其学の法則は経義を講明するを第一とし、其国之法律を明弁し、其国之古今之事歴より天下万国之事情・物産を究、天文・地理・航海之術 及 海陸之戦法・器械之得失を講究し、天地間之知識を集合するを以て学術といたし候由。」（安政3年12月21日付越前福井藩士村田巳三郎〔氏寿〕宛書簡）[17]

小楠は、西洋諸国ではキリスト教の教えに基づく「政教一途」が行われている、といって、西洋諸国の実情を高く評価した。このキリスト教（「天主教」）は、小楠によれば、細かいことは判らないけれども、天文の頃わが国に渡来したキリスト教（「吉支丹」）とは「雲泥の相違」がある。ここには、「グローバリゼーション1.0」と「グローバリゼーション2.0」に対する小楠なりの差違の認識が示されている。「グローバリゼーション1.0」におけるキリスト教（「吉支丹」）は、わが国の民衆をたぶらかして禍乱の原因となったが、「グローバリゼーション2.0」におけるキリスト教（「天主教」）は、「政教一途」の「教法」になっている。小楠の理解によれば、西洋諸国ではキリスト教（「天主教」）の教えに基づいて人の歩むべき「道」が明らかにされている。その「道」に沿って、法律が整備され、民を安んずる政治が行われ、経済が発展して民は富んでいる。さらに、科学が発達し、「航海之術」「海陸之戦法」「器械之得失」などが「講究」されている。このように小楠は、「グローバリゼーション2.0」が包含している近代的な西洋文明を、キリスト教（「天主教」）に基づく「政教一途」によるものと理解した。
　この、西洋諸国における「政教一途」は、1860（万延元）年に小楠が書いた『国是三論』では、「殆三代の治教に符合するに至る」とまで評価された。

　「方今万国の形勢丕変して各大に治教を開き、墨利堅に於ては華盛頓以来三大規模を立て、一は天地間の惨毒、殺戮に超たるはなき故、天意に則て宇内の戦争を息るを以て務とし、一は智識を世界万国に取て、治教を神益するを以て務とし、一は全国の大統領の権柄、賢に譲りて子に伝へず、君臣の義を廃して一向公共和平を以て務とし、政法治術其他百般の技芸・器械等に至るまで、凡地球上善美と称する者は悉く取りて吾有となし、大に好生の仁風を揚げ、英吉利に有つては政体一に民情に本づき、官の行ふ処は大小となく必悉民に議り、其便とする処に随て其好まざる処を強ひず。出戎出好も亦然り。仍之魯と戦ひ清と戦ふ兵革数年、死傷無数、計費幾万は皆是を民に取れども、一人の怨嗟あることなし。其他俄羅斯を初各国多くは文武の学校は勿論病院・幼院・唖聾院等を設け、政教悉く倫理によつて生民の為にす

るに急ならざるはなし。殆（ほとんど）三代の治教に符合するに至る。」[18]

このように小楠が「ほとんど三代の治教に符合する」とまで評価する、アメリカ・イギリス・ロシアなどの西洋諸国は、「有道・無道」論からいえば、当然「有道の国」ある。これらの西洋諸国が「通信」「交易」を求めて来た時、その要求を拒絶する理由はない。小楠は自らの論理に従って、これらの西洋諸国を受け入れることになる。だが、キリスト教（「天主教」）の教えによる「政教一途」を実現している西洋諸国と「通信」「交易」が盛んになると、深刻な問題が生じることになる、と小楠は危惧する。

「於（ここにおいて）是深可（ふかくうれうべき）憂之第一は、西洋通信次第に盛に相成、諸夷陸続（しよいりぞく）入り来り候へば、彼等教法・政事、自然に明（あきらか）に相知れ候に就ては、我邦人之中、聡明奇傑之人物、是迄聖人之大道を知り不（うち）申者、彼我政道之得失・盛衰之現実を見候ては、不（しらず）知不（おぼえず）覚邪教に落入候は、十年廿年之間には鏡に懸（かけ）て見るが如し。佐久間修理抔は既に邪教に落入たるにて相分り申候〈修理は邪教を唱ふるにては無（なく）之候へ共、政事・戦法一切西洋之道明なりと唱（となえ）、聖人之道は独り易の一部のみ道理あると云（いう）承（うけたまわ）る。是彼（これかれ）邪教に落たるの実境なり〉。総て事之善悪共に世に行候は、必ず人傑之唱へ立る故にて候へば、三代之道に明ならず三代治道に熟せざる人は、必ず西洋に流溺（るでき）するは必然之勢にて候へば、今日之大に憂（うれう）所は何も拠置（さておき）、此道之外は無（いずれ）御座事に奉（ぞんじ）存候。」（前掲、村田巳三郎〔氏寿〕宛書簡）[19]

西洋諸国において「政教一途」の基になっているキリスト教（「天主教」）は西洋人にとっては「正教」である（「西洋に正教有り〈洋人自ら正教と称す〉。」）[20] が、日本人にとっては「邪教」でしかない、と小楠は考える。小楠は、「佐久間修理」すなわち象山（1811－64）の言動に、「邪教」に陥る兆しがある、と判断した。もちろん象山は、小楠自身が注記しているように、実際にキリスト教（「天主教」）を唱えたわけではない。しかし、「聖人之道」で「道理」があるのは「易」の一部だけであり、「政事・戦法一切」は「西洋之道」によるべきである、といっている（と小楠が理解した）象山は、「邪教」に陥ったに等しい、

と小楠は批判したのである。もちろん、「グローバリゼーション2.0」に包含される近代的な西洋文明は、象山と同様、小楠にとっても、受容すべきものであるが、「邪教」に陥ることは避けなければならない。

小楠がこのように危機感を募らせる背景には、次のような、わが国に対する認識があった。

「我皇国是迄大道之教払レ地無レ之、一国三教之形御座候へ共、聖人之道は例の学者之弄びものと相成、□□〔神道〕は全く荒唐無経、些之条理無レ之、仏は愚夫愚婦を欺のみにして、其実は貴賎上下に通じ信心之大道聊以無レ之、一国を挙全無宗旨之国体にて候へば、何を以て人心を一致せしめ治教を施し可レ申哉。」（前掲、村田巳三郎〔氏寿〕宛書簡）[21]

わが国にはかつて神仏儒という「三教」があったが、いまや、儒教（「聖人之道」）は「学者の弄びもの」となり、神道は荒唐無稽で「些かの条理」もなく、仏教は「愚夫愚婦」を欺くのみで、いずれの教えも「人心を一致」させ「治教を施」す基とはなりえなくなっている、と小楠は判断した。このように「無宗旨之国体」になった（と小楠が考える）わが国が「グローバリゼーション2.0」に巻き込まれるならば、「邪教」に陥る者、すなわち「政教一途」の「教法」であるキリスト教（「天主教」）に帰依する者が、続出するであろう、と小楠は危機感を募らせたのであった。

小楠によれば、わが国が直面している危機は、ただ単に、西洋諸国に対して、「黒船」に象徴される軍事力において劣っている（「武」的危機）ばかりではなく、「政教一途」の基である教えの欠如、「道」の喪失という点でも劣っている（「徳」の危機）。「有道・無道」論から見て、キリスト教（「天主教」）に基づいて「政教一途」を実現している西洋諸国は「有道の国」となり、わが国は「無道の国」になり下がっている。

「道は天地の道なり、我国の外国のと云事はない。道の有所は外夷といへ共中国なり。無道に成ならば、我国・支那と云へ共即ち夷なり。初より

中国と云、夷と云事ではない。国学者流の見識は大にくるいたり。終に支那と我国とは愚な国に成たり。西洋には大に劣れり。（略）爰(ここ)で日本に仁義の大道を起さにはならぬ。強国に為るではならぬ。強あれば必弱あり。此道を明にして世界の世話やきに為らにはならぬ。一発に壱万も弐万も戦死すると云様成事は必止めさせにはならぬ。そこで我日本は印度になるか、世界第一等の仁義の国になるか、頓(とん)と此二筋の内、此外には更に無い。」[22]

（ねばの意）

このように小楠において、かつての攘夷論の基礎にあった「華夷」思想は相対化され、「華夷」の逆転が起こっている[23]。すなわち、わが国は「無道の国」となり、「有道の国」と見なすべき西洋諸国に大いに劣ることとなった。そのため、今、わが国は、「印度」のような植民地になるか、あるいは、「堯舜の道」「三代の道」を明らかにして「世界第一等の仁義の国」になるか、岐路に立たされている、とされた。

小楠は、佐久間象山に「邪教」に陥る兆しを見ており、わが国が「印度」のような植民地になることを恐れている。それを避けるためには、一刻も早く「堯舜の道」「三代の道」を再興し、「政教一途」を実現しなければならない、と小楠には考えられた。だが、この「堯舜の道」「三代の道」の再興は、単に中国古代の政治に復古することではない。「グローバリゼーション 2.0」の波及という新しい時代状況で、それに相応しい「政教一途」を実現する、ということである。小楠が西洋諸国の政治を「ほとんど三代の治教に符合する」と評価したことから窺われるように、小楠は、「グローバリゼーション 2.0」に包含される近代的な西洋文明を「堯舜の道」「三代の道」という概念に組み入れていた。ただし、キリスト教（「天主教」）は除いて、であるが。

佐久間象山が「グローバリゼーション 2.0」の包含する近代的な西洋文明を「西洋芸術」として受容し「東洋道徳・西洋芸術」を唱えたことに対比していえば、小楠は「堯舜孔子の道・西洋器械の術」を唱えた。

「堯舜孔子の道を明らかにし、西洋器械の術を尽くす。なんぞ富国に止まらん、なんぞ強兵に止まらん。大義を四海に布かんのみ。」（「送=左・大二姪洋行=」）[24]

この「堯舜孔子の道」は、これまで使われてきた「堯舜の道」「三代の道」と基本的に同義であるが、孔子の名前が入ることによって「教え」という側面が強調されているように思われる。小楠は「堯舜の道」「三代の道」という概念によって、西洋諸国の政治に「堯舜」「三代」と同じ「政教一途」を見いだすことができ、その「教法」であるキリスト教（「天主教」）に人が歩むべき普遍的な「道」を読み取ることができた。したがって小楠のいう「道」は、洋の東西を問わず適応可能な普遍的な「道」である。それにもかかわらず、小楠が西洋諸国における「道」であるキリスト教（「天主教」）を「邪教」として拒否したのは、わが国が「印度」のような植民地になることを恐れたからである。ここには、ケンペル『鎖国論』の影響が残っているのかも知れない。

いずれにしても、「グローバリゼーション2.0」の波及を前に、わが国が直面している危機は、「武」的危機であると同時に「徳」の危機でもある。したがって、この危機を克服するためには、ただ軍事力を増強する「強兵」策だけでは足りず、「道」を再興して「徳」を高めるなければならない[25]。

「グローバリゼーション2.0」を不可避のものとして受け入れながら、わが国が「印度」のような植民地にならないで独立を維持するためには、「堯舜孔子の道を明らかにし、西洋器械の術を尽く」して「世界第一等の仁義の国」になる以外にはない、と小楠には考えられた。このことは、小楠によれば、単にわが国が「富国」となり「強兵」となるに止まらない。人が人として守らなければならない「大義」を世界中に広め、そのことによって「一発に壱万も弐万も戦死する」ような戦争を止めさせる「世界の世話やき」になること、これが「グローバリゼーション2.0」の中でわが国が果たすべき役割である。「堯舜孔子の道」には、それだけの広がりと普遍性がある、と小楠には考えられた。

このように小楠は、「グローバリゼーション2.0」がもっている「文明化」作用を「西洋器械の術」として受容し、「堯舜孔子の道」を明らかにすることによって、わが国が独立を維持する方向を展望することができた、ということができるであろう。

4. 小楠の「グローバリゼーション 2.0」批判――むすびにかえて

さて、「グローバリゼーション 2.0」は西洋諸国における資本主義の発達を原動力とするものであったが、資本主義の発達は各個人が自己の「利己心」に従って行動した結果である。アダム・スミスによれば、個人は、自己の「利己心」に従って行動するが、その際「中立的な観察者」の「同感」を得たいと考え、「中立的な観察者」から「同感」されないか反感をかうような行動は慎むように自己規制する。個人にはそのような「良心」が内在しており、「正義」は守られる、とスミスには考えられた[26]。しかし、現実には、スミスが望んだように「利己心」を規制することはできなかった。「利己心」が跋扈する「利欲世界」が出現したのである。

この「利欲世界」に関して小楠は、薩摩藩の鮫島誠蔵（後の鮫島尚信 1845 - 1880）と森金之允（後の森有礼 1847 - 1889）から聞いた話として、渡米中の甥横井左平太（1845 - 1875）・大平（1850 - 1871）に、次のように書き送った。

「薩州生鮫嶋誠蔵・森金之允（きんのじょう）、外国にては野田忠平・沢井鉄太と改名、四年前イギリスに参り居候内、同国人ヲリハント[27]と云者に出会、ヲリハントより咄（はなしきき）聞候には、世界人情唯々利害の欲心に落入り、一切天然（ただただ）の良心を消亡いたし、有名の国程此大弊（このたいへい）甚しく有レ之候。必竟は耶蘇の教其道を失ひ、利害上にて喩（さと）し候故に人道滅却（めっきゃくな）嘆げかわしき事なり。我等も全く耶蘇に落入居候処、アメリカ国エルハリス[28]と云人より初（はじめ）て人道を承り悔悟（ご）いたし候。此のエルハリスも元（もと）は耶蘇教の教師にて有レ之、二十四、五歳にて天然の良心を合点（がてん）いたし候。人倫の根本此に有レ之事を真知し、是より自家修養良心培養に必死にさしはまり、誠に非常之人物、当時世界に比類無（これなき）之大賢人なり。此人世界人道の滅却を嘆き、専ら当時の耶蘇の邪教を開き候志なり。ヲリハント再び云、我は役事相断（あいことわり）〈下院に長勤たりし由〉、エルハリスに随従し修行せんと欲すとの咄し有レ之。薩の両人も甚（はなはだ）驚き、遂にヲリハントと共にアメリカに渡りエルハリスに従学せり。エル

第1章　グローバリゼーションと横井小楠　25

ハリスは退隠村居門人三十人余有レ之、相共に耕して講学せり。其教たるや、書を読むを主とせず講論を貴ばず、専ら良心を磨き私心を去る実行を主とし、日夜修行間断無レ之、譬ば靄然たる春風の室に入りたるの心地せり。然しながら私心を挟む人は一日も堪えがたく、偶々慕ひ来りし人も日あらず帰り去るのみにて、遂に其堂を窺ふ事不レ能。薩の両人も初は中々堪がたかりしが、僅に接続の力を得て本来心術の学に入りたり。此人云、世界総て邪教に落入り、利害の私心に渾化せん。実に人道の滅却なり。未だ邪教の入らざる処は日本とアフリカ内何とか云国のみなり。日本は頼み有る国なれば、此の尽力は十分に致したき事と、薩人近比帰り両三度参り、此道の咄し合面白く、大に根本上に心懸け非常の力行驚き入たり。此のエルハリスの見識、耶蘇の本意は良心を磨き人倫を明にするに在り。然るに後世此教を誤り、如レ此の利害教と成り行き、耶蘇の本意とは雲泥天地の相違と云事なり。／此段大略申遣候。扨々感心之人物、不レ及ながら拙者存念と符節を合せたり。然し道の入処等は大に相違すれども、良心を磨き人倫を明にするの本意に至りて何の異論か有らん。実に此の利欲世界に頼む可きは此人物一人と存るなり。都合に因りては必ず尋ね訪ひ可レ被レ申、重々存候事。」（明治元年9月15日付横井左平太・大平宛書簡）[29]

　4年前にイギリスに渡った鮫島と森は、かつて在日公使館書記官をしていたオリファントに会った。そのオリファントがいうには、「世界の人情はただただ利害の欲心に陥り、天然の良心を一切忘れ去ってしまっている。この弊害は有名な国ほど甚だしい。これはキリスト教がその道を失い、利害によって説教するようになったからで、人道が滅却してしまったことは嘆かわしい限りである。自分もこのキリスト教に陥ってしまっていたのであるが、アメリカのエル・ハリスという人から初めて人道を聞いて悔悟した。このエル・ハリスも元はキリスト教の牧師であったが、24、5歳の時に天然の良心を合点し、人倫の根本はここにあると知り、これより自分で修養して良心を培養することに必死の努力をした結果、非常の人物、世界に比類のないほどの大賢人となった。この人は世界における人道の滅却を嘆き、今のキリスト教の邪教化を救うことを志して

いる。そこで自分も役務を断って、エル・ハリスに従って修業しようと思う。」と。薩摩藩の鮫島と森は大変驚いて、とうとうオリファントに従ってアメリカへ渡り、エル・ハリスのもとで学んだ。

　エル・ハリスがいうには、「世界中がすべて邪教に陥り、利害の私心に心を奪われてしまっている。これは人道の滅却である。未だに邪教が入っていないのは、日本とアフリカの何とかいう国だけである。日本は頼み甲斐のある国なので、十分尽力をいたしたい。」と。近頃帰国した鮫島と森がやって来て、以上のような興味深い話をしてくれた、と小楠は書いた。

　鮫島と森から話を聞いた小楠は、エル・ハリスが根本のところに心がけ非常な努力をしていることに驚き、次のように理解した。このエル・ハリスの見識は、「キリスト教の本意は良心を磨き人倫を明らかにすることにある。ところが、後世この教えを誤って、利害教となり、キリスト教の本意とは天地雲泥の相違ができてしまった」ということである、と。このようにエル・ハリスを理解した上で、小楠は、彼のことを「感心之人物」と呼び、「自分の考えと符節を合わせている。道の入り口などは大変違うようだが、良心を磨き人倫を明らかにするという本意には何の異論もない」と評価した。そして、渡米中の左平太と大平に、「利欲世界」となってしまった西洋諸国で頼むべき人物はこの人１人であるから、都合を見て必ず訪ねてみなさい、と助言したのである[30]。

　西洋諸国において「政教一途」の「教法」として「人道」（人が人として歩むべき道）を明らかにしてきたと小楠がかつて理解したキリスト教（「天主教」）は、今や、「利害の欲心」「利害の私心」に陥り、「天然の良心」を失ってしまっている。その結果、西洋諸国は、「人道」が「滅却」して、「利欲世界」になってしまっている。ここには、「利己心」が跋扈して「利欲世界」になってしまった「グローバリゼーション2.0」に対する小楠の批判がある。

　小楠は、エル・ハリスとはキリスト教と儒教という違いはあるけれども、「良心」を磨き「人倫」を明らかにして「私心」（「利害の私心」）を去る努力をしている、と考えている。小楠は、エル・ハリスの話を鮫島・森から聞くことによって、自分の思想的営為の正しさを再認識することができた。そして、小楠は、

未だ「邪教」が入っていない日本に期待するというエル・ハリスの言葉に、「利欲世界」となってしまった世界の中で日本が果たすべき役割を改めて確認したのであった。それは、日本が、「堯舜孔子の道」を明らかにし「西洋器械の術」を尽くして「世界第一等の仁義の国」となり、世界中の利害対立や戦争を止めさせる「世界の世話やき」になることであった。

　フリードマンの言う「グローバリゼーション2.0」から「グローバリゼーション3.0」へと移行する今日、「利欲世界」はますます猛威を振るっている。小楠が亡くなって140年経った今、なお、小楠の提起した展望は普遍的な意味をもっているように思われる。

注
1)　トーマス・フリードマン著、伏見威蕃訳『フラット化する世界［増補改訂版］（上）』日本経済新聞出版社、2008、p.23-24
2)　ケンペルについては、小堀桂一郎『鎖国の思想』中公新書、1974、B・M・ボダルト＝ベエイリー著、中直一訳『ケンペルと徳川綱吉』中公新書、1994、およびヨーゼフ・クライナー編『ケンペルのみた日本』日本放送出版会、1996を参照。
3)　われわれは現在、ケンペルの『日本誌』をすべて翻訳で読むことができる。今井正訳『増補改訂　日本誌』上下巻、霞ヶ関出版、1989
4)　小堀前掲書、p.11
5)　今日われわれは、この『異人恐怖伝』を、『文明源流叢書　第3』国書刊行会、1914で見ることができる。
6)　小堀前掲書、p.131なお、『鎖国論』の写本を調査した研究に、鈴木圭介『写本の運命―ケンペル『鎖国論』の書誌学―』鈴木圭介宅研究会、1998がある。
7)　山崎正董編『横井小楠遺稿』日新書院、1942、p.809ただし、旧字体は適宜新字体に改めた。以下同じ。
8)　「波爾杜瓦爾人(ポルトガル)千五百四十三年〈我天文十三年なり。〉偶然と日本に漂着し大に交易の利を得たり。（略）無(なし)程人を渡し植民し（略）使僧を遣し耶蘇教(ヤソ)を説法し、新化の者と婚を通暫時(つうじ)の間に大なる富を致し又深く国人の信心を得たり。諸事如(いのごとく)意に矜(ほこ)り終(つい)には国の政事を変革する所あるに至り大に民の野心を誘い日本の大害となりぬ。（略）如(し)是に吉利支丹(きりしたん)教盛に行れ九州は殆ど波爾杜瓦爾人の教化に帰し、其国の神仏及び教法を忌嫌(いみきら)ひ其法の為に他を禦(ふせ)ぎ自を護(も)るの勢に成り、国家の憂不安の基既に明白なれば太閤深く慮(おもんぱか)り、漸く波爾杜瓦爾貨利増長・吉利支丹(きりしたん)信心弘通の際限を立たり。太閤既に死し後

人に遺命し其事を成就せしむ。〈遺命誤(あやまり)なる可し、東照公吉利支丹教を禁の叡慮(えいりょこと)殊に太閤より深し。〉是に於て磔刑(たくけい)を以て国中に示す。其趣意は波爾杜瓦爾人其僧侶及び諸族〈通婚(つね)の故に族有り、此方にて得つる妻子なり。〉を伴い国を退去す可き事、日本の土人将来恒に国中に土着し、当時現に国外にあらん者は一定の時節を期し帰り来る可し。若し其期を過ぎ猶も異国に在留せん者は同刑を以て是を罪す可き事。吉利支丹教を奉ぜん者立所(たちどころ)に改む可き事。是れ皆至極の難渋を歴(あらぎ)たるに非ざれば奉行成就す可からず。嚮に日本人が一統の主を得んとして許多の肖像者の血〈吉利支丹に対し此方の人を指の辞なり。〉を流して漸く太平一統の主を得たるに、今又禍乱の本を絶ち国権を固くせんは吉利支丹の血を流すに若ざる可し。元より彼の新化の徒信心甚深く道理を以て説て廻心す可からざるを以て、刀刃・徽索・烈火・磔架等の勵(はげ)しき警戒を設れども、彼等が信愛凝結の心少も動揺せず、其信心の虚からざるを己の血を以て磔架に銘せんと願い比類無き堅固不抜の気象見たり。斯く異教の為に民心を奪はれしは永く是国の肖像家の恥辱たりと謂可し。イエミツ死し大猷院と号す、（略）イエヤスの孫なり。此君に至り終に鎖国の事を挙げ比類無き猛烈の気象を以て三万七千余の吉利支丹を屠戮(とりく)し、一旦国中異教を奉の残党を殫(たん)せり。是れ吉利支丹人嶋原なる有馬の城に会し心志を一定し戦死せんと欲せし者共なり。此城攻撃三ケ月にして落つ、是れ日本の寛永十五年二月廿八日即ち我千六百三十八年第四月十二日に当れり。此に至り吉利支丹の血を流す事最後の一滴に及ぬと云えども、苛察屠戮の全く止ぬるは千六百九十年〈我が元禄三年〉の比(ころ)なり。是の如く日本国中悉く掃浄してより以来土人に於も異国人に於も四辺常鎖閉せり。」前掲『小楠遺稿』p.809-811 ただし、〈 〉内は割り注。以下同じ。

9) 前掲『小楠遺稿』p.812
10) この点について、小楠は、志筑忠雄の注記を書き写した。「波爾杜瓦爾と我国交易の事をケンフルが全書に詳に記し、其交易前後盛衰有りと雖も大抵年々運輸し去る所の金三百トンに過たるを以て其大利ありしを知る可しと云えり。」前掲『小楠遺稿』p.811
11) 前掲『小楠遺稿』p.812
12) 前掲『小楠遺稿』p.692-693 読み下し文は、小堀桂一郎氏による。小堀前掲書、p.151-153
13) 前掲『小楠遺稿』p.135-136
14) 朱子学大系第4巻『朱子文集（上）』明徳出版社、1982、p.94 ／は改行を示す。以下同じ。
15) 佐藤一斎は、1849(嘉永2)年4月、次のように上書していた。「防禦之心得前文之通に候処、其実は異船之者戦争の好みは無レ之、矢張交易いたし度斗之凧願歟とも被レ察候。何分今様穏ならず候而者人心惝々と致し、太平の妨げと相成候。依レ之交易の儀、自然願出候節、権現様より信牌被レ下置候国に候はゞ、少々の交易被二仰付一、尤御規定の通神妙に為レ致阿蘭陀と組合於二長崎表一取扱申候儀、御許容有レ之候而も宜敷、却而穏に相成可レ申哉。乍レ併交易御免容易に御聴済相成間敷儀と奉レ存候得共、異船之情実を察し候迄、御

考への事に申上置候。扨又万一右の御取扱に相成候ゞ、屹度約定を立て、向後他所海浜へ寄付候はゞ、旧法之通打払ひ候に付、東北海へは近寄申間敷旨阿蘭陀人をもって諸蕃国へ触させ置候様、仕度ものに御座候。」高瀬代次郎『佐藤一斎と其門人』南陽堂本店、1922、p.369-370 ただし、傍点等は省略した。

16) 日本思想体系『渡邊崋山・高野長英・佐久間象山・横井小楠・橋本左内』岩波書店、1971、以下『大系』55と略記、p.434から引用。前掲『小楠遺稿』p.11
17) 『大系』55、p.479から引用。前掲『小楠遺稿』p.242-243
18) 『大系』55、p.448-449から引用。前掲『小楠遺稿』p.39-40
19) 『大系』55、p.481-482から引用。前掲『小楠遺稿』p.245
20) 「沼山閑居雑詩」、前掲『小楠遺稿』p.881 原漢文。
21) 『大系』55、p.478から引用。前掲『小楠遺稿』p.242 □は伏せ字を示す。
22) 村田氏寿「横井氏説話」『関西巡回記解説』所収、山崎正董『横井小楠伝（上巻）』日新書院、1942、p.290
23) この点については、拙稿「幕末日本と国際社会—横井小楠における「華夷」思想の克服—」竹内俊隆編『ガイドブック国際関係論』大阪大学出版会、2008を参照。
24) 前掲『小楠遺稿』p.726 原漢文。
25) このような観点から小楠は政治改革を構想するが、この点については、拙稿「横井小楠の政治改革構想」『近代熊本』第24号、熊本近代史研究会、1993、拙稿「横井小楠における儒教的理想主義と天皇制」岩間一雄編『近代とは何であったか—比較政治思想史的考察—』大学教育出版、1997を参照。
26) アダム・スミス著・水田洋訳『道徳感情論（上）（下）』岩波文庫、2003参照。スミスについては、水田洋『アダム・スミス—自由主義とは何か—』講談社学術文庫、1997、堂目卓生『アダム・スミス—『道徳感情論』と『国富論』の世界—』中公新書、2008を参照。
27) 英国公使館書記官オリファント（1829－1888）。『大系』55、p.489頭注。
28) アメリカの宗教家トーマス＝レイク＝ハリス。『大系』55、p.489頭注。
29) 『大系』55、p.489-490から引用。『遺稿』p.560-561
30) 口語訳する際に、松浦玲責任編集『日本の名著第30巻 佐久間象山・横井小楠』中央公論社、1970を参照した。

第 2 章

太平洋を渡った日本人、帰ってきた日系人
── グローバリゼーションの落とし子は故郷に錦を飾れたか？──

はじめに

　「加州排日派の巨頭インマンという男は、無礼にも在留同胞を目して多産動物だと言ったことがある。米国官憲の調査するところに依れば、在留日本人の出産数は非常に高率を示している。また事実に於いて西部太平洋沿岸にはママさんパパさんと呼ぶ、頭髪の黒い日本人児童が沢山居るのである」。

　この一節は、1923年に、アメリカ合衆国（以下、アメリカ）に6年滞在した後、一時日本に帰国した筆者の祖父が書き記したものである[1]。

　このように、明治末から大正にかけて20世紀初頭に海を渡った日本人は、ハワイの23万人を筆頭におよそ85万3,000人にのぼる[2]。太平洋戦争前の海外移住は2つの集団に大別される。1つの集団は日本の主権が及ばないハワイ・北米・南米へ低賃金の労働者として海を渡り、多くはそのまま定住した日系人あるいは日系〇〇人と呼ばれる人びとである[3]。もう1つの集団は、大日本帝国のアジア・太平洋地域の進出にともない、「殖民」として海を渡ったが[4]、敗戦とともにGHQの指令で引揚責任庁となった厚生省の引揚政策によって、引揚者として日本に帰ってきた人びとである。

　ハワイ・北米に関しては、1885年に日本人労働者をハワイ砂糖耕地へ組織的に導入する「官約移民」の結果、9年間で合計2万9,000人ほどの日本人がハワイへ渡った。同時期にアメリカ西海岸への日本人渡航も始まった[5]。しかしその数が増えるにつれ日本からの出稼ぎ労働者は「脅威」として認識され、アメ

リカへの流入を防ぐことを目的とした日米紳士協定を、日本は1908(明治41)年に結ばざるを得なくなった[6]。すでに米国に在住している日本人は「写真結婚」で妻になる人を呼び寄せることができたが、これも後に、写真結婚で日本人の出生率が上がるのを懸念したアメリカ政府が禁止を言いわたした。その理由が「この分で行くとカリフォルニアは、日本人が人口でトップになるのでは…」ということであった[7]。これは、1980年代にアジア系移民とヒスパニックスが急増したことを憂慮して、『言語がアメリカを分裂してしまう』、『多言語が英語にとって代わってしまう』などという危機感をつのらせた現象と似ている[8]。

　なぜ日本人は、はるばる太平洋を渡ってアメリカまで行ったのだろうか。彼らの生活はいかなるものだったのだろうか。アメリカの排日移民法はどのような背景でできたのだろうか。日本人が遙か遠く離れたブラジルに渡り、近年その子孫が日本に帰ってきた理由は何であろうか。

　戦後の移民研究は、アメリカから輸入した地域研究の枠内で成立した移民研究、地理学の一分野としての出移民研究、拓殖民と呼ばれたアジア・太平洋地域への移民研究があるといわれている[9]。最近では、グローバリゼーションの影響で日本に戻ってきた日系ブラジル人を、社会学的・教育学的・経済的・法的見地から考察していく研究も増えた。本章では、①アメリカの日系アメリカ人、②ブラジルの日系ブラジル人、③日本在住の日系ブラジル人、を従来の研究のように個々の動きと捉えるのではなく、この3グループの動きを三角形の動線と捉え、そこから生まれてくる共通点を探ってみた。特に、その三角形の動線となった要因を歴史的・経済的・社会学的（差別・偏見・アイデンティティを含める）見地から複合的に見ることで、多文化・共生・定住化という現代社会を理解する鍵になることを本章の位置づけとしている。

　本章では、共通の認識を高めるために、第1にグローバリゼーションや日系という用語を定義していきたい。次に、アメリカに渡った日本人移民について概観した後、ブラジルに渡った日本人移民と、日系ブラジル人として日本に戻ってきた背景を考察する。次に、日本人が日系人として生きることとはどういうことなのかを、実際のアンケートと聞き取り調査のデータから抜粋して検証する。最後に、日系移民の共通項を並べ、そこから浮かびあがってくる点を考

察する。

　日本は、団塊の世代が退職する2010年以降、少子化の進行とあいまって経済成長率を1％台半ばと想定した場合、2015年に見込まれる人出不足は520万人にのぼるといわれている[10]。そこで本章が日本人自身の「外国人・移民観」に投石を与えることができれば幸いである。

1. 日本からアメリカへ（1885-1924）

(1) グローバリゼーション、移民、日系の定義

　多義的に使われているグローバリゼーションは、一般的には、市場・企業などの国際化や世界化を意味し、冷戦後の金融や情報分野で世界的な自由化過程を指すといわれている[11]。グローバリゼーションは世界史的には、15世紀末の「大航海時代」にさかのぼるが、ここでは第二次世界大戦後、一貫してアメリカが追及してきた世界規模の自由化を指すものとする。つまり、グローバリゼーションは同時に米国の圧倒的優位性を表すものとして、アメリカナイゼーション（アメリカ帝国主義）ともいわれている[12]。このグローバル化がもたらしたものは、発展途上国からの低賃金労働力が国境を越えて移動（移民）することで、先進国がそれを利用できるということである[13]。

　それでは、移民はどのように定義され、「外国人労働者」とどのように異なるのか。1つの定義づけとして、「移民」は最初からその国の国民になることを念頭においた外国人であるが、「外国人労働者」は基本的には母国に帰ることを前提として他国で働く者としている[14]。もちろん、この線引きあくまで1つの目安に過ぎない。実際、富国強兵を掲げた明治政府は、企業駐在員や外交官を「洗練された日本人＝非移民」とし、それ以外を「野蛮な日本人＝労働移民」と区別しようとした[15]。そのほか、イギリスなどに渡った日本人は「日系」ではなく、「日本人の移民者」、「日本人海外居住者」、「海外永住者」と呼ばれている[16]。ここで留意しておきたいことは、専門職をもって国際労働市場に参入してくる人もいるので、かならずしも移民＝外国人労働者ではないという点だ。

「日系」の定義はどうであろうか。日系は一般に、日本人を祖先とし日本から海外に移住した日本人移民およびその子孫を指す[17]。しかし、ここで疑問がわく。第二次世界大戦前や戦争中に東南アジアや中国に渡った日本人はどうなのであろうか。生まれてから終戦まで30年も上海の日本人租界に住んでいた私の母のような人は日本人なのか。そのこどもは日系と呼ばれるのか。日系タイ人、日系中国人というのはありえるのか。ロスアンゼルスの日本系コミュニティの場合、日系アメリカ人・日本人を含めた広義の「日本系」コミュニティは、意識面でも1つの集団を構成しているわけではないのに、しばしば無造作に「日本系（Japanese）」として一括して見られていることからも定義づけのむずかしさがわかる[18]。

次に、明治末から大正にかけてなぜ日本人が大量に海を渡ってアメリカに行ったのか、そしてアメリカ側に流れた日本人移民が、なぜブラジル側に渡ったのかを考える。

(2) 中国人移民から日本人移民へ（1885-1924）

まずアメリカ側から見ていくと、アジア系移民がカリフォルニアに移住したのは、1850年代の中国人が最初であった。アメリカ人が敬遠するような過酷な鉄道建設の労働力として半奴隷的な仕事をしていた中国人は、1870年代には6万人まで増えたが、後にアメリカ東部から来たアイルランド系の白人と西から来た中国人労働者の間で鉱山採掘の仕事の取り合いが起きた[19]。その後、法律の及ぶ都会のほうが安全だったので都会に流れて洗濯業などをしていたが、デンバー・チャイナタウンの暴動で「1880年の中国人移民取締り条例」が出され、1902年の移民法で中国人のアメリカ入国が禁止された[20]。

日本人移民といえば、明治初期に政府が奨励した「ハワイ官約移民」からはじまり、次に1880年代に本土、特に西海岸のカリフォルニア・オレゴン・ワシントン州の農業・林業・漁業の労働力不足を補うために海を渡った。その結果、1908年にはアメリカ本土へ日本人移民は10万3,000人を超えた。その中には1898年にハワイがアメリカ合衆国に併合された後、ハワイから本土に渡った3万人を越える労働者も含まれている[21]。当時の日本は、日清・日露戦争からの

帰還兵の失業問題や地租改正が原因で、農村、特に西日本地域が困窮化し、徴兵回避や「故郷に錦をあげる」感覚で、移民の数が急増した[22]。日本から押し出すプッシュ要因とアメリカ側の重労働者不足というプル要因が一致したのである。その数は1910年には7万4,000人にもなったが、そこに立ちふさがったのは、人種差別と偏見の壁であった[23]。たとえば、1907年の不況の原因は日本人の増加によるものだと白人労働者が非難し、それが1913年のカリフォルニア州での外国人の土地所有を禁じた土地所有法につながっていった[24]。

> 「欧州移民は白人種たる故を以って渡米後短日月の間に市民権を得、自由に土地を所有する事ができるが、吾々同胞は東洋人即ち黄色人種なるが為に、人生の半分以上を加州(カリフォルニア)の土地にて暮らしても、土地の所有権を許されずして、却って新参者の欧州移民から邪魔者にされ、永年住み馴れた我が加州から駆逐されんとするのである。母校社会の人士は果たして之を何と見らるるか。」[25]

われわれが知っているアメリカは、自由と平等を謳った人種の坩堝(るつぼ)といわれている移民からなる国でありながら、一方では根強い白人至上主義が残っていた。1924年の移民法は、まさしく黄色人種である日系移民を締め出すことを意図していたので、排日移民法とも呼ばれている[26]。この移民法は1965年になるまで修正されなかったので、その年まで日本からの移民は1人も許可されなかった。しかしこの1965年移民法はあくまで人種差別的制限を廃止したものであって、移民の増加を促進したものではなかった[27]。このアメリカ西海岸の排日主義者は、当時日系一世・二世が総人口の40％を占めるハワイで、ハワイ一世がアメリカ化をせず自分たちの子供を日本の臣民に育てているという日本人陰謀論を打ちたて、日本人排訴運動に拍車をかけた[28]。

(3)「敵性外国人」としての日系人（第二次世界大戦中）

黄色人種に対する偏見は、第二次世界大戦中、「敵性外国人」として、12万人以上の日系アメリカ人が財産を没収されて、強制収容所に抑留されたことにも表れている。収容された12万人のうち、3分の2は、アメリカに生まれ育っ

第2章　太平洋を渡った日本人、帰ってきた日系人 —— グローバリゼーションの落とし子は故郷に錦を飾れたか？ ——　35

た市民権のある二世だった[29]。それにもかかわらず、「ジャップはあくまでジャップであり、そのジャップがアメリカ国籍であろうとなかろうと関係ない」という西部沿岸防衛司令官ジョン・L・ドウィット中将の放言にも見られるように、戦争中とはいえ、根強い憎悪は続いていた[30]。徴兵と合衆国に完全なる忠誠・服従を誓わなかった二世たちはノーノーボーイ（No-no Boy）と呼ばれ、それを題材にした小説の一節からも日系の苦悩が読みとれる。「父さん、なんで母さんとアメリカに来たの？」、「みながアメリカにきたんだよ」、「（アメリカに）来なくてはいけなかったの？」、「いや、お金を儲けにきたんだ、それだけだよ。父さんの出身の村に、アメリカで金持ちになって村に帰ってきたもんが、土地を買って安楽な暮らしをしていたので、自分たちもそうしたかったんだ。ずっとここに居ようと思ってなんていないよ。」、「戻るの？」、「戻るさ。いつだって？　もうすぐだよ。もうすぐ」[31]。

　ステレオタイプ的に見ると、日本人一世は勤勉に働いて家庭を築き、二世の教育に熱心だったので、戦争中は差別にもかかわらず二世は戦場に出たりと、アメリカ社会に受け入れられ模範的な市民をめざしていたと思われがちだが、実際は、出稼ぎに来た日本人の80％は貯蓄の目標を達成すると、アメリカの人種差別や排日ムードに見切りをつけて帰国している[32]。さらに二世であっても、日本で教育を受けて米国に戻ってきたKibei（帰米人）と呼ばれていた日系人がいた[33]。多くの場合、彼らの親は、こどもだけを母国日本に送り返し、親戚の下で母国の教育を施すというものであった。これも、アメリカ社会で一世たちが「帰化不能外国人」とされ、憎悪や迫害の対象になったからで、以下のような気持ちになったのも無理からぬことであった[34]。

　　　「日本人と云って威張って、母国へ帰ってきても、私には日本の国土に
　　　身を容れる一坪の所有地もない、又雨露をしのぐに足るほどの家も持たぬ。
　　　米国にあっては土地所有権や小作権の禁止問題等で、排日派からさんざん
　　　虐められたが、中略、故郷に帰っては親戚の厄介者、外国に在っては毛色
　　　の相違で居候扱いを受け、（中略）。夜半密かに哀を催して一滴の雫をこぼ
　　　さざるを得ない。」[35]。

「日米関係を根本的に解決せんとするには、先ず日本人の帰化権の有無を確定せねばならぬ。若し日本人にこれあるとすれば市民権を得て自由に土地を買収する事を得るを以て、従って加州等に於ける排日的土地法はその効力を失い、自然に消滅することになる」36)。

2. 日本からブラジルへ（1908—1954—1989）

　カリフォルニア州の日本人排斥運動が激しくなり、1924年の移民法で移民が事実上禁止になったせいで、日本人移民はブラジル、ペルーなどラテンアメリカ諸国へと向かった。ラテンアメリカへの移民は、日本政府が国策として行ったもので、将来的に日本に帰国する「一時移民」が農業に従事するために送り出された。その背景には日本の経済危機と政治変動がプッシュ要因としてあった37)。

　また一方、ブラジル側のプル要因として、1919年にブラジル政府は「白人化」をめざしてアジア人と黒人（奴隷）の入国を禁止した。黒人奴隷の労働利用が不可能になったことや、1902年にイタリア政府がブラジルでの労働が劣悪だという理由で契約移民の渡航を禁止した38)ことがあった。つまり、ブラジル政府は「白人化」を目指していたにもかかわらず、渡航費を補助してまでアジア人の労働力を必要としていたのである。その結果日本人移民が始まった39)。ブラジルでも有色人種に対する偏見が強かったが、日本人は「アジアの西洋人」であるという謳い文句のもと、一時的に許可をしてもらった。その数は1908〜1941年で19万人にのぼるといわれている。1991年の調査では、ブラジルには五世まで含めて約120万人の日系人がいるが、そのうち84万人が両親とも日本人で、混血は31万人となっているが、国全体の人口からすると日系は0.8％を占めるにすぎない40)。

　辛抱して、支那鞄（トランク）にお金をいっぱいにして日本に戻るつもりだと意気込んで海を渡ったものの、ブラジルの農場では移民の募集案内とは異なる奴隷的な労働に従事させられて「騙された」と反乱をおこしたり、都市に逃げ出したりし

た[41]。ちなみに、ブラジルの奴隷制度は1850年の「奴隷輸入禁止例」まで300年も続いたせいで、ブラジル人の農場主は移民を奴隷の代用くらいにしか見なしていなかったようだ[42]。生活は過酷で危険だったので、日本人コロニア（コロニー）を形成したり、日系人同士で頼母子講（たのもしこう）をつくったりして助け合い、最後には「不可能を可能にする農業者」という評価を定着させた[43]。

コロニアでは、移民とその家族は日本の習慣・伝統儀礼・宗教的儀式を通して日本人独特の考え方と価値観と日本語が維持された[44]。一世の親は、これらの価値観の他に、二世にブラジルでの学校教育を受けさせるように家族全員で協力した。大都市に住む二世は、伝統的日本文化の再生産ではなく、日本文化とブラジル文化の混血文化様式を構築してきた。ちなみに、コロニアでの日本語学校の設立は比較的遅く、1970年代に創立したところもある[45]。

> 「自分は日系二世だけど、コロニアで育ったので、家の中では日本語ばっかりだった。7歳で小学校に入った時、ブラジル語は全然できなかったけど、あの頃は当たり前だと思っていた。」[46]

> 「私のお父さんは12歳まで日本にいた。小学校を卒業してブラジルに来て、百姓をしていた。5歳までブラジルの田舎にいて日本語しか話していなかったので、7歳でポルトガル語が全然できなくて、学校の入学を断られた。親は町に出て店を開いて18時間くらい働いた。子供達が交代で協力して5人兄弟を学校に出した。ブラジルでは、こどもが働いてお金をもらえることを誇りに思っている。」[47]

第二次大戦後の日系社会は、太平洋戦争は日本の勝利で終結したと信じる「勝組」と、敗戦したことを受け入れる「負組」に分かれて混乱したが、徐々に敗戦を受け入れ始めた。日系社会が混乱し、二世がブラジル社会への進出を始めた頃、日本では戦後の混乱期で海外からの失業者も合わせると1,324万人にも達したといわれている[48]。在ブラジル移民の尽力で、1953年にアマゾンへの入植移民を募集したのを皮切りに、1954年にブラジルの養蚕協会が、200の家族の導入の許可や青年移民も始めた[49]。

「うちの親父は、僕が中学3年の時に、養蚕の技術を教えるためにブラジルに行くことにした。移民で儲けて日本に帰るつもりでいたので、日本人は二重国籍にした。日本政府が当時旅費を出してくれた。5年以内に日本に帰ってきた時はそれを払い戻さなければいけなかった。話がだんだん大きくなって憧れていった。」[50]

　このように戦後（1945－1989）に南米諸国に渡った日本人は約9万3,000人で、移民総数は25万人に達した[51]。サンパウロ州内陸部になるバストス市は、ブラジルでの教育普及率がもっとも高い場所となり、日本人生徒を「良い生徒」「知性」「良い行動」「規律」と結びつけた。1960年代以降の公立大学の工学部や医学部や薬学部などで二世が勉学し優秀さを示した[52]。これは1960年代以降多くの日本企業がブラジルに進出したが、その際に「日系人は勤勉である」という評価が進出を容易にしたといわれている。バストスでは「ブラジレイロ（ブラジル人）」と「ジャポネス（日本人）」の2つのカテゴリーに住民が区別され、1956年に初の日系人市長が生まれたりしたが、日系人の非日系人に対する優越感は、日本でデカセギ（*dekasseguis*）が始まってから若干変化してきたようだ[53]。

　次項ではこのようにブラジルに定着したはずの日系移民がなぜ日本にデカセギとしてもどってくることになった理由を探る。

3．ブラジルから日本へ（1990-2008）

(1) 出稼ぎからデカセギ（*dekasseguis*）へ

　日本は1970年代まで外国人労働者に依存することはなかったが、1980年代の高度経済成長と少子化で単純労働者市場における労働者不足になった。これが日本側からのプル要因になっている。

　一方ブラジル側のプッシュ要因としては、1980年代には石油危機、高いインフレ率や増税などが国民生活を圧迫し、長期不況と失業に加え、犯罪率も高く

なったため、これを機に海外へのブラジル人移住が急増した[54]。中南米からの日系人が本格的にもどり始めたのは1985年ごろであるが、その頃は家族ではなく単身者が多かった[55]。2000(平成12)年の時点で、ブラジルの1億6,000万人の人口中、約1％が移民運動に参与している。60万人が米国に住み、日本には約30万人がいる[56]。日本で外国人労働者が社会問題になったのはここ30年ほどである。1970年代後半から1990年代前半にバブル経済が崩壊した時まで、5つのグループに大別される外国人の流入が始まった。最初は接客業で働くアジアの女性たち、2番目はインドシナからの難民、3番目は中国人残留孤児とその配偶者と家族である。4番目は、語学学校の英語教師を含めた欧米系ビジネスマンである。5番目は主に男性だけからなる「ニューカマーと呼ばれる[57]」多数の西アジア、東南アジアからきた人たちである。日本政府は、一貫して特定の「技能」に対しては就労ビザを発行してきたが、単純労働者と呼ばれる外国人労働者にはビザの発行を拒否してきたので、彼らの増加と不法滞在に対処するために、1990(平成2)年に「出入国管理及び難民認定法」を改正した[58]。バングラデッシュ・パキスタン・イラン間のビザ免除協定を停止する一方、この入管法は、日系一世から三世とその配偶者と家族に在留資格を与えることになった[59]。

　前述のブラジル側のプッシュ要因に伴って、1989(平成元)年には外国人登録者、98万4,455人中1万4,528人だった日系ブラジル人は、2006(平成18)年12月31日時点では、外国人登録者208万人中、日系ブラジル人（配偶者含む）は31万2,979人にものぼった。日系人の入国・在留は日本人との身分関係に基づくもので、本来は外国人労働者の需要の増加を補う目的ではなかったが、一般的にはそのような役割を期待されたという通説がある[60]。現に、1990年の出入国管理法は日系人を優遇しているように見えるが、不法残留者を減らすための口実に使われているかもしれないとか、血統の重要性を重んじる単一民族の考え方がこの出入国管理法をイデオロギー的に正当化している、と考える学者もいる[61]。

　日系ブラジル人が日本に来る理由も経済的理由だけとはいえない。日本文化や語学を勉強したい、先祖の国を見てみたい、親戚に会いたい、若い人達が日本に来てしまったので孫の世話を日本でしたい、日系一世（つまり日本人）な

ので、自分の国に帰って来ただけ、など筆者の聞き取り調査でもさまざまな理由が判明したし、「立派な日本人になる」機会でもあるとブラジル側からデカセギを積極的に評価する理由にしている[62]。

(2) 浜松の日系ブラジル人

前述に、2006(平成18)年12月31日現在の外国人登録者208万人中、日系ブラジル人（配偶者含む）は31万2,979人だったと述べたが、その大多数が職を得やすい愛知県、群馬県、静岡県に集中している。中でも静岡県浜松市は、日系ブラジル人が最も多く住んでいる。

表2-1

	人口	外国人	日系ブラジル人	
1. 浜松	60万6,303 82万4,443	2万2,224 3万3,451	1万2,766 1万9,321	2004年 2008年5月
2. 豊橋	37万5,788	1万6,465	1万293	2004年
3. 豊田	35万7,710	1万1,619	6,266	2004年[63]

執筆者の出身地である浜松市はホンダやヤマハ発動機、スズキなどの下請け工場が多いので労働力の需要が高いほか、地理的にも三方原台地が土地に広がり感をもたせている。気候も温暖なので、物価や家賃の面を考えると、都会より比較的住みやすいはずである。2002(平成14)年頃は週末になると駅ビルでたくさん見かけた日系人も、2008(平成20)年の時点では、郊外に4つもできた大型店舗のほうでより見かけるようになった。街中には黄色と緑のブラジルの国旗をよく目にするが、ほとんどがエスニックビジネスあるいはデカセギビジネスを営んでいるところだ。それらはレストラン、旅行代理店、銀行（送金）業務、食料品店、翻訳業者、就職や住居などの斡旋業者などである。多くの看板や注意書きは日本語とポルトガル語で書かれ、銀行の自動窓口機はポルトガル語で対応でき、バスのアナウンスも路線によってはポルトガル語のアナウンスがついている[64]。

浜松市では浜松国際交流協会（HICE）が中心になって、HICE主催の交流イ

ベント、日本語教室、日伯交流100周年記念行事やセミナーなどをさかんに行っている。しかし、地域の市民の中には、ゴミ、騒音、路上駐車、犯罪、非行問題などに敏感になって、逆に否定的な反応や偏見を増幅したり、無関心を装ったりする者もいる[65]。

　日系人の中には高学歴の者や専門職を持っていたものもいるが、日本では一般的に日系人というと外国人労働者とみなされがちである。また自分は誰なのかというアイデンティティ危機に陥る。なぜならば、ブラジルでは、日系人は、日系ではなくハポネス（Japonês）と呼ばれているが、日本では自分たちのことをbrasilerioと呼び、日本人からは「外人」や「ブラジル人」あるいは二等市民と扱われるという経験をしているからだ[66]。

(3) 浜松のブラジル人学校

　急激に増加した日系ブラジル人の学齢児童の学習支援のために、浜松市では多くの教育支援システムを備えてきた。たとえば、国際室の管轄であった「カナリーニョ教室」や取り出し授業などである。2002年の児童数は浜松市で1,556人であるが、公立の学校に通っている児童数は873人である。そのうち浜松の公立の学校にもブラジル人学校にも通っていない不登校児童が325人（20.9％）にのぼる[67]。

　特筆すべきは、浜松市にはブラジル人学校が7校あることだ。これは、浜松にはインターナショナルスクールや私立の小学校や朝鮮学校がないということを考えると驚くべき数字である。周辺の掛川市、磐田市を含めるとその数は15校にも達する。このうち、ブラジル政府に公認されている学校は13校である。公認されているということは、教科書とカリキュラムをブラジル本国の学校と同じシステムにし、成績も同様にその基準に合わせてつける。それは、ブラジル本国にもどった時に、もし成績や出席率が基準に達していれば、学年をそのままスライドして入学できることを意味する。学校とはいうものの、経営は各種学校に属するもので、設備も日本の公立小学校を想像するより塾のようなところを想像した方が実情に合っている[68]。

　筆者が研究対象にした浜松のエスコーラ・ブラジレイラ・デ・ハママツは、

2002〜2003年の研究時には130〜150人ほどいた。2006(平成18)年の12月にN先生が学校経営を引き継いだ時は、ブラジル人学校の増設で競争率が増したため、生徒数は減少し100人になっていた。幼稚園から高校生まで通学している。以前学校があった場所は校庭や運動場があったが、立ち退きにあって、今は運動場がない。

アンケートやインタビューから、「この学校に通う理由は、すぐブラジルに帰るつもりなので、帰っても勉強と言葉に困らないようにするため」「親は日本語ができなくても工場で働けるから子供もできなくてもよいと思っている」「月謝が高いが、親は一生懸命働いてこどもは帰国後ブラジルの大学に行ってもらいたいと思っている」という理由があがった。その他、以下のコメントを紹介する[69]。

「(副校長とのインタビューより) こちらの学校に転校してきて、自分たちの気持ちがぱっとひらいた。日本の学校に行っていると、友達が言っていることがわからなくておもしろくなくなってしまう。今は何でもわかる。気持ちがぱっと開く。勉強ができなくても心が明るくなる。

こども達は行き場がない。だから学校だけでなく、大学・専門学校に連れていって見学する。リサイクル工場も見学に行った。日本の学校が好きでも辞めてくる子がいる。日本の学校でうまくやっていた子はここに来ると全く勉強をしなくなる。親が決める。こどもの気持ちは無視。ブラジルでは親は強い。でもだんだん友達も出来て成績も上がる。」[70]

「(15歳7年生とのインタビューより) 1〜6年生まで日本の学校に行っていた。給食がよかったし、6年の時の先生はやさしかった。勉強のことを細かく言われた。こっちの方が楽しい。友達とか…日本の学校でいじめられた。自分がいじめられたことが我慢ができなくて、ぼこぼこにした。すっきりした。この学校に来た理由は日本の学校が嫌だったし、ポルトガル語を忘れないように。小学校では50人くらい、中学校では10人くらいブラジルの子がいた。でもブラジル人同士あまり助け合わなかった。日本人しか興味のない子が多かった。先輩は助けてくれた。」[71]

「(日本と二重国籍、60歳代、男性) 自分は日本人だが、中学の3年でブラジルに渡った。自分はどっちつかずだった。中途半端。学歴がないので悔しい思いをした。だからこどもたちは日本に連れてこなかった。教育がむちゃくちゃになった子をたくさん見てきたので…。上の女の子は医学部に入った。」

　日系ブラジル人の親がブラジル人学校を選択した理由は複雑で一概にはいえないが、「ブラジル人学校の方が楽しい。理由は悩みがないから。日本の学校では友達ができなかった。ここではみんな仲間。こっちは言葉が通じやすい」という日系ブラジル人のこどもの言葉が示すように、母語維持、教科の学習、アイデンティティの確立が主な理由だという結果が出た。

(4) 浜松住人と日系ブラジル人の関わり

　前述の先行研究の中で、ブラジル人学校の親の教育言語選択に影響を与える要因の1つとして、日本人の国際化や外国人に対する二面性が考えられると論じた。たとえば、単一民族＝血統の重視や、日本民族と日本文化の特異性を強調する一方、1980年代に外圧により国際化を推進しJETプログラム（95％は英語圏から）が広がった。しかし、日本社会にはまだ「国際化＝西洋人」、「外国人＝アメリカ人＝英語を話す、白人、現代人」という考え方や、「日系ブラジル人＝外国人労働者」という考え方が根強く残っていて、日系として来日したのに文化的・民族的に異質だと扱われる等である[72]。

　その調査途中で、2万人ほどの日系ブラジル人が生活している浜松市の住人の多くは、英語学習などに熱心な反面、日系ブラジル人とほとんど接触なく生活しているように見受けられた。そこで、日系ブラジル人の言語観や言語選択を尊重しているか、共生といわれているが、欧米人とは異なる物差しで測るという側面をもっていないか、等という疑問が湧いた。紙面の関係上、ここでは、三部からなるアンケートの関連する部分の結果だけをとりあげた。

　以下無作為に配布したアンケートの285人分を分析した結果である[73]。
① 浜松（近辺）に（7校ある）ブラジル人学校があることを知っていますか。

はい 232人（80％）、53人（20％）
② 仮に、海外転勤になった場合、自分の子供を最も入れたいと思う学校を選んでください。

欧米圏（オーストラリアを含む）の場合
1. 現地校（30％）、2. インタナショナルスクール（43.4％）、3. 日本人学校（19％）

アフリカ諸国と中南米の場合
1. 現地校（17％）、2. インタナショナルスクール（41％）、3. 日本人学校（34％）

③ 日系ブラジル人の子供達は日本の公立学校に通うべきですか。
1. はい 68人（24％）、2. いいえ 16人（6％）、3. どちらとも言えない 194人（68％）

④ 日系ブラジル人が日本の社会に共存していくことに対し、83％が「大変大切だ」、「ある程度大切だ」と回答した。しかし、仕事等でブラジル人と係わっているのは医者を含めて285人中63人で、友人として親しくしていると回答した者は6人だけであった。

⑤ 「国際化」、「日系」、「ネイティブ・スピーカー」から連想する単語を頻度の多い方から並べると、以下のようになった。

「国際化」英語、外国語、アメリカ、企業、グローバル化、交流

「日系」　ブラジル、ブラジル人、移民、二世、出稼ぎ、ハワイ、開拓、労働者、祖国

「ネイティブ・スピーカー」英語、バイリンガル、流暢、外人、英会話、ぺらぺら

⑥ 「ブラジル人がもっと努力した方が良いと思うことはなんですか」（複数回答可）浜松の住民の回答（多い順に並べた）。

1. 日本の社会的ルールを覚えた方がよい
2. 日本の習慣や文化を勉強した方がよい
3. 日本の社会のことをもっと理解した方がよい
4. もっと日本語を習ったほうがよい

5. ブラジル人だけと付き合わないで、日本の人と付き合ったほうがよい
6. 自分達の事をもっと理解してもらえるように努力した方がよい。

⑦ 「ブラジル人がもっと努力した方が良いと思うことはなんですか」という質問をブラジル人の親（50人）の回答。(1. 今のままでよい、は浜松の住民の選択には入れなかった)。

1. 今のままでよい
2. 日本の社会的ルールを覚えた方がよい
3. 日本の習慣や文化を勉強した方がよい
4. 日本の社会のことをもっと理解した方がよい
5. ブラジル人だけと付き合わないで、日本の人と付き合ったほうがよい
6. もっと日本語を習った方がよい

その他の意見としては以下の通りである。

・私が住んでいるところには、沢山のブラジル人が住んでいるのですが、ゴミなどを平気でその辺に捨てます。以前はゴミなど落ちていませんでしたが、今はいっぱい落ちていて、拾うこともしません。ブラジルへは行ったことがありませんが、すごく汚れた国なんでしょうか。(50～59歳　女性)
・ブラジル人達は集団で居る事が多いので、少し怖く感じる時があります。(30～39歳　女性)
・言葉の壁は厚いですね。(30～39歳　女性)
・ブラジル人の方が日本で犯罪をおかしても罰せられないのはおかしいです (60～69歳　女性)
・データとしては数字で出すのが大事だが、個人差があるので、一概にまとめていえない。ブラジル人としてひとくくりにしても、どれだけ近くに住んでいる個人の事がわかるか疑問がある。また、宗教観などの共通性や違いなどが互いに理解できる方法なないか。(50～59歳　男性)
・身近に外国の人が住んでいることが普通になったのに、声をかけることもない。ゴミの持ち出しや騒音など問題が起きた時だけ接している。垣根を取り除くような行事などがあると良いとおもう。(50～59歳　女性)
・(解決法としては) スクール等に応援、援助する。相談窓口を増やす、長期

滞在者を応援する。(60 ～ 69 歳　男性)
- 単一民族として生活してきた日本人と、世界中でコミュニティを形成してきたブラジル人や他の民族の考え方（社会に対する）には大きな差があると思う。お互いがそのギャップを埋めようとしているかどうかはわかりませんが、日本の社会がこういったことに対応する方法をあまり持ち合わせていないことが課題だと思います。(30 ～ 39 歳　男)
- 公共の場所（バス、電車など）で、男女のあり方があまりにも許せない行動が目に付きます。大声で歌うし、男女のあり方があまりにも不潔です。全体ではなく一部のことです。(50 歳代　女性)
- 自分が他国に出て行くときは、自国の文化、習慣、ルールなどできるだけ多く学習しておきたいと思う。若い人たちにも小さいときから自国を知る勉強をしてほしいと思う。(60 ～ 69 歳　女性)

　このアンケート調査で、日本で日系ブラジル人が1番多く住んでいる浜松市の地域住民でも、欧米や英語に比重を置く国際化や外国人に対する日本人の二面性が浮き彫りにされたが、「ブラジル人の中には犯罪を犯す人がいると日本人が同じ犯罪を犯すよりもイメージが悪く報道されることがあり、「ブラジル人は」とひとくくりにして偏見を持ってしまう現実があると思う。多くのブラジル人の方々はとてもあたたかくいい人たちだと思うので、ぜひ同じ街に住み者としてお互いの理解を深めていけたらいいと思う（20 歳代　女子大生)」という前向きの意見もあった。

4. 再び日本からブラジルへ (1990 − 2008)

　日本に来てある程度お金が貯まったり諸事情でブラジルに帰った者も多い。

　　「日本に出稼ぎに来て、すでにブラジルに戻った人は15万人いる。ブラジルに日本人が移民した当初、閉鎖的社会を作ってブラジル政府に嫌われ

たように、日本でもブラジル人集団を作っている。子供達はいじめ問題などがあっても、日本の学校に行って、日本語を習得して帰ってきた。だれも期待していなかったが、出稼ぎ現象の副産物としてこの帰ってきた日系ブラジル人はブラジル日系社会にとって日本語、日本文化を継承するための大きな絆になっている[74]。」

そのほか、日系の三世同士がブラジルで結婚することはまれだが、出稼ぎ先の日本でその三世同士が結婚する例も多々ある[75]。

前述のバストス市についていうと、デカセギは帰国後に家を購入したり建て替えたりして建築ブームを起こすなど、経済事情に影響を与えることで、「日系人と結婚したおかげで、日本にデカセギに行けた非日系ブラジル人はジャポネスに感謝している」とか、「日本の文化や制度を持ち帰ってくるから、バストスの日本人にはよいことである」など、日系人の優位性を強調しようした[76]。

しかし多くの日系社会では、日系人の組織には出稼ぎによるマイナス面が強くあらわれてきていて、日系社会としての存続力が急激に失われている。たとえば、つり大会、将棋大会、民族舞踏、運動会などの行事などの存続など、デカセギと混血化が日系人社会の活力を奪い、日本人学校と共に存続の危機に陥らせている。

グローバル経済の一員であり、世界的な労働力のストックとしての労働者なのに、移民＝労働者として扱われるのをよしとせず、お金だけではなく、高度な技術や高い生活水準を手に入れて、国へ帰国する者もいる[77]。

その一方せっかくお金を儲けて帰ってきても投資に失敗したり、すぐ使い果たしてしまってまた日本にもどってくるものや、帰国後定職につけなくて、デカセギが生業となり、複数回日本に行ったりする者もいる[78]。

日系人が日本に来て、そして再びブラジルに帰った時、アイデンティティーはどう変化するのだろうか。一般に日本人が「移民」になっても、これは日本人意識を失うことではなくむしろ日本人の意識は強化されるが、これは強化というより、べつの次元における新たな「日本人」となったことを意味する[79]。たとえば、ブラジルの地では「ブラジル人」とはならずに、「しだいにますます

日本人になっていく」ので、「日本人」に対して他のすべては、「ガイジン」または「ブラジル人」で、「日本語」に対しては「ブラジル語」となるのだ[80]。

逆に、日本に来た日系人は、日本で「ブラジル人」であることを意識させられる。前述のバストス村の話を例にとると、デカセギは、「ジャポネス」だからこそ、こうした機会に恵まれるのだと誇りに思って来日した。「バストスの日系人にとって「ジャポネス」の対極にあるのが「ブラジレイロ」であり、「無学なカマラダ」のブラジル人にならないために勉強し、「立派な日本人」であることを誇りにしてきたのに、その「ジャポネス」が、日本では「ブラジル人」あるいは「ガイジン」と呼ばれるのである。当然、日本の日本人と自分たちが違うということも現実として認識しなければいけないという意識も持っているが、アイデンティティーがゆれ動く原因は日本（人）側にあるのも事実である[81]。

日本の地域の行政は彼らの生活面や教育面の支援に幅広く対応している。しかし、アメリカやブラジルの日本移民が体験したように、残念ながら日系ブラジル人が日本でまったく偏見から解放されているとは言い難い。それは３（４）のデータからも明らかである。日系に対する住民や政府の反応から偏見や差別が見受けられるか以下で検証していく。

5．日系移民の共通項

本章の始めからこの項まで、日系移民が①日本からアメリカへ、②日本からブラジルへ、また③ブラジルから日本へ、という移動し、それぞれ受け入れ先でどのような扱いを受けてきたか、どのように見られていたかを検証してきた。ここでは特徴的にいわれてきたことを羅列し、共通項をさがしてみる。まず、以下に述べるa～n項目は、①～③のどの日系の移動に関することか考えたい。

　ａ．出稼ぎ労働者が働いた場所（炭鉱・鉄道保線・製鉄所）の仕事はキツイ・汚い・危険な3K職場である。
　ｂ．言葉ができない。

c．出稼ぎ日本人の80％はお金を貯めたら帰る。
　　d．一攫千金の意識が強く、定住しようとする意識が弱い。
　　e．故郷に錦を飾る。
　　f．キリスト教徒でない日本人は安息日も働く。
　　g．おまけに多産で日本人から呼び寄せた女性を奴隷的に働かせる。
　　h．日本人は猛烈に働いて稼いだお金を日本に送金しており、地元社会に貢献しない。
　　i．日本人は日本人同士で商売や買い物をする。地元の商店で物を買わない。
　　j．文化・宗教的背景が異なり、アメリカに同化できない人種である。
　　k．受け入れ社会からみれば異端であり、その品行が反発を招き、差別の原因の1つとなった。
　　l．外国に出ても、故国の風物や食習慣を捨てきれない。
　　　例：街路を歩き時は、声高に談じ、または笑い興ずる。夜遅くに声高に歌い、または、楽器などの鳴り物を弾き鳴らして、近所の邪魔をなし、または安眠を妨害する
　　m．彼らの増加はこの地域の生活程度を低下させる。
　　n．同胞社会は出稼ぎから定住に入った。

　以上は、現在日本に滞在している日系ブラジル人に対する日本の評価にぴったり当てはまるようであるが、実はこれは1924年まで「帰化不能外国人」として扱われた①のアメリカにおける日本人に対しての偏見に満ちた風評であった[82]。

②　日本からブラジルの場合
　それでは、日本移民はブラジルでどのように評価されたのだろうか。
　　a．日系人はあまり喋らない。日系人はいつも同じ仲間で固まっていて閉鎖的である。
　　b．出稼ぎが目的で、数年で故郷に錦を飾ることが夢だ。
　　c．日本人はよく働いて、清潔で、決して家のものを盗まない。
　　d．日本人は同化しない。ブラジルの構成分子としては不適当である。

e．同化しても、外見や民族的血筋のせいで、「Japonês（日本人）」として見られる。

　　f．いくら成功しても、日本語もろくに話せない子どもを日本に連れて帰るわけにはいかない。日本人として恥ずかしくない教育だけは受けさせておきたい。

　　g．少数だが、日本語よりもポルトガル語を子どもに学ばせ、ブラジルの教育を受けさせようとした。

　　h．出稼ぎとしてブラジルにやってきた移民は、多くがポルトガル語を学ぼうとしなかった。

　　i．こっちの景気が悪くなり、将来の見通しがたたないと、すぐ日本に戻る。

③　ブラジルから日本（日本在住の日系ブラジル人）の場合
　1990年代からの日系ブラジル人と配偶者とその家族の場合はどうであろうか。
　　a．出稼ぎで日本に来ている。
　　b．日系＝外国人労働者
　　c．日本人が敬遠する「3K－キツイ、汚い、危険」の仕事をする。
　　d．ブラジルでの学歴の高さよりも日本語や日本文化との親しみの深さが評価される。
　　e．集中して住んでいて、自分達だけでかたまっている。
　　f．こっちの景気が悪くなり、将来の見通しがたたないと、すぐ本国に戻る。
　　g．日本の労働市場の要請に応じて日本にきた。
　　h．外見や民族的血筋にもかかわらず「外国人」として見られる。
　　i．少数だが語学力をつかってサービス業や専門職の仕事をしているものもいるが多くは3Kの職場でがまんしている。
　　j．「貧しい外国人労働者」と冷たく拒絶されがちである。
　　k．ゴミ、深夜におよぶ騒音、盗難、自転車の放置問題などの問題が、住民の不安感を増幅させる。
　　l．日系として来ているが、文化的・民族的に異質だと扱われる。
　　m．給料がよければ、どんなきつい仕事にも耐えられる。

以上、①〜③まで、時空と場所を越えた日系移民であるが、共通にいえることは、まず労働力不足（プル因子）と経済破綻（プッシュ因子）のため、出稼ぎ（お金をためたら帰る）、故郷に錦をかざる（アメリカ、ブラジル、日本に共通）、過酷な環境の中できつい仕事に就き、お金を貯めるためにがんばるが、常に、数が増えると恐れたり時には激しい人種的偏見にあう。また、受け入れ側の都合で簡単に解雇の対照になる。

プッシュとプル要因の両方を考える必要があるが、移民法という法律の規制が移民の流動を大きく左右する。外見や民族的血筋にもかかわらず、あるいはそのせいで、「外国人」と見なされ、市民として受け入れられるには時間と理解が必要である。

おわりに

明治末から昭和の始めまで、20世紀初頭に多くの日本人が海を渡った。アジアへ渡った者もいれば、太平洋を渡ってアメリカや南米に行った者もいる。しかし、中国の上海の租界に仕事を求めていったものは移民とはいわないし、インドネシアに渡ったものも移民とはいわないし、日系インドネシア人ともいわない。ハワイやアメリカ本土や南米に渡ったものを移民といい、彼らは日系と呼ばれる。本章を書くにあたってその差はなんであろうか、と考えざるを得なかった。それは多分に、戦時下の領土の問題もあるが、日本の近代化に大きな影響を与えた明治政府の「脱亜入欧」の姿勢のせいであろう。たとえば、当時の写真を見ると、南方と呼ばれていたアジアへ渡った女性の多くが着物姿であるのに対し、北米へ渡った男女はきちんとした洋装なのは、「脱亜入欧」の影響の表れだろう[83]。酷暑のアジアで着物を着てレンズの前に立つことは、アジア人の前では日本人でありたいが、アメリカ人の前ではアメリカ人になるのだという意識があった[84]。言い換えれば、これは白人に対する劣等感の表れであろう。政府の政策でアジア以外に移住したものを移民とよび、白人社会に住んだものを白人と対比するために、あるいは対比されて、日系と呼ばれたのだと思う。

今日でも、アメリカ人として高等教育を受けた二世や三世の多くが、他のアメリカ人から、『英語がずいぶんとお上手ですね、いつからアメリカに住んでいるんですか』と、アジア系の顔のせいで外国人と判断された経験を持つようだ[85]。アメリカの主要都市で初めてのアジア系市長となったノーマン・ミネタは、アメリカ白人社会への同化に努力し、日系人であるがゆえに、逆に、両親の国・日本に厳しく対応した。しかし、一方で、自分が日本民族の血をひくという事実から逃れることもできない。彼の苦難と栄光、そしてジレンマは、アメリカの日系社会が抱える問題をそのまま象徴しているように思われる[86]。これは、日本人が欧米人に持つ劣等感と、日本人の同胞に対する優越感の表れでもあろう。そのような感覚は、欧米圏で育った日本人に強いと言っても過言ではないだろう。

一方、世界の移民国家の中でも同化や融合が進んでいるブラジル人社会でも、階層ピラミッドの頂点は白人が集中しているといわれている。そのような中でJaponêsとして育った日系は、1990年代から日本に労働力としてもどってきた時に、「貧しい外国人労働者」として扱われた。日本にいる欧米人に対する憧れや容認とは反対に、隣人として温かく受け入れないのはこの「脱亜入欧」の考えがまだ生きているからかもしれない。一方、日本にやってきた日系ブラジル人は、日本人に対して前述のような厳しい態度をとっているという報告を耳にしていないのは興味深い。

労働者の国際移住は、社会・文化的問題の国際化過程であるグローバリゼーションの人間的側面を含んだものである[87]。しかし、日本は移民の受け入れを未だ是認していない。日系の定住化や人口減が現実となっている昨今、自治体の共生のさまざまな試みや対策、自由民主党内の移民案[88]など、日本人住民側にも彼らを受け入れる柔軟性を涵養することが大事であると思われる。

「日本は多くの移民を各国に送りだしてきた。移民はいやおうなしに、多民族、異文化の中で暮らさなければならなかった。彼らは多民族国家の中で少しずつ、受け入れられ、調和していった。日本は常にそんな日系社会の「同化」を絶賛してやまなかった。その日本がどうして、日本で働き、

第2章 太平洋を渡った日本人、帰ってきた日系人 —— グローバリゼーションの落とし子は故郷に錦を飾れたか？ —— 53

共に生きようとする人々を拒否することがでてくるのか」[89]。

　本章では、限られた紙面の中で、日本人の北米と南米へ、ブラジルから日本へ、日本から再びブラジルへの移住に作用するプッシュ因子とプル因子を、歴史的・法的・経済的・アイデンティティの側面から見てきた。「移民」や「移住」や「日系」などを考える時には、その構造を複合的に見ることが多文化・共生・定住化という現代社会を理解する鍵になると思ったからだ。また、グローバル化に伴い、それらの「移民・移住・日系」の考え方を再考し、個々の自治体・行政・国・がそれぞれにマイノリティ問題に対処するのではなく、世界規模の対処の仕方が必要ではないかと思われる。

　ここ何週間、派遣切りや解雇の嵐が日本在住の日系人社会を直撃している[90]。今やこどもを含めて30万人もいるといわれる日系人とその家族達が、不況になると1番先に契約を打ち切られて行くあてもなくなってしまう。これではまるで1910年代にアメリカで日系人が受けた不当な扱いと同じではないか。「故郷に錦を飾れる」どころか、帰国費用のために事件をおこす人まででてきてしまった[91]。最後に一文無しになってアメリカから帰ってきた筆者の祖父が、1923年に出版した本から再び引用するが、現代の社会問題と大変似ているという思いを禁じ得ない。

　　「近時母国の社会にては労働問題がやかましくなり、時には不穏な運動を見ることもあるが、覚醒も程度を過ぎては却って害をなすのである。資本家が経済上の打撃を受け資金の運転に窮し、やむを得ず事業を縮小又は中止し、人員を解雇せんとするに当たり、金を出せ仕事を与えよと迫るも是非なかるべく、世界は広くして人間至るところ青山あり、瀕死の状態に在る会社は工場へ押しかけ、無理な要求をせんよりは、むしろ思い切って海外へ出て、活動のある所に於いて努力奮闘し、運命を開拓せんとするが最も賢明な道にして、又日本国家のためであると信じて疑わないのである。[92]」

注

1) 鈴木無絃『驚き入った母国の社会』二松堂書店、1924、第2版、p.9 本書を2008年12月に国立国会図書館にて再発見し、ここに引用する。
2) 岡部牧夫『海を渡った日本人 ― 日本史リブレット56』山川出版社、2002
3) 米山裕、米山裕・河原典史編著、『日系人の経験と国際移動 ― 在外日系人・移民の近現代史』人文書院、2007、p.11
4) 河原、前掲、p.11
5) 東栄一郎、アケミ・キクムラ＝ヤノ編、『アメリカ大陸日系人百科事典』明石書店、2002
6) 東、前掲。
7) 松本逸也『脱亜の群像 ― 大日本帝国漂流』人間と歴史社、2004、p.21
8) James Crawford. Hold your Tongue: Bilingualism and the Politics of English Only (Addison-Wesley, 1992)
9) 米山、前掲、p.12-13
10) 『朝日新聞』(2006年8月29日朝刊)『人材の確保外国から』
11) 油井大三郎「21世紀の世界とアメリカのゆくえ」紀平英作・油井大三郎編著『グローバリゼーションと帝国』ミネルヴァ書房、2006、p.311
12) 油井、前掲、p.314
13) 伊豫谷登士翁『グローバリゼーションと移民』有信堂高文社、2001
14) 依光正哲編『日本の移民政策を考える ― 人口減社会の課題』明石書店、2005、p.4
15) 野村敬志「ロスアンジェルスにおける駐在員コミュニティの歴史的経験」『海外における日本人、日本のなかの外国人』昭和堂、2003、p.170-185
16) ポール・ホワイト「ロンドンにおける日本人」『海外における日本人、日本のなかの外国人』昭和堂、2003
17) 『日系人とグローバリゼーション』人文書院、2006
18) 野村、前掲。
19) 今田英一『コロラド日本人物語 ― 日系アメリカ人と戦争、60年後の真実』星雲社、2005、p.37
20) 今田、前掲。
21) 東、前掲。
22) ジョアンヌ・オッペンハイム、今村売訳『親愛なるブリードさま ― 強制収容された日系二世とアメリカ人図書館司書の物語』柏書房、2008、p.393
23) ジョアンヌ・オッペンハイム、前掲。
24) 今田、前掲、p.54
25) 鈴木無絃、前掲、p.300
26) 鈴木透『実験国家アメリカの履歴書』慶應義塾大学出版会、2005、第2版、p.122

27) 伊豫谷登士翁、前掲、p.118
28) 物部ひろみ「ハワイ日系二世のアイデンティティを政治参加」米山裕・河原典史編著『日系人の経験と国際移動 ― 在外日系人・移民の近現代史』人文書院、2007、p.80-81
29) ジョアンヌ・オッペンハイム、前掲。
30) ジャップは日本人を蔑視した呼び方。
 ヒュー・バイアス、内山秀夫・増田修代訳『敵国日本』刀水書房、2007、第7刷、p.184
31) John Okada, No-No Boy (Seattle: University of Washington Press, 1976) 杉野抄訳。
32) 今田、前掲、p.61
33) 安井健一『「正義の国」の日本人』アスキー新書、2007、p.145
34) 安井、前掲、p.145
35) 鈴木、前掲、p.35-36
36) 鈴木、前掲、p.322
37) リリ川村『日本社会とブラジル人移民』明石書店、2000
38) 前山隆「1920年代ブラジル知識人のアジア人人種」柳田利夫編『ラテンアメリカの日系人 ― 国家とエスニシティ』慶応義塾出版会、2002
39) 川村、前掲。
40) 渕上英二『日系人証明 ― 南米移民　日本への出稼ぎの構図』新評論、1995
41) 渕上、前掲。
 高橋幸春『日系人 ― その移民の歴史』31書房、1997
42) 高橋、前掲、p.79
43) 渕上、前掲。
44) 川村、前掲。
45) 川村、前掲。
46) 杉野俊子、日系人インタビューデータより（2008年7月、浜松にて）。
47) 杉野、前掲（2002年11月、浜松にて）。
48) 高橋、前掲、p.193
49) 高橋、前掲。
50) 杉野、前掲（2003年1月、浜松にて）。
51) 坂口満宏「新しい移民史研究にむけて」米山裕・河原典史編著『日系人の経験と国際移動 ― 在外日系人・移民の近現代史』人文書院、2007、p.240
52) 川村、前掲、p.72
53) 三田千代子「ナショナリズムとエスニシティ・グローバリゼーションとエスニシティ」柳田利夫編『ラテンアメリカの日系人 ― 国家とエスニシティ』慶応義塾出版会、2002、p.213-248
54) 三田、前掲。

55) 高橋、前掲、p.243
56) 川村、前掲、p.57
57) ニューカマーと対比して、第二次世界大戦までに日本に定住した中国人と朝鮮人およびその子孫を旧来外国人と呼ぶ、駒井、1999、p.25
駒井洋『日本の外国人移民』明石書店、1999
58) 伊豫谷、前掲、p.180
59) 梶田孝道「国民国家の境界と日系人カテゴリーの形成」共著『顔の見えない定住化、日系ブラジル人と国家・市場・移民ネットワーク』名古屋大学出版会、2006、第2版
60) 梶田、前掲、p.111
61) Roth, J. H. Broken Homeland: Japanese Brazilian Migrants in Japan (Ithaca: Cornell University Press, 2002).
Tsuda, T. Strangers in the Ethnic Homeland: Japanese Brazilian Return Migration in Transnational Perspective (New York: Columbia University Press, 2003).
62) 三田千代子、前掲。
63) 浜松国際交流協会（HICE）News 7月、No.274。
日系南米移民、2004（杉野俊子、前掲、p.42）。
64) 筆者の故郷（浜松）での経験と観察より。
65) 筆者の知人達の反応や、本章3（4）の中のデータより。
66) Linger, D. T. No One Home: Brazilian Selves Remade in Japan (Stanford: Stanford University Press, 2001).
67) 杉野俊子『Nikkei Brazilians at a Brazilian School in Japan: Factors Affecting Language Decisions and Education』慶應義塾出版会、2008 日本語訳は筆者による。
68) 杉野、前掲。
69) 杉野、前掲、オリジナルは英文。日本語訳は筆者による。
70) 杉野、前掲。
71) 杉野、前掲。
72) 杉野俊子、『言語選択・国際化・共生に対する二面性：浜松市の地域住民と日系ブラジル人の場合』（平成20年11月、第10回　日本言語政策学会全国大会発表原稿より）。
73) 日本言語政策学会奈良教育大学発表『言語選択・国際化・共生に対する二面性：浜松市の地域住民と日系ブラジル人の場合』（平成20年11月発表資料より）。
74) 二宮正人「ブラジル人日系社会における言語継承」『日本言語政策学会論文集4』p.98-99
75) 渕上、前掲。
76) 三田、前掲、p.236
77) 川村、前掲。
78) 三田、前掲。

79) 前山隆『エスニシティとブラジル日系人 ― 文化人類学的研究』御茶の水書房、1996、p.206
80) 前山隆、前掲、p.207 前山は、「ブラジル語」は実はポルトガル語である。「ブラジル語」というのは日本人の造語であり、日系マイノリティの固有の概念であると述べている。
81) 三田、前掲、p.239
82) 以上、今田英一『コロラド日本人物語 ― 日系アメリカ人と戦争、60年後の真実』星雲社、2005 より。
83) 松本逸也『脱亜の群像』人間と歴史社、2004
84) 松本、前掲、p.16
85) 安井、前掲、p.58
86) 安井、前掲、p.141
87) 川村リリ、前掲、p.34
88) 『朝日新聞』(2008年5月21日朝刊)『外国人単純労働者、受け入れ加速論。』
89) 高橋、前掲、p.257
90) 『朝日新聞』(2008年12月25日) 社説「日系人の失業　仲間支える社会の責任」。
91) 社説、前掲。
92) 鈴木、前掲、p.331

第3章

太平洋におけるメキシコと日本の邂逅
―― グローバリゼーションがもたらす薄墨色の境界線 ――

はじめに

　2004(平成16)年10月末から11月にかけて私はアメリカ合衆国（以下「アメリカ」）のサウスウエスト（アメリカ南西部）を車で回ることができた。あえてこの「時期」を選んだのは「ハロウィン」と「死者の日」が祝される時期にあたるからであり、そしてこの「年」を選んだのは4年に1度の「アメリカ大統領選挙」が行われたからである。行く先々で私は、異なったルーツの祭りが共存し融合するのを楽しむと同時に[1]、大統領選挙というアメリカ最大の国民的な「祝祭」を堪能することができた。ヒスパニックの人びとが多く暮らすニューメキシコ州のアルバカーキでは、民主党の応援に訪れていたクリントン元大統領の演説を聴き、ドイツ系およびメキシコ系アメリカ人（チカーナ）のリンダ・ロンシュタット（Linda Ronstadt）の歌声を耳にすることさえできた。

　しかしじつは、このときの旅で私がもっとも訪れたかった場所は、このような何度も訪れたことのある見慣れたサウスウエストではなかった。「マンザーナ強制収容所」[2]と呼ばれるロサンゼルスの北に位置する荒涼とした大地にある「歴史的な痕跡」こそが、私の訪れたい場所であった。そこは、私の「祖母の姉」が戦争中に収容されていた場所で、彼女自身はこの数年前にロサンゼルス南部のロングビーチですでに亡くなっていた。私は、彼女が亡くなることによって初めて訪れようという気持ちになれたといえるかもしれない。人生の途上で遭遇した直視したくない経験を生前の彼女があえて語ろうとせず、そうすることによってその後の長い人生を生き抜いたことを私は知っていたからである。

第3章　太平洋におけるメキシコと日本の邂逅 —— グローバリゼーションがもたらす薄墨色の境界線 ——　59

　快晴のロサンゼルスに到着したその日に、スピードオーバーで警察に捕まりながらもたどり着いた目的地は、写真で何度も見ていたあの有名なシエラネバダ山脈を背景に静かに佇んでいた。モノクロ写真の向こう側と同じように、空は冴え渡るように青く澄んでいた。収容所跡の傍らには「マンザーナ・ナショナル・ヒストリック・サイト」と名づけられた瀟洒（しょうしゃ）な資料館が建てられていて、私はそこに勤める白人の男性と会話をする機会を持つことができた。彼は私の親族が収容されていたと知ると何度も「申し訳ない」という意味の言葉を口にしたが、その会話のなかで私は「ラルフ・ラゾ（Ralph Lazo: 1924-1992）」[3]という名前をはじめて耳にした。アイルランドの血を含んだメキシコ系アメリカ人であるラルフ・ラゾは、日系人の友人を追って大戦中に自ら強制収容所に入った人物として知られていた。私が訪れた2004年は、偶然にもラゾの半生を扱った30分ほどのショート・フィルム[4]が制作された年でもあった。
　人種や民族を異にしながらも「友情」を仲立ちにして収容所へと赴くことができたラゾのような人物と、そのような心性をはぐくんだ歴史的背景に私は徐々に興味を引かれ、旅をするあいだも心の奥底にはつねにラゾがいたように思う。グローバリゼーションは人びととの思いもよらない出会いを必然的にもたらす。そこには不幸な出会いも少なくはなかったが、もちろんそれだけではなかった。メキシコと日本をアメリカという土地で結びつけた力もまたグローバリゼーションがもたらしたものだった。単一のパラダイムを想定するグローバリゼーションの背後に生じる意外な出会いは、意外な思考と感性と表現を混淆させて新たな時空間をもたらす。南西部の足早な旅から日本に戻った私は、これらいくつもの思考の種子について思いを巡らすことになる。それらは、現実の旅を補完するもう1つの旅となったのである。

1. 明確な境界線から薄墨色の境界線へ

(1) グローバリゼーションと境界線

　メキシコ人と日本人の邂逅というと、チカーナとロサンゼルスで結婚した日系二世の作家セッシュー・フォスター（Sesshu Foster）[5]や、日系二世の女性と戦後すぐに日本で結婚したチカーノ研究の泰斗アメリコ・パレーデス（Américo Paredes）[6]を思い起こすことができる。どちらの書き手も文化と文化のはざまで思考しながら国家原理には収まらない文章を、詩や小説、エッセイや論文の形で残してきた。彼らの多岐に富んだテクストは、日墨をまたいだ視点からはまだほとんど考察されていない状態で私たちの前におかれている。メキシコと日本はどのように向き合うことができるのだろうか。いまから160年前の「米墨戦争（1846-1848）」でアメリカに敗北し領土を割譲されたメキシコ人と、100年を挟んで「太平洋戦争（1941-1945）」でアメリカに敗北した日本人の出会いの意味を探るためにまず、隣国のアメリカで両者を邂逅させた「グローバリゼーション」の力について考えてみたい。

　情報機器や交通手段の発達とともに加速するグローバリゼーションは、世界を1つのパースペクティヴを通して見るように私たちを誘う。視点はやがて身振りや口調や常識や習慣などあらゆる面において、人びとを特定の規格のなかに押し込めようとするだろう。そこには、市場を海外に求める「経済」や他国との折衝を行う「政治」が国境を越える動きをあと押しする。その過程で通常ならばけっして出会うことのない人びととも出会うことによって、私たちはすでにヴァナキュラーな次元で獲得している視線や感性をグローバリゼーションに則したものへと歪めていくのである。しかし、実際には、かつて「出版資本主義」がもたらした「均質で空虚な空間」[7]を志向した国民国家のようには、世界は同じ空間と時間には統一されていない。マーシャル・マクルーハン（Marshall McLuhan）が「グローバル・ビレッジ（地球村）」という言葉で暗示したように、私たちは価値観を共有できないにもかかわらず、お互いがお互いを無視することができない世界に住むようになっているのである。

第3章　太平洋におけるメキシコと日本の邂逅 ── グローバリゼーションがもたらす薄墨色の境界線 ──

　グローバリゼーションが「世界（グローバル）を単位とした単一の国家」へと向かわない1つの理由は、グローバリゼーションの内実が、おもに経済力と政治力を背景にした特権的な地位にいる者たちによる一方的な越境によって行われる暴力的な側面が強いからである。アメリカの暴力的なグローバリゼーションによる越境を、メキシコと日本は100年の時間差のなかで経験しているが、欧米の基準をそれ以外の地域に押しつける動きは「狭義のグローバリゼーション」でしかない。グローバリゼーションが世界を覆うことができないもう1つの理由は、ナショナリズムが国内に「非」国民を創出することによって想像上の均質な「国民」を逆照射して措定するような方法では、全世界を網羅することができないからである。流動的な言語状況のなかから選ばれた「特定の言語の固定化」[8]が、集団の成員が同じ集団に属しているという意識をはぐくんだようには、世界にはナショナリズムを刺激するような「外部」は存在しない。

　ナショナリズムに関して、アーネスト・ゲルナー（Ernest Gellner）は次のように説明する。「ナショナリズムが忠誠心を捧げる単位は、文化的に同質で、（読み書き能力を基礎とする）高文化であろうと努力する文化に基礎づけられていること、この単位は読み書き能力に基礎を置く文化を存続可能にする教育システムを維持しようとする希望に耐えるに十分なほど大きな単位であること、この単位はその中に強固な下位集団をほとんど持たないこと、この単位の住民は匿名的、流動的、動態的であり、直接的に結びつけられていること」[9]としている。国家内部の自律的なコミュニティとしての「強固な下位集団」を抑圧する力は、ナショナリズムとグローバリゼーションに共通する特性である。

　とはいえ、国民国家内にかつて絡まり合うように存在した言語や人種や民族や文化などのあらゆる境界線が薄められ消滅していくのとは異なり、グローバルなレベルでの重層的で複雑な境界線は消滅していない。それどころか、近代的な認識方法では存在が感知されなかった多様な境界線や差異が浮き彫りにされるようになった。インディアンの視点も考慮しながら北アメリカの「フロンティア」を描いた『インディアンのフロンティア』で著者は多くの人物写真と数枚の地図を採録しているが、インディアンが西洋に駆逐される以前には境界線はどの地図にも引かれていない。つまり、インディアンによって構成されて

いた個々のトライブの区別は西洋にとっては無視してもよいものであり、それらは彼らにとっては不可視の境界線で囲まれていた。インディアンを西洋の論理に基づいて閉じ込めることによってはじめて境界線は姿を現したのである[10]。グローバリゼーションを通して近代的な概念に接することで境界線は顕現化する。しかし、複雑で多様な状況を一義的な境界線によって表現することはそもそも不可能である。たとえば、米墨国境をアメリカからメキシコへと抜ける場合は障壁が低く、その逆方向では障壁の度合いが高まるにもかかわらず、地図を通して私たちはそれらを次第に同じものと見てしまう。いうまでもなく、地図上に引かれた線分で同じ意味を持つものは存在しない。単純化の結果、グローバリゼーションを経験したあとの地図には、無数の境界線が塗りつぶされたあとに「顕現化し抵抗する境界線」と、グローバリゼーションの影響によって「新たに生まれた境界線」が同一の形をした線分によって併存するようになった。地図には表現できない境界線のあり方は従来よりも錯綜した様相を呈している面があり、グローバリゼーションの経験によってむしろ世界は複雑化しているのである。

したがって、一般に考えられているように、グローバリゼーションは「時間と空間の圧縮」[11]によって時空間を均していくようなある種の「非在郷（ユートピア）」を促進しているわけではない。そうではなくて、入り組んだ重層的な時空間を併せ持つ「混在郷（エトロトピ）」[12]を形成する役割を担っている。混在郷は「異時性（エトロクロニ）」を含んだ幻想と隣り合わせの空間である。本来「場所」は必ずしも境界線で囲むことによって「現れる」ものではなく、収縮し拡張し、飛び地になり、薄くなったり濃くなったりするトポスのはずである。しかし、空間は境界線で囲まれることで他の空間と区別されることになり、それによって内部を均質化しようとする動きがともなってしまう。家族や地域社会や会社や学校や宗教、そしてまたそれ以外の多様なつながりによって私たちはさまざまなレベルで集団を形成しているにもかかわらず、国家原理はそれら複数の共同性のなかの「民族」や「人種」などに焦点を当てて管理した。その過程で、ヒスパニックのような人種や宗教や言語内の複数の「線」を内に併せもった人びとは、センサスを攪乱する無秩序な存在になるとともに、民族や

人種以外の紐帯を照らし出す存在として意義を持ち始める。たとえば、スペイン語、英語、カロ（チカーノの使用する混成言語）、ナワトル語などの個々人における多言語の構成や布置が、その人のアイデンティティを決めるという発想を可能にする。境界線は身体の外部ではなく内部にも通っている。ジル・ドゥルーズ（Gilles Deleuze）は「線」について次のように述べているのである。「私たちが〈地図〉とか〈ダイアグラム〉と呼んでいるのは、同時的に機能する多様な線の集合のことです。じっさい、じつにさまざまなタイプの線があるわけで、しかもそれを芸術にも、1つの社会のなかにも、ひとりの人間のなかにも見出すことができる」[13]。そこでは、「空間」「時間」「芸術」「社会」「人間」等のなかに引かれている種々の境界線が交錯している。それらのあいだにゆるやかに横たわっている近代的で排他的ではない境界線のことを、私はここで「薄墨色の境界線」と呼んでみたいと思う。薄墨色の境界線は、近代的な理念に基づく「面積をもたない排他的な境界線」ではなく、それ自身が面積をもつ「境域」であるとともに、他の境界線と絡み合い重なり合う「ボーダーランズ」である。

　1940年代前半に、メキシコ系アメリカ人のラルフ・ラゾが日本人の側へと躊躇することなく飛び込めたのは、グローバリゼーションの副産物としての「出会い」のおかげであり、そこには人びとのあいだを切断するような境界線ではなく薄墨色の境界線が引かれていたと考えることができる。だから、ラゾは向こう側に「飛び込む」というよりも、ただ薄墨色の境界線のなかを移動しただけだったのかも知れない。混血のメキシコ人を生んだ16世紀以来のグローバリゼーション（ヨーロッパ人がもたらした大航海時代以降の混血と差別）と、日系アメリカ人を生んだ19世紀以来のグローバリゼーション（通信機器や交通機関の発達と資本主義が生んだ富の偏重）の邂逅がもたらした薄墨色の境界線は、さまざまな時代の出来事を内に湛えた「太平洋そのものの比喩」でもあるだろう。グローバリゼーションはそれ自身の目的を達成できない一方で、薄墨色の境界線の存在感は増していくのである。黒人の歴史を書き換えたポール・ギルロイ（Paul Gilroy）の「ブラック・アトランティック」[14]と同様に、パシフィックの忘れ去られた無数の記憶の残骸は新たなヴィジョンの文脈のなかで救出

されるのを待っているのである。

(2) 1940年代前半のロサンゼルス

　北アメリカ大陸の東岸から上陸したヨーロッパからの植民者たちによる西漸運動は、「フロンティア」と呼ばれる「狭義のグローバリゼーション」を駆動させるトポスを生んだ。キリスト教に由来する道徳的使命感および近代合理主義を伝播することを目的とした「明白なる運命」と呼ばれる偏見に満ちたスローガンを旗印として、彼らは先住民がすでに数百年の単位で築いてきた「境界線なきトライブ」を破壊し、数々の抵抗する境界線を追いやり、リザベーション・キャンプという近代的で「明確な境界線」を新たに大地（地図）に刻んだ。アメリカに限らず国民国家は一般に、内部にも「外部」を作り出し、そうすることによってはじめて「内部」を名指しすることができたのである。先住民を閉じ込めたリザベーション・キャンプとともに、第二次世界大戦中に「敵性外国人」と認定された日系アメリカ人を押し込めたインターンメント・キャンプも、残余を可視化しようとする目的をもった同種の境界線である。フロンティアが種々の境界線を塗りつぶして自分たちにとって都合のいい境界線を引き直すように、帝国主義的な意図に基づく「戦争」も既存の境界線を暴力的に乗り越えて新たな線引きをしようとするグローバリゼーションの一形態である。アメリカ国内の「日本人」を10か所の強制収容所へと移送する行為は、日本とアメリカの境界線をすでに越えてしまった異分子を再び「向こう側」へと押し戻す行為にほかならなかった。さらに、市民権を持つ日系人さえもが不当に退去を迫られたのと同じ時期に、「メキシコ人」も「スリーピー・ラグーン殺人事件」（1942年8月5日）や「ズート・スート暴動」（1943年6月3日）[15]に象徴されるような「白人」との確執を経験していた。戦争という性急なグローバリゼーションは、敵と味方（外部と内部）のあいだに明確な境界線を引くことを強要したのである。

　そのような「近代的な認識の境界線」による暴力が猛威をふるっていた「1940年代前半のロサンゼルス」には他方で、さまざまな人種と民族を出自とする人びとが同じ街で生活していた。とくに、ダウンタウンの東側には、強制

収容される前の日本人のほかにメキシコ人、黒人、ユダヤ人などのマイノリティ、つまり、15世紀以来の大航海時代から連綿と続くグローバリゼーションがなければ出会うことのなかった人種や民族が混住していた。そのような地域を象徴する地名としてロサンゼルス川の東にある「ボイル・ハイツ」[16]があり、そこはもともとはアングロが最初に植民した地域だった。しかし、アングロの有色人種への差別意識は強く、1920年代には日本人の家がアングロによって破壊され火をつけられた事例が報告され[17]、一方で、スペイン語を話すメキシコ人が広東語や英語へと自由にスイッチして話すような多文化を象徴する証言も伝えられている[18]。つまり、暴力的なグローバリゼーションの担い手であるアングロがインディアンを1か所にまとめたように、彼らはマイノリティ全体を有徴化して境界線の向こう側へと排除することによって安心感と一体感を得ていたのである。そのために、両者の間には徐々に明確な境界線が引かれながら、アジア系、メキシコ系、アフリカ系、ユダヤ系などの人びとはストリートで顔を合わせながら生活をともにするようになった。やがて、彼らが持ち込んだそれぞれの境界線は交錯し、グローバリゼーションのもたらすもう1つの可能性を示唆したのである。

　ロサンゼルスにある全米日系人博物館では、2002年9月8日から翌年の2月23日にかけて「ボイル・ハイツ：場所の力」というタイトルの展示会を開催した。「場所の力」という副題は、ドロレス・ハイデン（Dolores Hayden）の著書[19]にインスパイアされている。「西海岸のエリス島」と呼ばれたボイル・ハイツは海外からの移民がまず身を寄せる場所であり、その結果、独特の多文化状況が築き上げられてきた。その歴史を振り返り意義を確かめようとする企画で、日系をはじめ、ユダヤ系、メキシコ系、イタリア系、アフリカ系などの元住民と現在の住民が、さまざまな品を持ち寄り、アートを展示し、音楽が演奏され、物語が語られた。このような奇跡的な多文化の融合による成果は1冊の書物にまとめられている[20]。全米日系人博物館で発行された書物でありながら、写真のなかの人物たちは、日系人よりもむしろ、メキシコ系、アフリカ系、ユダヤ系などが多くを占めている。グローバリゼーションがもたらす異文化の境界面は容易に融合するものではないにしても、境界面に真正面から正対した

展示と書物は未来に向かって開かれている。

1940年代前半はまた、ヒトラーの圧政に追われてヨーロッパから逃げてきた知識人や俳優などが、ボイル・ハイツよりも海側の地域（ビヴァリー・ヒルズやサンタ・モニカ周辺）に暮らしていた[21]。亡命知識人として有名なマックス・ホルクハイマー（Max Horkheimer）とテオドール・W・アドルノ（Theodor W. Adorno）が『啓蒙の弁証法』を著したのは「1944年5月、ロス・アンジェルス」（序文）である。彼らは反近代的な神話や野蛮から逃れるために生み出した「啓蒙」という理念が新たな神話や野蛮に足を取られ堕落していくさまを考察し「啓蒙にとっては、数へ、結局は一へと帰着しないものは仮象と見なされる。そういうものを、現代の実証主義は詩の領域に追放した」[22]と書いた。つまり、近代とは「詩」と「神話」を失った世界であったといえるかもしれない。蓮實重彦は1940年代前半のヨーロッパからの亡命知識人が集う特異かつ暗示的な状況をさして「20世紀の首都ロサンゼルス」[23]と呼んだが、しかし、ボイル・ハイツなどのマイノリティが暮らす東側の土地にはいっさい言及していない。「新たな野蛮を生んだ20世紀」を20世紀足らしめているのは、移民国家を象徴する状況にあったロサンゼルスにおいて、マイノリティの「ボイル・ハイツ」と白人の「ビヴァリー・ヒルズ」との間にほとんど交流がなかったことに求められるのではないだろうか。たとえば、戦前から戦後にかけて製作された日本人の秘密情報部員が主役の映画『ミスター・モト』シリーズでは、主人公が日本人ではなくユダヤ系ハンガリー人のピーター・ローレ（Peter Lorre）らによって演じられたように、この時期に大量に作られたハリウッド映画にはマイノリティの本当の姿が映し出されることはなかった。東と西のそれぞれの地域ではグローバリゼーションの成果が開花していながら、両者を遮るようにして立ちはだかるマジョリティとマイノリティを切断する強固な境界線が横たわっていたのである。その境界線は、リロケーション・キャンプ、インターメント・キャンプ、コンセントレーション・キャンプなどと呼ばれる種々の「キャンプ」の境界線へと接続し、国民国家間の国境線ともつながり、そして20世紀後半以降に顕著な「ゲーテッド・コミュニティ」[24]を区画する境界線へとつながってゆく。ゲーテッド・コミュニティのゲートの内部と外部は、かつてマ

イノリティを閉じ込めたキャンプの内部と外部を反転させたものに過ぎない。内部と外部という二項対立の発想は境界線の属性である。近代的な境界線を無化するような物質的想像力を飛翔させた哲学者バシュラールは「外部と内部は分割の弁証法を形成し（中略）開いたものと閉じたものは形而上学者にとっては思想なのだ」[25]と書いている。それはもちろん、「彼ら」にとっての「思想」でしかない。

　ただ、ポスト近代への移行のなかで、内部と外部の境界線が多様化しているのも確かである。だからといって、境界線が溶解しているわけではなく、かつて「ストリート・ミーティング」を可能にしたような空間においても排他的な境界線が引き直され、公共空間は私的空間へと細分化されている。アントニオ・ネグリ（Antonio Negri）とマイケル・ハート（Michael Hardt）の言葉を借りれば「都市の景観は、公共の広場や人びととの公共空間での出会いを重視してきた近代的なあり方から、ショッピング・モールやフリーウェイ、そして専用ゲートつきのコミュニティなどからなる閉ざされた空間へと移り変わりつつある。ロサンゼルスやサンパウロのようなメガロポリスの建築と都市計画は（中略）多様な住民たちのあいだの予期せぬ出会いを制限」[26]しているのである。

2. 太平洋で出会うための文法と概念

(1) 薄墨色の修辞法とディフラシスモ

　さまざまな土地で人びとを閉じ込めた数多くのキャンプを空間と時間を越えた島伝いの重層的で可変的な共同性と捉え、太平洋を往還する想像力のなかで国家とは異なる共同性のつながりを示したのは、日系詩人のローソン・フサオ・イナダ（Lawson Fusao Inada）だった。詩集『キャンプからの伝説集』[27]の「序文」をイナダは、インディアンのナヴァホ族との出会いから始めている。ある儀礼に同席したときに老女から告げられた「おまえはシップロックのヤジーの息子に違いない」という意外な言葉に詩人の想像力は刺激を受ける。そこから、詩人の想像力は「太平洋」を越えて自分のルーツをたどり、和歌山、熊

本、ブラジル、ハワイへと自由にめぐるのである。「キャンプ」から「島」へ、そして「再部族化」による意外なつながりを詩人は夢想し、身体内の「線」と他者の「線」とを関係させ接続させていく。アメリカを訪れた無数の移民のそれぞれの心のうちにはそれぞれの複雑な「故郷」が存在し、新天地の「土地」および「時間」のなかで故郷という「記憶」は独自の形で生き残り、そして他者の「記憶」と混淆した。しかも、移民の故郷に流れていたそれぞれに固有の「時間」はアメリカにおけるそれぞれの「時間」（「建国当初」「西漸運動の時代」「戦争時」など）に持ち込まれることによって、「故郷」の時間と「アメリカ」の時間の無限の組み合わせを生み出すことになる。

　このような、空間的な横のつながりや時間的な縦のつながりが複雑に絡み合った時空間を表現するには、均質な空間や排他的な時間を想定して作られた「国家言語」は適していない。薄墨色の境界線を描写するためには、それに応じた「薄墨色の修辞法」が求められるのである。「AであることがすなわちBでもある」ような言葉は差異化の否定であり、近代的な認識の否定となる。太平洋を越えたメキシコと日本の邂逅がもたらしたもう1つのグローバリゼーションを表現するには、従来とは異なる新たな言葉が必要であり、そして、その言葉そのものに新たな「認識方法」が浮上するはずである。たとえば、同じ地平にあって境界線の向こう側にあるだけの新奇な言葉を借りた表現方法や文学は必ずしも「新しい」とは呼べない。言葉自体が孕んでいる文法や修辞法の意味を問いかけることなく、固有名詞や舞台設定を取り替えただけの小説は「新しい文学」とはいえないのである。異国情緒に魅了され憧れるのは、明確な境界線の存在を前提とした向こう側への単なる憧れに過ぎない。エキゾチックの誘惑は境界線が作り出す幻のようなものだ。

　かつてアメリカという主体を明確化するために駆逐された「先住民という残余」は、時が経過するとともにフロンティアが均した退屈で無為な荒野を再び活性化させてゆく。土地土地の文化はヴァナキュラーな言語やそれに裏打ちされた哲学によって維持されるのであり、サウスウエストの土地にとってはアングロの言葉と思想は「異物」でしかなかった。その土地のヴァナキュラーな言語や文法によってしか語られない現実というものがある。語りに応じた媒体に

よってしか姿を現さない風景があるのである。サウスウエストの「土」や「風」は長年そこで暮らしてきた者が培ってきた言語によって表現することができ、思想や哲学はそのような言語によって構築された。いや、彼らの作り出した「言語の成り立ち」自体が思想や哲学そのものだったのである。

　太平洋を渡った最初期のアジアからの移民であるインディアン（インディオ）の言語の1つ「ナワトル語」は、北アメリカからメキシコにかけて使用され、アステカ帝国が使用する言葉でもあった。現在でも、メキシコでは150万人によって話されているスペイン語に次ぐ第2の言語であり、英語やスペイン語などの他の言語にも多くのナワトル語が流入している。チョコレート、コヨーテ、アボカド、トマトなどは、語源はナワトル語である。1519年にアステカを征服したエルナン・コルテス（Hernán Cortés）は、パイナーラという街の首長の娘でありながら母親によってタバスコ人に売られたマリンチェ（Malinche）[28]を何人かの女性とともに贈られた。マリンチェはナワトル語、マヤ語、その他いくつかのインディオの言葉を話し、スペイン語もすぐに習得した。コルテスが彼女を愛人兼通訳として重用したのは、グローバリゼーションの強力な武器としての彼女の言語能力を最大限に利用するためだった。マリンチェは新大陸においてはじめて、身体内にヨーロッパの「線」を引いた人物の1人である。

　グローバリゼーションがもたらした暴力的な側面における苛烈な経験の筆頭を飾るに違いない新大陸と旧大陸の出会いは、排他的な境界線を設定して世界を踏み越えようとするヨーロッパによる侵略の端緒であった。2008年にノーベル文学賞を受賞したル・クレジオ（J.M.G.Le Clézio）はこのときの東西の邂逅を「新石器時代と変わらぬ民と、ルネサンスの甲冑を着、大砲を装備した兵士たちが突然対決したときの両文化の不均衡（中略）は他のあらゆる価値を隠蔽してしまった（中略）メキシコの文明は医学、天文学、都市計画においては、当時のヨーロッパより進んでいた」[29]と書いた。グローバリゼーションが擁している暴力がメキシコから奪い去ったものは、他の地域でグローバリゼーションが奪い去っていくであろうものの象徴である。また、クレジオはインディオ世界について描いた思索的な書物のなかで「世界は語りたがらない。世界は認識を恐れる。それは言語を欲せず、言葉にはまるで興味がない」[30]と綴った。西洋

哲学が求めるロゴスは境界線を引いたうえで語りたがり、ナワトル語を媒介とするインディアンの世界には逆に静謐な空気が流れていたのである。

沈黙の言語であるナワトル語が表現と対象のはざまのなかで採用した概念に「ディフラシスモ」がある。それは「言葉と言葉」「モノとモノ」あるいは「モノと言葉」さらにはそれぞれの重層的な種類の複雑な組み合わせから生じる効果を言い表す修辞法で、概念を固定化させるのではなく流動化させることによって物質や概念に備わっている意味をそのまま取り出すことを目的としていた。つまり、何かを言い当てるのではなく、並列させることによってそこから立ち上がる意味を看取するのである。ナワトル語学者であるアンヘル・マリア・ガリバイ（Angel María Garibay）の『ナワトル語の鍵』[31]によれば、たとえば「街」は水と丘、「身体」は手と足、「詩」は花と歌で表現した。チカーノ詩人のアルフレッド・アルテアーガは、ディフラシスモを自身の詩作に応用することによって、チカーノがインディアンの末裔であることを強調している。アルテアーガはディフラシスモという修辞法のなかにインディオの存在様態の中心を探り当て、「何を語るか」ではなく「どのように語るか」「どのようにつながるか」によって異なった様相が現れることを確信していた。ディフラシスモという薄墨色の修辞法は、近代的な言語から世界を取り戻すための思考法なのである。

(2) パレーデスとグレーター・メキシコ

メキシコ系アメリカ人を国家原理には収まらない存在として捉え、詩や小説や「グレーター・メキシコ」などの概念を使用しながら薄墨色の境界線のなかで考察したのがアメリコ・パレーデスだった。メキシコに住むメキシコ人と、アメリカの南西部やシカゴなどに住むメキシコ系の人びととを同じ視野のなかに入れて考察するための「グレーター・メキシコ」は、米墨国境線によって分断されたために主体化することの困難だった人びとに国家原理に抗する地平を開き「チカーノ」という概念を提示したのだった。パレーデスが戦後の日本に滞在し日系女性と結婚したこともまた、メキシコと日本をつなぐ重要な「線」である。パレーデスは米墨戦争によってアメリカに占領された彼の故郷の「リ

オ・グランデ川下流域」を、100年後にアメリカに焼け野原にされた「日本」と重ね合わせるのである。チカーノを創造する前の彼は「敗戦を迎えた日本人が、アメリカの占領下でこれまでとは異なった生活を送らざるを得ないことを、私は他人事とは思えないのだ」[32]と記している。つまり「プロト・チカーノ」は、アメリカに占領された戦後の日本人をロール・モデルとして創り出されたといえるだろう。

　パレーデスの「日本体験」は1945（昭和20）年に始まる。パレーデスは、30歳のときに軍所属の新聞「スターズ・アンド・ストライプス」の特派員として名古屋に降り立ち、岡崎に着任した。1946（昭和21）年には東京に転任し世田谷の六畳一間を借りている。「私がもっとも心を打たれたのは、日本人の礼儀正しさからくる優美さだった。戦争が終わってたった数か月しかたっていないのに、私たちは1日中東京の中心はもちろん脇道を1人で歩くことさえできた」と述べている。銀座、上野、日比谷などの当時の都市の様子だけではなく、闇市、パンパン、それに「リンゴの歌」「東京ブギウギ」などのさまざまな世相を、パレーデスはこと細かく記事にしている。また、政治部担当編集者として東京裁判の最初の数か月を取材し、その年の春には東条英機にインタビューをする機会を得ている。大川周明が東条英機の頭を叩いた有名な場面[33]を彼は最前列で目撃し、大川のことを他の大手新聞社に先駆けて記事にしている。日本の戦後はこの卓抜な1人のチカーノによってまず世界に発信されたのだった。

　軍隊から離れたあとも極東に残ることに決めたパレーデスは「アメリカ赤十字社」に移った。そして、チカーノにとっても日本人にとっても忘れられない記念すべき日を迎えるのである。1947（昭和22）年10月13日、アメリカ赤十字社の銀座オフィスにおいて彼は生涯の伴侶となる日系人女性アメリアと出会ったのだった。この決定的な出来事を回想してパレーデスは「日本人が流暢にスペイン語を話していることに興味を惹かれたのです」と綴っている。1か月後の11月13日に2人は婚約をし、1948（昭和23）年5月28日には結婚をした。父親のナオヤ・ナガミネが士族出身の外交官だったために、アメリアはアルゼンチン、チリ、メキシコで育った。彼女は父親がアルゼンチンに赴任しているときに生まれたのだが、ウルグアイ人の母親が母国に戻って出産したために国籍

はウルグアイだった。このような環境からアメリアは小さいときから日本語とスペイン語のなかで育ち、1930年に父親が米墨国境のメヒカリに赴任したときには英語も習得した[34]。

パレーデスの「日本体験」は、その後の研究や小説、詩作にも幅広く生かされている。アメリカに戻ってから著したコリードに関する研究書『ピストルを手に構えて』の冒頭にも、サンタ・アナ（Santa Anna）を論じる部分で日本での経験を生かした記述が見られ[35]、また詩集『二つの世界の間で』にも日本を直接テーマに選んだ作品を多数読むことができる。さらに、パレーデスの短編小説集に収録されている17編のうちの半数が日本を題材にしている。たとえば「イチロー・キクチ」は、アメリアと同じように父親が日本人（ケイゴ・キクチ）の設定で、母親はメキシコ人（マリア・デ・ロス・アンヘレス・ベルムデス・デ・キクチ）である。イチローは父親に秘密で洗礼を受け、洗礼名の「フアン・グアダルーペ」は、母親の生まれた街の「サン・フアン」とメキシコの褐色の聖母「グアダルーペの聖母」からとられた。一方で、イチローは漢字が苦手で日本語を習得できず、アメリカの地においてメキシコのクエルナバカに思いを馳せるのだった。しかし父親は、チリから来航した船に乗って家族3人で横浜へと向かうことを勝手に決めてしまう。イチローに「日本人としてのアイデンティティ」を植えつけたかったのである。国家原理に基づくアイデンティティはある単一の国家へと収束されるべきものとして作用する。日本に着いたのは戦争が勃発する前だったが、彼らが到着すると同時に真珠湾攻撃が起こった。3年後にイチローは徴兵されフィリピンに配属され、そこで親友となったのがノブオ・ヨコヤマだった。2人はある日アメリカ軍に捕らえられるが、イチローが身につけている「グアダルーペの聖母」のメダルを目にとめたメキシコ系アメリカ人の軍人はイチローだけを逃がし、その後すぐに行われた一斉射撃でノブオを射殺した。「日本人」と「メキシコ人」のはざまで翻弄されるイチローは、国家原理を超越した「グアダルーペの聖母」によって命を救われるのである。

しかし、国家原理に翻弄されているのはけっして彼らだけではない。薄墨色の境界線において重なり合うメキシコと日本から生まれた「チカーノ」と同じよ

うに、日本人もまたいくつもの境界線のなかで重なり合って生きているのではないだろうか。薄墨色の境界線は境界線を無化する「グアダルーペの聖母」のように、実際の土地を念頭におく必要さえなかった。私たちは、不可視の境界線を見るための修辞法を見つけなければならない。チカーノと日本人を「戦争」という暴力的なグローバリゼーションから捉え直し、その成果を詩や小説やコリード研究に昇華させていったパレーデスは、薄墨色の境界線をいかに表現するかに着目していたのである。太平洋を越えて出会うメキシコ人と日本人の「ディフラシスモ」は薄墨色の概念を提示し、グローバリゼーションの過程で幽閉された「思考」「感性」「表現」をふたたび解放する契機となるに違いない。

おわりに

　近代において残余へと押しやられた黒人の歴史を、大西洋の海底に沈められた残骸のような記憶をもとにして書き直した『ブラック・アトランティック』の著者であるポール・ギルロイは「船」に着目していた。それは実際に大西洋を漂流する奴隷線、海賊船、交易船、難破船、密輸船、幽霊船などであるとともに、想像力を喚起する船の機能でもある。ギルロイは「アフリカ人のディアスポラを経由して近代性を再考する、という私の試みで前提とされる新しい時空的位置（クロノトープ）のなかでも、船は何をおいても第1のものなのである」[36]と述べている。また、フーコーも「混在郷（エテロトピ）」の理想は「船」だとして次のように説明する。「もしも船が、漂う空間の切れ端であり、場所なき場所であり、それ自身で存続し、それ自身で閉じていると同時に無限の海に委ねられ、港から港へ、1つの航海からもう1つの航海へ、1つの閉じた家からもう1つの閉じた家へと渡り歩いて、すばらしい富が眠っている植民地を目指すことを考えるならば、なぜ船が、16世紀以来現代に至るまで、われわれの文化にとって、経済発展のための道具のみならず、もっとも重要な想像力の貯蔵庫であったのかが理解されるであろう。船舶とは混在郷の最たるものである。船をもたぬ文化においては、夢は枯渇し、冒険にスパイ行為が取って代わり、

破天荒な船乗りたちに警察が取って代わるのである」[37]。

　アフリカ人とインディアンとアイルランド人の血を併せもつバラク・オバマが選出されたアメリカ大統領選挙の年に、私は父親とともに横浜港に停泊している氷川丸を訪れた。1941年にパナマから帰国する際に乗船して以来だという父親は、めずらしく饒舌だった。船内を回りながら記憶の奥底に沈められていたさまざまな出来事が言葉に変換される。脈略もなくばらばらに取り出される記憶のなかで、マンザーナに収容されていたと私が思っていた「祖母の姉」はじつは収容されておらず、それどころか、アリゾナに収容されていた「祖母」を何度か訪問していたことを私ははじめて知った。すべての日系人が収容所に送られたにもかかわらず「祖母の姉」がなぜ収容されず、しかも、自由にアメリカ国内を移動できたのか理由はわからなかった。結局、祖母と祖父を残して、父と父の兄と2人の妹の4人は真珠湾攻撃が始まる直前に氷川丸で帰国し、その船には戦争を回避するための交渉をぎりぎりまで続けていた野村吉三郎大使も乗船していた。妹が野村大使に抱き上げられたことを鮮明に覚えていると父はいう。大使の帰国と同時に日米は開戦した。おそらく、船が日本に到着したのはイチロー・キクチとほぼ同じタイミングだったのだろう。戦争中、アリゾナに収容された祖母は乾燥と極寒の気候から肺を病み、戦後に帰国したあと生まれ故郷の静岡で若くして亡くなった。だから、私には父方の本当の祖母に関する記憶は何もなく「祖母の姉」のことをずっと「祖母」と呼んで慕ってきたのだった。

　「なぜ父がパナマで生まれたのか」も子供の頃からの聞き出せない謎だった。氷川丸の船上で思い切って尋ねてみると父は「パナマ運河でおやじ（私にとっては祖父）が〈スパイ活動〉をしていたからだ」とそっと耳打ちをした。グローバリゼーションの真実は一人ひとりの個人の記憶のなかに豊かな可能性として眠っているのだろう。いまでは祖父母とも他界してしまい真相はわからない。ただ、世界中から船が集まる運河で「スパイ活動」をしていたという嘘か本当かわからない話を私はとても気に入っている。太平洋を横断してパナマにまで移動する冒険的行為がすでにスパイ行為の意味を脱構築し、冒険とスパイのはざまが薄墨色の境界線のように思われるからだ。

太平洋と大西洋の結節点であるパナマ運河を行き交う「船」は、いくつものキャンプを結合する想像力の源である。そして、太平洋自体もまた、グローバリゼーションが刻印することのできなかった無数の「薄墨色の境界線」が交錯する豊穣な「歴史」の舞台なのである。

注

1) 「ハロウィン」と「死者の日」の融合と対立をメキシコ文化の側から描いたものとして Claudio Lomnitz, *Death and the Idea of Mexico* (New York: Zone Books, 2005), p.461-464.

2) Jane Wehrey, *Images of America Manzanar* (San Francisco: Arcadia Publishing, 2008).は写真を通して当時の様子を伝えている。マンザーナ強制収容所を舞台として描かれた小説に、Jean Wakatsuki Houston, *Farewell to Manzanar* (New York: Lauel-Leaf, 1973).があり、最近では、William Minoru Hohri, *Manzanar Rites* (Lomita: tE the Epistolarian, 2002).などがある。

3) 1942年5月に17歳だったラゾは自ら収容所に赴いた。友人は「なぜ収容所に入ったんだい？　きみは行く必要はなかったのに」と彼に問いかけると「そうだね、でも、ぼくたちの誰1人として行く必要はなかったんだよ」と答えた。(edited by Brian Niiya, *Encyclopedia of Japanese American History: An A-to-Z Reference from 1868 to the Present* (New York: Checkmark Books, 2001), p.258)。また、次のような台詞が残されている。「ぼくのなかに日本人の血が入っていないとは誰にも言えないだろう？」(Mark Wild, *Street Meeting: Multiethnic Neighborhoods in Early Twentieth-Century Los Angeles* (Berkeley: University of California Press, 2005), p.1.)。その他、Michael L. Cooper, *Remembering Manzanar: Life in a Japanese Relocation Camp* (New York: Carlos Books, 2002, p.28) や、ロナルド・タカキ『ダブル☆ヴィクトリー』柏艪舎、2004、p.126などを参照。ラゾは亡くなるまで日系アメリカ人と交流し、差別を克服するための活動に従事した。

4) Produced by Amy Kato, Written and Directed by John Esaki (2004). 日本での上映を実現した音楽会社「MUSIC CAMP」の宮田信は、パンフレットのなかでこの映画を次のように紹介している。「当時、移民者の多くは、人種が混在する貧しい地域で生活を共にしていた。舞台でもあるリトル・トーキョーに近いボイルハイツには、ユダヤ人、メキシコ人、アフリカン・アメリカン、そして日本人たちが隣人として暮らしていた。ラルフは、同じ高校に通う親友の日系家族と離れることを拒否し、彼らを乗せた行き先さえも知らされない列車に乗り込む。着いた場所は、砂漠に掘っ立て小屋を並べたマンザナー収容所だった」。

5) シティ・テラスで生まれ育ちボイル・ハイツで英語を教えているフォスターは、チカーナとのあいだに3人の子供をもうけた。詩集『シティ・テラス』(Sesshu Foster, *City*

Terrace: Field Manual (New York: Kaya Production, 1996).）の裏表紙に、チカーノ作家ルイス・ロドリゲス、日系詩人ローソン・フサオ・イナダ、日系ブラジル人作家カレン・テイ・ヤマシタが言葉を寄せているように、チカーノと日系人の結節点として位置づけられる作家のひとりである。彼が詩集の次に発表した『アトミック・アステックス』（*Atomik Aztex* (San Francisco: City Lights, 2005).）は、私たちが知りうる史実に反し、アステカ人が白人を支配しアメリカ大陸の覇者となる経緯を錯綜した文体で描いた実験的な小説である。

6) パレーデスは1915年にテキサス州ブラウンズヴィルに生まれ、1999年に亡くなるまで数多くの論文と詩集や小説を残した。

7) ベネディクト・アンダーソン著、白石隆・白石さや訳『定本　想像の共同体：ナショナリズムの起源と流行』書籍工房早山、2007、p.124 もともとはベンヤミンから借用された言葉である。「歴史という構造物の場を形成するのは、均質で空虚な時間ではなくて、〈いま〉によって満たされた時間である（ヴァルター・ベンヤミン「歴史の概念について」野村修編訳『ボードレール』岩波文庫、1994、p.341）。

8) アンダーソン、p.85

9) アーネスト・ゲルナー著、加藤節監訳『民族とナショナリズム』岩波書店、2000、p.230

10) Robert M. Atley, *Indian Frontier: of the American West 1846-1890* (Albuquerque: University of New Mexico Press, 1992), p.233.「西部のインディアン・リザベーション」というタイトルの地図（1890）には、人工的に正方形や長方形で区画されたインディアンの土地が示されている。

11) David Harvey, *The Condition of Postmodernity: An Enquiry into the Origins of Cultural Change* (Oxford: Blackwell, 1989).

12) ミシェル・フーコー「他者の場所：混在郷について」蓮實重彥・渡辺守章監修『ミシェル・フーコー思想集成Ⅹ：倫理／道徳／啓蒙』筑摩書房、2002、p.276-288

13) ジル・ドゥルーズ著、宮林寛訳『記号と事件：1972－1990年の対話』河出文庫、2007、p.72

14) ポール・ギルロイ著、上野俊哉ほか訳『ブラック・アトランティック：近代性と二重意識』月曜社、2006

15) Eduardo Obregon Pagan, *Murder at the Sleepy Lagoon: Zoot Suits, Race, and Riot in Wartime L.A.* (Chapel Hill: The University of North Carolina Press, 2003). や、Mauricio Mazon, *The Zoot-Suit Riots: The Psychology of Symbolic Annihilation* (Austin: The University of Texas Press, 1984). を参照。メキシコ人とアングロの対立というよりも、アングロのメキシコ人に対する差別意識がこのような軋轢を引き起こしたことが述べられている。

16) 現在はチカーノのホームランドとして知られており、2000年のセンサスで示された人口構成は、ラティーノ（93.7％）、アジア系（2.44％）、白人（2.18％）、その他（1.65％）

となっている。「ボイル・ハイツと日本人」の関係については以下の文献を参照。Allison Varzally, *Making a Non-White America: Californians Coloring Outside Ethnic Lines, 1925-1955* (Berkeley: University of California Press, 2008), p.139-142./ George J. Sánchez, *Becoming Mexican American: Ethnicity, Culture and Identity in Chicano Los Angeles, 1900-1945* (New York: Oxford University Press, 1993), p.74./ Leland T.Saito, *Race and Politics: Asian Americans, Latinos, and Whites in a Los Angeles Suburb* (University of Illinois Press, 1998), p.30.「ボイル・ハイツとメキシコ人」の関係については以下の本が詳しい。Ricardo Romo, *East Los Angeles: History of Barrio* (Austin: University of Texas Press, 1988), p.61-81.

17) Street Meeting, p.35.
18) ibid., p.98.
19) ドロレス・ハイデン著、後藤春彦ほか訳『場所の力：パブリック・ヒストリーとしての都市景観』学芸出版社、2002
20) Japanese American National Museum, *Images of America Los Angeles's Boyle Heights* (San Francisco: Arcadia Publishing, 2005).
21) マイク・デイヴィス、村山敏勝・日比野啓訳『要塞都市LA』青土社、2001の「序文」／ルイス・A・コーザー著、荒川幾男訳『亡命知識人とアメリカ』岩波書店、1998／町村敬志『越境者たちのロスアンジェルス』平凡社、1999などを参照。
22) ホルクハイマー、アドルノ著、徳永恂訳『啓蒙の弁証法：哲学的断章』岩波文庫、2007、p.30
23) 蓮實重彦・山内昌之『われわれはどんな時代を生きているのか』講談社現代新書、1998、p.39「1940年代の、それもルーズヴェルトが合衆国大統領であった時代のカリフォルニア州の州都ロサンジェルスこそ、ベンヤミンにとっての第2帝政期のパリにも劣らぬあやうい魅力をたたえた都会にほかならない（中略）アルフレッド・ヒッチコック、フリッツ・ラング、ジュリアン・デュヴィヴィエ、ウイリアム・ディターレ、マイケル・カーティスなど、イギリスやフランスやオーストリア、さらにはハンガリーからの亡命者たちがこの時期のアメリカの映画を支えていたのは確かな事実である。グレタ・ガルボやマルレーネ・ディートリッヒなど、ヨーロッパから〈輸入〉されたスターたちの活躍はあえていうまでもない」（p.32）。
24) Setha Low, *Behind the Gates: Life, Security, and the Persuit of Happiness in Fortress America* (New York: Routledge, 2003).／エドワード・J・ブレークリーほか、竹井隆人訳『ゲーテッド・コミュニティ：米国の要塞都市』集文社、2004などを参照。
25) ガストン・バシュラール著、岩村行雄訳『空間の詩学』ちくま学芸文庫、2002、p.356
26) アントニオ・ネグリ、マイケル・ハート著、水島一憲ほか訳『帝国：グローバル化の世界秩序とマルチチュードの可能性』以文社、2003、p.244
27) Lawson Fusao Inada, *Legends from Camps* (Minneapolis: Coffee House Press, 1993).

28) 邦語文献として、飯島正著『メキシコのマリンチェ』晶文社、1980
29) ル・クレジオ著、望月芳郎訳『メキシコの夢』新潮社、1991、p.281-282
30) ル・クレジオ著、高山鉄雄訳『悪魔祓い』新潮社、1975、p.20
31) Angel María Garibay, *Llave del Náhuatl: Colección de trozós clásicos, con gramática y vocabulario, para utilidad de los principantes.3 rd* (México: Porrua, 1970).
32) José R. López Morín, *The Legacy of Américo Paredes* (Texaz: A&M University Press, 2006), p.58
33) 「ウェッブ裁判長が開廷の辞を述べ、次いで起訴状の朗読に移ったところで、法廷に異常などよめきが広がった。午後3時37分、被告席の大川が突然前に座る東条英機のハゲ頭を、ペタリとたたいたのである」大塚健洋『大川周明：ある復古革新主義者の思想』中公新書、1995、p.186
34) Ramon Saldívar, *The Borderlands of Culture: Américo Paredes and the Transnational Imaginary* (Durham: Duke University Press, 2006), p.93-106.
35) Américo Paredes, *With His Pistol in His Hand: A Border Ballad and Its Hero* (Austin: University of Texas Press,1958), p.18.
36) ギルロイ、p.39
37) フーコー、p.287

第4章

グローバリゼーション時代における文化交流の可能性
―― ポピュラー・カルチャーは国家的・文化的特質を変容させうるのか？ ――

序　グローバリゼーション時代の文化交流の現在
―― アメリカナイゼーションからジャパナイゼーションへ

　近年、海外における日本文化への注目がますます高まっている。ここでの「海外」とは主に2つに大別される。まず、アメリカナイゼーションならぬジャパナイゼーションとしてその文化的影響が懸念されるほど、アジア諸国での現代日本文化の浸透が根深いものになりつつある。1990年代以降、韓国や台湾をはじめ、J-POPと称される音楽やTVドラマなどを中心に、ポピュラー・カルチャーは圧倒的な人気を集めることもあり、時に日本での評価や売り上げをしのぐことも少なくない[1]。バブル景気以降の音楽やTV業界がアジアという市場に目を向け、投資を続けてきたその結果が現在現れているということでもあり、1990年代半ば以降に急激に発展したインターネットなどの情報面での発達なども、この現象を加速させるのに一役買っている。一方、2004（平成16）年頃から、日本ではTVドラマの爆発的な人気をきっかけに未曾有の「韓流ブーム」が到来し、以後、韓国語や文化などへの関心が急速に増すという現象が起こった。たとえ一過性のブームであったとしても、隣国の言葉や文化に興味を持つことは異文化に対する印象に大きな影響を与えるものであり、交通や情報の発達によりますます世界がいわゆる「グローバル」化していく中で、「アジア」という文化圏内においても文化を通じて相互理解を目指すことが期待される。

　しかしながら、ポピュラー・カルチャーを通しての文化的影響力は、はかりしれないほど複雑な問題をはらむことも指摘しないわけにはいかない。J-POP

であれ、TV ドラマであれ、TV ゲームであれ、大衆が関わるマス・メディアを通じての文化受容は、その国および国民の心性（メンタリティ）を根底から変革するほどの強い影響力を持つものである。すなわち、ポピュラー・カルチャーの背後に介在する何らかのイデオロギーがその受け手となる受容者の無意識に刷り込まれる作用があるからである。具体的には、しばしば指摘されるようにTV ゲームの背後に存在する暴力性であるとか、女性蔑視などの性的な偏向、TV ドラマやJ-POP の場合には極端なまでの「恋愛イデオロギー」「恋愛至上主義」とでも称すべき過度の恋愛への依存などが盛り込まれている。

　そしてもう1つの側の「海外」での日本文化への注目として、欧米での日本のサブカルチャーへの注目が挙げられる。とりわけ有名なのはアニメーションやコミックであり、アジアでも同様に人気を集めているが、アジアとは異なりTV ドラマやJ-POP はほとんど浸透していない状況が続いていた[2]。ポピュラー・カルチャーというよりはむしろサブカルチャーの範疇であるマニア向けの文化受容とみなすべき傾向がある。アジアの場合と異なり、欧米の心性に影響を与えるほど深く浸透したものではなく、大衆文化の表現者やその熱心なファンを取り込んだ動きであり、目に見える大きな動きとしては認識されていないながらも、一部の表現者の活動などを通じて深く静かに浸透していくものである。ハリウッドの人気映画監督であるクエンティン・タランティーノ（Quentin Tarantino）監督による『キルビル』（*Kill Bill*, 2002-2004）などは、直接日本文化を扱ったものではないが、日本の仁侠映画などの細かい具体的な映画的引用を散りばめることによって、アメリカ文化に日本の大衆文化を導入していることで知られている。

　TV ゲームやテクノロジーの発達を象徴する電脳都市としての「アキハバラ（秋葉原）」、独自の発展を遂げる性文化や風俗を象徴する「カブキチョウ（歌舞伎町）」、そして雑踏と消費文化の典型であり、過度の情報が交錯する「シブヤ（渋谷）」など具体的な街の光景が描かれることも珍しくなくなっている。かつての「フジヤマ、ゲイシャ」と同様の、新しいステレオタイプが再生産されているとみなすことができるかもしれないが、本章では西洋文化を通して見る日本文化の変遷に焦点を絞って、サブカルチャー、オタクの楽園としての日本の

現代文化がアメリカ文化においてどのように捉えられているのか、再検討を試みる。はたして「フジヤマ、ゲイシャ」のステレオタイプを駆逐することができたのか、それとも不思議な連関で未だに共存しているのか、を探りながら、アジアでのジャパニメーション化という現象も視野に入れつつ、ポピュラー・カルチャーの異文化受容が持つ意味について考えてみたい。具体的には、日本のバブル景気を転換点として、その直前に「日本」を描いた小説、ジェイ・マキナニー（Jay McInerney）による『ランサム』（*Ransom*, 1985）と、21世紀初頭における「日本」表象を代表する映画となるであろう、ソフィア・コッポラ（Sophia Coppola）監督による『ロスト・イン・トランスレーション』（*Lost in Translation*, 2003）を中心に、その「日本」表象の変遷を検討するところからはじめたい。

　ディズニー・カンパニー、マクドナルド、スターバックスに代表されるアメリカ合州国のポピュラー・カルチャー、生活様式の世界的浸透は、「世界のアメリカ化（アメリカナイゼーション）」を顕著に示す事例として批判的に語られることが多い。その一方で現在では、アメリカ合衆国をはじめ、世界の一般大衆のレベルで、日本のアニメーション作品やTVゲームなどのポピュラー・カルチャーは圧倒的な知名度を誇り、「クール・ジャパン」と称される現象が起こっている。従来、日本のマンガ文化を子供の読みものとみなし、もっともマンガの受容が遅れていたアメリカ合衆国においても、1990年代末から、ほぼリアルタイムでの翻訳出版が進んだことなどから、日本の「マンガ」に影響を受けた若いコミック・アーティストも相次いで登場し、「グラフィック・ノヴェル」という新たな潮流を形成しつつある。

　また、英語以外の言語で歌われるポップスの浸透が困難であったアメリカの大衆音楽市場においても、近年のマンガ／アニメ文化の人気に伴い、日本語のポップス（J-Pop）が受け入れられるようになってきた。この背景にはインターネットが体現するグローバル化したメディア環境の変化が大きな影響を及ぼしている。

　日本のTVドラマがアジア諸国に浸透したことにより、アジアの若者たちの家族観、人生観、恋愛観などナショナル・メンタリティにおいてまでも少なか

らず影響を及ぼしたことを示唆した、メディア文化研究者・岩渕功一による一連のカルチュラル・スタディーズの成果を参照しつつ、グローバリゼーションの時代におけるポピュラー・カルチャーの意味について考察する。

　日本とアメリカの文化的関係性に関しては、太平洋戦争以後、占領政策により、GHQが戦略的に大衆文化を用いて、日本人の心性に影響を及ぼす効果を狙ったという3S政策（スポーツ、セックス、スクリーン）への注目が近年、多く論議されている。また、異文化の翻訳ないし受容においてナショナリズムを含むイデオロギーの介在は必然的なものであり、明治期の日本が海外文化を求めた背景には、海外文化の摂取受容を通して近代国家への成熟を目指す目論見があった[3]。一方、現在のインターネットを中心としたグローバルな文化交流においては、送り手／受け手の政治的自覚が希薄な中で、異文化に内在するさまざまなイデオロギーに晒される状況にある。こうした危険性を認識した上で、異文化の相互浸透の中から、それぞれの文化や民族の独自性を再認識する可能性を積極的に捉えていくことなしには、グローバリゼーション時代における文化交流の可能性について展望することはできないのではないか。

　事実、これまで輸入一辺倒であると批判されることの多かった日本の文化受容であったが、アニメを中心に、世界に発信していく文化戦略の可能性について肯定的に現象を捉え、文化事業を称揚する声が高まる一方で、日本におけるポピュラー・カルチャーの歴史的起源に目を向けることなしに「ジャパニメーション」を無自覚に称揚し、国策、国家的振興に結びつけてしまう安易さを批判し、理念のない文化戦略は長続きしないであろうとする懸念も示されている[4]。

　ポピュラー・カルチャーは「時代の鑑」であり、「文化の鑑」である。その時代や文化の特質や問題点がそこには凝縮されている。グローバル化していく時代状況の中で「文化交流」ははたしてどのような意味を持つのか。本章では、現在の「クール・ジャパン」に至る「日本」イメージの変遷を探りながら、グローバリゼーションの時代ならではの相互影響関係のダイナミズムについて歴史的に検討し、グローバリゼーション時代における文化交流の可能性を比較文化、カルチュラル・スタディーズの観点から展望してみたい。

1. 1980年代以降の「日本」表象
――「ガイジン」としての眼差しと高度消費文化(ハイパー・コンシューマリズム)前夜

　19世紀末以降に現れた異国情緒としての日本文化への注目を系統的に、ないしは個別に具体的にたどったジャポニズム研究はすでに多く現れており、主に映画などを素材に日本人およびそのステレオタイプが太平洋戦争以前以後を中心にどのように変遷してきたのかを探った論及は米国のアジア学会などを中心に、日米双方の研究者によってすでに相当の成果が出されている[5]。
　その中で特に本項において注目したいのは1990年代以降の現象についてであるが、まず1980年代のバブル景気により、日本経済の最盛期には「ジャパン・アズ・ナンバーワン」という呼び声がかかるほど[6]、揶揄を含みつつも真剣に日本の世界支配が論議された時代を概括する必要があるだろう。この時代はアメリカ合衆国が不景気であったことも相まって、大衆映画である『バック・トゥ・ザ・フューチャー』3部作の第2作目(*Back to the Future II*, 1990)では、暗黒の近未来として2015年のアメリカ、カリフォルニア州が描かれているが、ここでも主人公であるマーティの上司は日本人という設定になっている。会社の機密を漏らしたことにより、近未来の主人公は日本人上司に馘首を宣告される。温情なく冷徹な日本人ビジネスマンの典型として造形されている。日本に世界を乗っ取られるのではないかという恐怖は、19世紀における黄禍論(the Yellow Peril)の時代から、太平洋戦争期をピークにサイエンス・フィクションのジャンルの隆盛と共にさまざまな形で描かれてきたが、バブル景気のピークである1990年はジャパン・バッシングおよびその表裏一体の不安を表したものとして、「日本に支配される暗黒の近未来」がディストピアの形で提示されているのが特色といえる。
　この日本での経済的な繁栄は、日本文化への注目のみならず、現在に至るまでの日本を実際に描く表現者たちの下地ともなった。経済的な繁栄は「ジャパニーズ・ドリーム」を夢見るさまざまな立場の外国人を惹きつけ、新宿や新大久保という多国籍都市の形成を一層、助長し、最盛期には不法滞在の外国人問

題が深刻な社会問題化した。その中でも特に欧米人は、現在にまで続く英会話ブームの中で英会話講師として、あるいは文化の担い手である出版社や広告代理店などの世界に入り、日本のポピュラー・カルチャーの急激な発達を内側から見ていた層も存在する。1980～1990年代にかけてのアメリカの新しい文学の担い手として「ニューロスト・ジェネレーション」や「ジェネレーションX」として登場したジェイ・マキナニーやダグラス・クープランド（Douglas Coupland, 1961- ）は共に日本での滞在経験を大きく創作に活かしている。マキナニーはデビュー作『ブライツ・ライツ・ビッグ・シティ』（*Bright Lights, Big City*, 1984）がベストセラーとなり、日本でも同じく「新しい文学の担い手」を自他ともに任じていた高橋源一郎によって翻訳され、こちらも評判となった。

英語講師としての2年間の日本滞在経験を持つマキナニーは第2作『ランサム』(1985)で、アメリカを捨て、日本で夢の実現を目指すアメリカ人青年を描いた。アメリカ文学において異国情緒ではなく、本格的に現代の日本を舞台にしている作品として注目がなされたものの、鮮烈なデビュー作に比しても地味であることは否めず、さほど高い評価を得てきたとは言いがたい。しかし、バブル期の日本をどのように内と外の両面から眺めることができたのか、という観点からは重要な文化史的資料としての価値を見いだすことができる。近年では、日本に長期滞在し、日本語で小説を書く外国人作家も必ずしも珍しい存在ではなくなっているほどであるが、マキナニーは日本滞在を経験し、日本に同化しようと試みるアメリカ人青年を描きながら、やはりその視点は日本文化を「外側」から眺めた立場のものであり、「外側から見る日本文化」を端的に代表した存在であるといえる。

主人公クリストファー・ランサムは従来の受容史においても指摘されてきたとおり、アメリカの起源を表す意味で、クリストファー・コロンブスから名前をとられている。ランサムはカラテ（空手）を本格的に習い、師匠に弟子入りするために日本にわたり、日本の「心」を学ぶために熱心に稽古に取り組んでいる。カラテもまた日本の武道精神を体現する「道」の世界として、周期的に注目される分野であるが、実際に『ランサム』と同時代に、カラテ少年を描いた青春映画『ベストキッド』（原題は *The Karate Kid*, 1984）が大ヒット上演され

ている。この映画は『ロッキー』のシリーズ（1976 – 1990）で有名な[7]、J・G・アヴィルドセン（John G. Avildsen）監督による。少女を主人公に据えた続編を含み、パート4まで続編が作られ、映画自体はコメディ色が強いが、日本の武道に対する表現者の敬愛が伝わるものであり、1980年代のカラテブームを支える原動力にもなった。

　日本で過ごす外国人にとって「ガイジン」という言葉が持つ独特の響きは格別のものであろう。「外の人」という排他性をそのまま表したこの言葉を、昨今では極力用いずに「外国人」という言葉を使うような配慮がなされてきているが、まさに異邦人として日本文化を外側から見る視点が、日本を描く小説において表現の源となっていることはまちがいない。『ランサム』に現れているように、日本文化を夢見て、日本人に同化し、日本人になろうと試みつつもそこに軋轢を感じてしまうという主題も含めて、必然的に日本、日本人、日本文化論の様相を呈する傾向にある。

　さまざまな背景により、日本に定住することを選んだ「ガイジン」の姿が作品には描かれているが、英会話講師を勤め、教え子の日本人と結婚したマイルズ・ライダーが感じた軋轢は以下のようなものだ。日本の伝統文化に憧れ、日本にやってきたものの、志を貫徹させることができず、1度は日本文化への関わりを諦めるが、言語交換を経て教え子と婚姻し、異文化を相互に移入することを目指す。しかしながら、必死に日本に同化しようとする努力は認められず、彼は日本にとってあくまで「ガイジン」の立場にすぎない存在であることを突きつけられるのだ。

　　日本に着き、京都の北部の山の中にある禅寺に入って、石段の掃除をしたり、皿を洗ったり、痛みのために膝が悲鳴をあげるまで床で座禅を組んだりしていたが、1か月もすると、悟りの境地が訪れるまで待っている忍耐心はとうてい自分にはないと悟り、禅寺を出ると、京都市内に移って、他のすべての外人と同様、英会話を教えることでもって禊ぎをはじめた。日本人がまるで偏執狂のように英会話を習うのが大好きであることにもすぐ気がついた。会社員が、女子高生が、まるで麻薬を求めるように英会話

を求めてやってくる。ライダーも日本語習得を自らに課し、かくてその文化移入の突貫計画は生徒の1人との結婚という形で完成した。明子は日本人女性の伝統的な美質すべてをそなえているように思われた。眼の青い外人と結婚したため彼女が両親から勘当されたとき、ライダーは日本語の動詞や時制をいかに使いこなしても、所詮、外人は外人でしかないのだということを思い知らされた。(*Ransom* 32-33) [8]

いわゆる国際結婚の、やや古いステレオタイプに映るだろうか。しかしながら、この主題は移住する者にとって今日まで続く切実な問題であり続ける。とりわけ「ガイジン」という排他的な言葉が、何の疑問もなく用いられていた1980年代にはなおさら、異国の地日本でどのように生きるかという実存的な問題は根源的なものでありえたはずだ。英会話ブームという現象は醒めるどころかますます加熱するほどの勢いであるが、ますます乱立しているかのような英会話スクールに属するさまざまな英語話者たちにとって、このブームがどのように映っているのか、という観点もすでに文化論になりうる素材といえるだろう。

1980年代半ばの日本に生き、日本文化に傾倒し、同化を夢見るランサムにとっては、未だ「ガイジン」の存在が珍しかった時代であり、日本への憧れがつのればつのるほどその軋轢の大きさも実感される。ガイジンという言葉が指し示す通り、よそ者である自分は歓迎されていないのではないか、という懸念ばかりがつのるようになる。ステレオタイプや異国情緒に覆われている中で、1980年代半ばの時代に「ガイジン」として過ごすことに対する孤独や絶望が如実に表現されており、その後、バブル景気の絶頂と長引く不況という激動を経験する前夜の日本を、外側から描いた作品として今後ますます注目されてよいのではないか。多国籍化する新宿界隈、英会話ブームの一層の過熱など、ガイジンが置かれている立場は一方で変化し、一方で変わらないままであるだろうが、未曾有の好景気を直前に迎えた時代の、微妙な機微をこの作品から読みとることができるのではないか。

一方、ダグラス・クープランドの方は、まさに1980年代の日本のポピュラー・カルチャーを牽引した出版社であるマガジンハウスに勤務していた経験を

持ち、「新人類」と称される新しい世代を「ジェネレーション X」と名づけた同名の『ジェネレーション X』(Generation X: Tales for Accelerated Culture, 1989) を代表作に持つカナダ人作家である。「大量消費文化にどっぷりと浸かった三無主義の権化」として、刹那的に享楽的な日々を送る世代を社会学的に捉え、スケッチにも似たエピソード形式で描いているが、その背景には直接的間接的にバブル期の日本の若者の生態が映りこんでいる。日本がその後、長くて出口の見えない不景気に入り込んでいくにつれて、マキナニーやクープランドが描く享楽的で狂騒的な若者たちの生態は見られなくなった。2 人とも登場時のように時代を代表するような作品はその後、生み出せていないものの、現在も創作活動を続け、少なからず佳品を発表している。1990 年代以降は日本国内において日本語を用いて書く外国人作家が登場する一方で、マキナニーやクープランドのように日本での滞在経験を活かした創作活動を展開する作家も多く現れるようになってきた。『ブロークン・ブリッジ』(The Broken Bridge, 1997) は日本滞在経験のある英語作家のみによるアンソロジーであり、日本を日本語により「内側」から描く立場、および英語で「外側」から描く立場の双方ともが今後ますます増加する傾向にあるだろう[9]。

2.「ジャパン・アズ・ナンバーワン」を超えて——「日本」表象の分岐点

　バブル景気を挟み、「ジャパン・アズ・ナンバーワン」の掛け声に象徴されるように、日本ととりわけ西欧との関係（パワーバランス）は転換点を迎える。1990 年代に現れた日本を描いた作品の中には、日本の伝統芸能を単なる表面の付け焼刃ではない形で導入したものや、ランサムと同じ「ガイジン」としての心境を外側からではなく、日本語で綴ったものまで現れるようになった。
　その中で日本美術史への造詣を活かして日本の芸妓の世界を描いたアーサー・ゴールデン（Arthur Golden）による、時代小説『さゆり』(Memoirs of Geisha, 1997) は、花柳小説という独特のジャンルを外国人の手によって、パロディや

異国情緒ではなくリアルな筆致で描き、大きな話題を集めた。「ゲイシャ」は確かに現代にまで続くステレオタイプとも呼びうる日本文化に付されたイメージの代表例ではあり、実際にこの小説のベストセラーを支える背景に「ゲイシャ」の世界への世俗的な興味があったことは疑いえない事実であるが、何よりもその花柳小説というジャンルの伝統的な水準と比しても完成度の高さが際立っており、学術的な注目度も高いものであった。19世紀末頃におけるジャポニズムの流行の中で「日本」を売り物にした多くの作品が現れていたが、それはまったくの風刺かパロディか、あるいは、異国情緒を求める読者の欲求にこたえるものであった。こうしたジャポニズム小説の系譜の中でも、『さゆり』は、日本の伝統文化を描いたアメリカ文学の系譜に位置づけられながらも一線を画した作品であるとみなすことができる。映画版も公開され、主人公さゆりを演じるのが中国人女優（チャン・ツィイー）であったことも論議を招いた。

　いうまでもなく、小説以上に映画では直接イメージを与えるそのジャンルの特質からもイメージ形成には大きな影響を与えるものである。20世紀末のアメリカ映画においてはスポーツ選手の海外での活躍などとも相まって、「日本」および「日本人」が描かれる作品が多く現れるようになってきた。このことは同時に、『さゆり』の映画化では日本人女優が主役に起用されていないものの、日本人俳優のハリウッド進出を促す働きを担っている。『さゆり』に出演した俳優の渡辺謙は、先行する『ラスト・サムライ』（$Last\ Samurai$, 2003）で作品の興行的成功と共に注目され、期待される日本人ハリウッド俳優の1人に数え上げられるようになった。日本を描いたハリウッドでの成功作が映画史上での評価の高い、黒澤明監督による『七人の侍』（1954）の流れを引く「サムライもの」や「ゲイシャ」ものである『さゆり』などの伝統文化を求める観客の欲求に合致したものばかりであることは、まだまだ一般大衆のレベルで日本の現代文化がアメリカにおいて浸透を完全に果たしてはいないことを意味するものでもある。

3. 21世紀の「日本」表象映画
　――『ロスト・イン・トランスレーション』(2003)

　武士道精神や芸者の世界、サブカルチャーに代表される秋葉原（アキバ）系文化などによる虚像としての日本文化は、たとえ実像とかけ離れていたり、一部を過度に誇張したものであったとしても、かつてほどの表層的なステレオタイプを脱しつつあるかに見える。その過渡的な存在として映画『ロスト・イン・トランスレーション』は存在しているのではないか。そのタイトルがまさに示すように、翻訳や異文化理解をめぐる格好の素材を提供してくれている作品であり、評価をめぐっては賛否両論入り乱れている。

　映画の巨匠フランシス・コッポラの娘として知られるソフィア・コッポラ監督による第2作『ロスト・イン・トランスレーション』の主人公は、人気が下降して久しいアメリカ人映画俳優である。主人公は、TVCM撮影のために東京を訪れるという設定になっている。電脳都市、東京の描写はネオンサインをはじめ見事に美しく描かれており、横文字の氾濫への嫌悪というよりは、魅惑の都市文化への異国情緒的な憧れの要素も入り混じった眼差しが貫かれている。こうした町並みはタイトルにあるように、登場人物を「迷子」にさせるラビリンス（迷宮）を演出したものといえるだろう。全編をめぐり、孤独と倦怠を抱えた主人公は仕事のために訪れている日本の文化に溶け込む姿勢をほぼまったく示していない。まさにラビリンスに迷い込んでしまった不条理感を抱えたままであるかのように、彼は言葉の壁、文化の壁を越える意思を持たず、したがって葛藤や軋轢を感じることもない。テレビをつけてもくだらない番組ばかり、はては自分の昔の出演作を上映しているが、吹き替えにより、趣はまったく変わったものになっており、彼には滑稽なものにしか映らない。エレベーターの中で、背の低い日本人の中で彼だけが突出して背が高く頭1つ分突き出た存在であることや、出張の性風俗に携わる女性が派遣されてくる場面など、従来の画一的な「日本」表象と類似の描写も多い。しかしながら、『ロスト・イン・トランスレーション』では異文化の狭間という迷宮に入り込んだ、迷子

たちの戸惑いをコメディのタッチで描いているという決定的な違いが示されている。
　言葉も文化も異なる異国の街、東京を浮遊する主人公は、孤独を抱えてはいるが、同じように孤独を抱えているアメリカ人女性との間にロマンスが生まれ、孤独を共有できる相手に恵まれる。『ロスト・イン・トランスレーション』の主人公ボブにとって、日本文化とは仕事のために訪れた単なる異国にすぎない。彼とめぐりあい孤独を共有する女性シャーロットは、夫の仕事のために一緒に日本を訪れるが、仕事で忙しい夫とはすれ違いばかりであり、1人で東京や京都の町を浮遊するがなじめずに孤独をつのらせている。こうして、孤独を抱えた2人が出会うことにより、恋愛感情が芽生えるという、いわば異国でのアバンチュールというプロットが物語の根幹をなしている。つまり、単純な物語構造になっているわけだが、ここでは、その異国としての日本への眼差しが問題になってくる。
　彼らと接する日本人の多くは英語にも堪能であり、外国人の扱いに慣れている者が多く、意思疎通のぎこちなさは緩和されている。過度に崇めたり、過度に冷淡であったりするということはもはやない。「ガイジン」という言葉もメディア上では消滅したように、日本を生活の拠点にし、文化に溶け込んでいる者の姿も目立つようになった。何よりも『ロスト・イン・トランスレーション』は一時滞在者の眼から見た日本文化であり、内部からの眼差しと異なるのも必然であろう。外側からの視点に揺らぎがないのは、異文化の中に留まる意図がなく、旅行者としての眼差しに貫かれているものといえる。だからこそ、同化しようと志す者にとっては、「よそ者」扱いされる異文化の壁が、自らも「よそ者」としてふるまうためには身を軽くしてくれる要素ともなる。
　しかしながら、異文化理解が叫ばれ、ポストコロニアリズム理論や旅行理論などにより、異文化への眼差しが問い直される中で、ここまで「観光者」としての眼差しを率直に表した姿勢は潔いほどである。このように日本文化をあくまで異国情緒として眺める冷ややかな視点に対し、発表以来、非難が集中してきた。製作にあたっては日本文化に親しみを感じつつも、日本語に堪能ではない監督のために、日本人スタッフとの密な交流によって成立した産物であるこ

とが美談として伝えられた。にもかかわらず、ステレオタイプ化された眼差しを脱することが想定すらされていない、批評性の欠如が問題視されてきたわけである。1990年代の、とりわけハリウッド映画における「日本」表象を参照してみても、異文化の要素を表層的に抽出してはいるものの、自国のアメリカ文化に回収してしまう、アメリカナイゼーションの問題が浮き立つばかりであり、『ロスト・イン・トランスレーション』もまたその系譜に位置づけられる。現代日本の姿と、京都に代表される伝統的な景観を「背景」として用いるばかりであり、そこに存在する登場人物たちが互いに溶け込みあうことはない。

　物語の背景にあるTVCM撮影において、アメリカ文化の象徴であるはずのウイスキーが、その媒介となるアメリカ人俳優と同時に、逆に日本文化の中で消費されてしまっていることに注目するならば、かつてそれこそ1980年代ぐらいまでは「ガイタレ」（外国人タレント）という俗語で表されていたとおり、本国ではすでに人気の無くなったタレントであったとしても、日本ではありがたがって迎えられるという時代が存在した。外国人タレントおよびそのエージェントからすれば高い金額をふっかけることも可能であった、お得意様として日本の市場はあり続けてきた。しかしそれがいつのまにか、日本の文化の中に消費され、回収されてしまっている現実がここにはある。つまり、関係が転倒してしまっているのだ。もちろん、こうした逆転現象は必ずしもすべての領域にわたって起こったわけではないが、異文化を自国の文化的植民地としてしか見ることができなかった時代と比べるならば、その変化はまさに驚くべきものであろう。「『拝米』と『排米』を超えて」というのは、比較文学者、亀井俊介の言葉であるが[10]、バブル景気による「ジャパン・アズ・ナンバーワン」の時代を経て、その経済的繁栄は持続しなかったものの、「拝米」でもなく「排米」でもない関係を選択する潜在的な可能性を、ここに積極的に読み取ることができるのではないか。

　とはいえ、現在の日本文化、とりわけサブカルチャーの発達は、アジア諸国で言葉や文化の壁を越えて流通することを可能にした功績がありながらも、同時に、ジャパナイゼーションという、アメリカ文化の世界浸透と同様の懸念をそこに認めないわけにはいかない。グローバリゼーションという聞こえのよい

言葉と、それが内包する文化浸透によって同時にイデオロギーも介在してしまう危険がここにはあるからだ。問題となるのは無自覚なグローバリゼーションの称揚ではなく、そのことが併せ持つ意味に対して自覚的であるべきであることなのだろう。異国の文化を受容するというのはどういうことであるのか。1つの異文化をただやみくもに偏重するのではなく、異文化の理解を通して自国の文化を見つめることが可能になる。そういう機会を文化交渉により果たすことができるはずなのだ。

4.『ジャパニーズ・ストーリー』(2003) ──図式としての異文化の相克

　『ロスト・イン・トランスレーション』と同時期に現代「日本」を描くさまざまな作品が現れている。スー・ブルックス（Sue Brooks）監督による、オーストラリア映画『ジャパニーズ・ストーリー』(*Japanese Story*, 2003) は、福岡の映画祭で上映された事実はあるものの（アジアフォーカス福岡映画祭、2004年9月16日）、現在（2009年3月）に至るまで日本版のDVD製作などはなされていない。『ジャパニーズ・ストーリー』の主人公は、オーストラリア人女性の地質学者サンディ（Sandy）であり、日本から鉄鋼会社の社長の息子、ヒロミツ（Hiromitsu）を空港まで出迎えるところから物語ははじまる。彼女と日本人男性との面識はなく、依頼されてやむなく日本人男性と関わることになるという設定になっている。大きなスーツケースを持った日本人男性を車に乗せる際に、トランクに荷物を詰め込んでくれている彼女のことを彼はまったく手伝うことなく、また、英語でのコミュニケーションを取ろうとする意思もほとんど示さず、海外で何もできない日本人男性のステレオタイプが強調されている。その後も、彼女には「母親のように」何でもやってもらって当たり前のような態度で彼は振舞い続け、それでいて、母親との関係に多く現われうるように、どんなに醜態をさらしても悪びれる素振りを示すことがない。海外で孤立することが多いとされる日本人男性の姿と、呆れ果てつつも世話を焼き、付き合い続ける献身的なオーストラリア人女性との対照がまず浮き彫りにされる。

いくつかこの物語の中から論点となるべき箇所を予め提示しておこう。「コミュニケーション／ディスコミュニケーション」の問題に関してであるが、日本人男性ヒロミツは英語を多少は話すことができるにもかかわらず、彼女と打ち解けるまではきわめて最小限の英語しか喋ろうとしない。したがって彼女にとって、彼は常に何を考えているかわからない存在であり続けている。象徴的な場面として、車でドライブをしている間、（運転は彼女が常に行い、彼はまったく運転を変わろうと申し出ることはないのだが）助手席でヒロミツは日本への国際電話をかけ、友人と日本語で会話し続けている。そして、今まさにオーストラリア人女性の容姿について実況で中継をはじめ、「眼は青色、太っている」という類の言葉を用いて、日本語で友人に報告する。彼女はそうした彼の様子を見て、いぶかしみつつも言葉が分からないために、コミュニケーションをとる努力を放棄し、無視したまま運転を続ける。電話は、コミュニケーションを象徴する道具として作品の中で機能している。その後、2人の乗った車はオーストラリアの砂漠地帯の中でエンストし、立ち往生するのだが、状況が深刻であることを把握できない彼はひたすら電話で助けを呼び求めようと試みる滑稽な姿が描かれている。

　すでに現れている映画評などにおいて、『ジャパニーズ・ストーリー』に対する評価は決して高いものではない。その批判は主に、あまりにも図式的な物語構成に焦点が集められている。「無力な日本人」VS「西欧人」、および舞台となるオーストラリア＝「自然」VS「人間（文明）」の図式は文学の古くからの主題であり続けてきた。『ジャパニーズ・ストーリー』がその中で観客の目を引く要素があるとすれば、通常は白人男性と東洋人女性との間で生じるロマンスという物語構造の類型が、ここでは転倒し、捻りが加えられている点であろう。西欧世界における東洋人女性は、オリエンタリズム、ジャポニズムと称される東洋趣味への幻想による、神秘的な印象も加わり、とても人気がある[11]。閉塞した日本の環境から飛び出し、活発にふるまう日本女性が多いという背景もあろう。映画および現実世界の中でも、この組み合わせによるカップルは珍しいものではない。一方、日本人男性を含むアジア人男性と白人女性との組み合わせは今でも珍しい傾向にある。しかしながら、ここで『ジャパニーズ・ストー

リー』について注意すべきなのは、無力な存在である日本人男性が「女性化」されている構図である。

　ヒロミツはサンディに選び取られたわけではなく、コミュニケーションの断絶の中から、砂漠の中でエンストするという極限の状況を経て、心を通わすようになる。砂漠の中で夜間に急激に気温が下がる中、焚き火をたき、互いに生き残るために力を合わせ、そこから両者の間の溝が少しずつ埋まってくる。このあたりの展開は唐突であり、いつしか2人の間に愛情関係も芽生えるのだが、やや描写不足の印象を受ける。また、後に分かるのだが、ヒロミツには妻がいる。しかし、ヒロミツにとって結局、サンディがどういう存在であったのかが分からない。主人公であるサンディの視点によって物語が進められているが、特にヒロミツの内面が茫漠として分かりにくい。これは視点人物であるサンディのヒロミツ観を反映したものであろう。

　異文化間で生じる男女観を描いた物語の系譜に、ヘンリー・ジェイムズ（Henry James）の『デイジー・ミラー』（*Daisy Miller*, 1879）がある。アメリカ合衆国に生まれ、英国に帰化した作者ジェイムズの「国際」小説であり、ピーター・ボグダノヴィッチ（Peter Bogdanovich）監督により、1974年に映画化もされている。モラルやマナーが暗黙裡にうるさく規定されているヨーロッパの社交界に、アメリカ合衆国からデイジーという娘が迷い込む設定の物語であり、彼女の奔放な立ち居振る舞いは常に物議を醸す。デイジーは世間知らずと非難されつつも、男性の視点人物である主人公からは、新鮮で好ましく、時に危うげに映る。映画版はさほどの影響力を持たなかったものであったにしても、英米の物語に色濃く影響を与えた作品であり、『ジャパニーズ・ストーリー』との連関で考えることもあながち的外れとはいえない。デイジーがアメリカを体現する存在として周囲から認識されているように、ヒロミツも個人を超え、日本人を体現した存在として機能している。そして大きな類似点として挙げられるのは結末部分であろう。デイジーは病気にかかり、亡くなってしまう。この死は、アメリカとヨーロッパの生活習慣の狭間に入り込んでしまうことでもたらされた悲劇であると伝統的に解釈されている。

　一方、『ジャパニーズ・ストーリー』においても、ようやく心を通わせ、愛情

が芽生え始めたばかりのサンディとヒロミツとが池で水遊びをしている間に突如悲劇が起こる。高いところから飛び込んだヒロミツがおそらくは岩に体を打ちつけてしまい、水の中で死んでしまうのだ。ヒロミツの死もまた異文化間の相克の中でもたらされたものであると解釈されうるものである。実は映画の中で、この急激な展開がはたしている機能としては、サンディがヒロミツを実は心から愛していたことをヒロミツの死を通して痛感させるため、そして彼には妻がおり、日本から遺体を確認するために妻をオーストラリアまで来させるため、の2つの大きな要素が込められている。しかしながら、ヒロミツの唐突な死を、『デイジー・ミラー』と対照させて捉えるならば、オーストラリアの大自然の中での死であることからも[12]、「白人女性VS日本人男性」、「自然の中での人間」という図式がよりはっきりと浮き彫りになる。

　デイジーの死後、語り手による推測を交えて、デイジーの存在が捉えなおされたように、ヒロミツの死後、サンディにより、ヒロミツ、すなわち、日本人男性の意味が問い直されるという構図になっている。両者の間でのコミュニケーションを通してではなく、追憶を通してのみ可能である行為なのである。ここにおいても、両者の間に生じたはずのロマンスの結末は、ヒロミツの事故死を経て、一面的な形で解釈されている点は注目に値する。結局のところ、ヒロミツにとって、サンディにとって、お互いがお互いにとってどういう存在であったのか。双方がはっきりと認識した上でロマンスは成立しえたのであろうか、という問いが生じてくるはずだ。つまり、ヒロミツには妻がいたという事実は、彼の死後に発覚するものであるが、では妻がいたにせよ、いなかったにせよ、オーストラリアという客地でのサンディとの束の間の恋愛が彼にとってどれほどの意味をもちえたのか、ということである。そして、彼はこの恋愛に対する何らかの決断を下す前に死に、退場する。『デイジー・ミラー』にあるように、男性主人公による語り手によって、女性の恋人の死後にその女性のことが回想される形が多い。一方的に、表象される形で、内面の声を観客に届ける立場にないヒロミツのあり方は、女性登場人物が置かれる立場によくあるものである。この点では、男女のあり方を逆転してみせた『ジャパニーズ・ストーリー』の図式は新しいものとみなすことができる。

しかしながら、こうした男女の図式はたとえ反転させたものとはいえ、はたして今でも有効であるのだろうか。また、自然と文明、異文化間の相克の狭間に死ぬという顛末も、1世紀以上前の『デイジー・ミラー』の図式を反復しているかのように映るほど、非常に古い構図により成り立っている。ロマンスから悲劇に至る展開も唐突な印象を免れえまい。このような映画としての完成度を度外視してまでも、強調したかった要素が、監督自らも指摘しているように[13]、「日本人の真の姿を描きたい」という点にあることを今一度再確認しておきたい。海外から見た現代日本および日本人の姿は、いかなる形であれ、ステレオタイプからはじまらざるをえない側面がある。設定に古い形の物語構図を必要としたのもまた同様の理由によるものなのであろう。

ヒロミツを通して描きたかった日本人男性像は明確である。あくまで外側から見た像であり、彼自身の内面に関しては漠としておりはっきりとは伝わってこない。ビジネスマンとして仕事のために働き、私生活においても、アイデンティティは会社に帰属したものである。女性や周りを気づかうこともなく、周りに何でもしてもらって当然の態度であり、名刺を丁寧に配り、会社の業務については雄弁に語るが、自分について魅力的に語ることはできない。コミュニケーションをとろうとする意思も薄弱で、海外にいながらも、携帯電話でわざわざ国際電話を使ってまで仲間とだけ話をする。子供がそのまま大人になったかのような、自立心に乏しく、依存心が強く、無邪気な側面を持つ。そもそも映画や小説の物語の中で日本人男性に焦点が当たること自体が実は少ない。古くからある日本人男性のステレオタイプにあるように、「背が小さく、出っ歯でいつもカメラをぶらさげていて」、という日本人男性像があるが、物語の中心に日本人が描かれることは少なく、コミック・リリーフ役か、まったくの他者として描かれるもので、確かに「日本人」男性の姿を描く『ジャパニーズ・ストーリー』の野心的な試みは評価してよいものだろう。

ヒロミツの死は、妻を物語上、すなわち、オーストラリアの舞台に登場させる機能を果たしているという点についてはすでに言及したが、作品の最後に出てくるヒロミツの妻、日本人女性の姿もまた、この映画の中で「日本人の真の姿を描くために」必要な箇所ではある。しかしこの日本人女性の姿はあまりに

も古い像に留まっている。夫の海外での突然の事故死という衝撃を無言のまま受け止め、辛い現実に対し、目を逸らさず、不平も恨み言も言わず、ただ黙って涙を浮かべながら悲しみに耐える。その姿は、ヒロミツの事故死に自責の念を感じ、泣き続けるサンディとのはっきりとした対照を示している。つまり、「西洋人女性」VS「日本人女性」との対立図式が最後の場面で意図的に導入されている。この図式は非常にわかりやすいものであるが、あまりにも古い日本人女性像であるために、うまく機能しておらず、物語上の事故死の唐突さ、サンディとヒロミツの間のロマンスの虚構性をむしろ強調してしまっているのではないか。妻が登場することによって、ますますヒロミツにとってのサンディの意味がわからなくなり、サンディの悲嘆が大きければ大きいほどこの日本人夫妻の内面の欠如が浮き上がってしまうのだ。悲しみに耐える日本人女性の凛とした姿に打たれたサンディは、ヒロミツの妻に自分の過失を日本語で謝罪する。サンディはヒロミツとの間でも日本語を話す意思はまったく示していなかった。そして、ほぼ無言のヒロミツの妻は、感極まって泣きながら謝罪するサンディに対し、英語で"Thank You"と告げる。浮気の事実があったことを妻が実は把握しているのか、いないのか、曖昧な形での描写になっているが、「西洋人女性」VS「日本人女性」との対立図式は、日本人女性の姿、感情を表に表さず悲しみに耐える姿を浮き彫りにさせる効果として用いられており、両者の間は1人の男性を媒介にした対立関係ではなく、むしろ異文化を悲しみの共感によって乗り超えようとする、連帯にも似た不思議な関係として描かれている。

　さらに指摘しておかなければならないのは、ヒロミツの妻の登場場面に、沖縄民謡である「てぃんさぐぬ花」（坂本龍一によるアレンジ）がBGMとして用いられている事実である[14]。ヒロミツも妻も沖縄出身であるという設定は施されておらず、沖縄出身であるとも思われない。ワールドミュージックの一種として注目されている沖縄音楽を用いることで[15]、日本の異国情緒を醸成しているのだが、この沖縄音楽に対する違和感がまさに『ジャパニーズ・ストーリー』における日本人像を的確に現しているといえるのではないか。それは確かに西欧から見た日本に対する一面の真理であることはまちがいないのだが、沖縄を描いているわけではないにもかかわらず、沖縄の民族音楽を用いているように、

それはどこにも存在しない「日本人像」であるのだ。部分部分に関しては、確かに頷ける一面もあり、従来の日本人像よりも切り込んだ描き方が見られることもあるのだが、全体として見てみるとどこかちぐはぐな印象を受けてしまう。とはいえ、ブルックス監督が上映後に受けた多くの批判にこたえて述べているように、「私たちが日本人男性について、間違った認識を持っていると批判する方もいるかもしれません。でも、この映画で、日本とオーストラリアの人々が良い意味で理解し合い、強い結びつきがあること、最終的に近い存在であることを感じてほしい」という目的は達成される見込みがあるとみなすことができるだろう[16]。異文化理解はまずステレオタイプであれ、他者を認識するところからはじまるものであり、『ジャパニーズ・ストーリー』以後に形成される日本人男性像から、異文化理解をはかる一助を得ることもできるであろう。

5. 『畏れ慄いて』(2003)
—— カイシャ社会の中の『戦場のメリー・クリスマス』

続いて、アラン・コルノー（Alain Corneau）監督による、フランス映画『畏れ慄いて』（*Stupeur et Tremblements, [Fear and Trembling]*、2003）から抽出できる「外側から見た日本像」の要素を分析してみたい。『畏れ慄いて』が『ジャパニーズ・ストーリー』や『ロスト・イン・トランスレーション』とも大きく異なるのは、まず日本が舞台であり、日本で生まれ育った作者の実体験を素材にした小説に基づいていることである。脚色はもちろん行われており、カイシャで主人公を追いつめる日本人同僚の姿は極度に誇張されているであろうが、原作の作者が日本人の姿を、排除される立場の外側から、および日本の内側からとの両面により、捉えていることをまず確認しておきたい。『畏れ慄いて』の作者アメリー・ノトンは駐日ベルギー大使の娘として日本で生まれ育ち、舞台となる大手商社でのOL生活も彼女自身の体験を素材にしており、日本を内なる他者の目で見る視点を獲得しているという点で特異な位置にある。アメリー・ノトンは、日本でのOL生活後、フランスでミステリー小説を発表し、ベスト

セラー作家となり[17]、『畏れ慄いて』は彼女の初の自伝的小説とされる。歪つな日本社会の描写により、センセーショナルにデビューを飾ったわけではなく、すでにベストセラー作家としての立場を確立した後に、作風の異なる『畏れ慄いて』を発表している点からも、虚構性に基づくミステリーではなく、自分と同じ名前の主人公の名前を配置したノン・フィクションの形式を意識している点は見逃せない。自ずから、主人公の視点を通して「西欧から見た日本」「日本に生きる西欧人」といった問題を比較文化的に捉える仕掛けになっている。

ノトンの他の小説がすでに日本語でいくつも翻訳が出ているように、ベストセラー作家としての力量は世界中で認知されているが、『畏れ慄いて』もまたすでに日本語で翻訳が出ている。しかしながら、その映画版は未だ日本での本格的な公開が行われていない。原作と映画とを見比べる限りでは、きわめて原作に忠実な映画化作品であるにもかかわらず、すでにフランスをはじめとする各国で話題を呼んでいるにもかかわらず、そして日本の土壌は「外側から見た日本文化論」を好む傾向があるにもかかわらず[18]、この黙殺は非常に大きな意味を持つものであろう。

『畏れ慄いて』は1990(平成2)年、バブル絶頂期の大手商社に、語学力を買われて主人公のアメリーが入社するところからはじまる。そこで彼女は悪夢的な迷宮とも呼ぶべき、多くの不条理的現実に翻弄される。文化習慣の違いから、彼女の行動は束縛され、語学能力を買われたはずなのに、「お茶くみ」や「コピー取り」といった、能力を活かす見込みのない仕事しかあてがわれない。日本社会では、上司の支持は絶対服従であり、何回コピーしてもやり直しを命じられたり、露骨な意地悪をされ、果ては「日本語を解する外国人」であることがカイシャのお得意様に嫌われ、「日本語をわからないふりをしろ」などの命令を受けたりする始末である。こうしたやり取りの一つひとつはスラプスティックに戯画化されたものではあるが、「外側の視点」からでは描きえない、真に迫る描写になっている。

1980〜1990年代までの時代は、女性の社会進出の面でも世界的に過渡期にあたり、アメリカでも「ガラスの天井」(the glass ceiling) と称される、男女の出世面での不平等が声高に主張される時期でもあった。そしてこの時期に、女

性の社会進出を扱った物語の多くが、結論として女性VS女性の図式に持ち込み、男性中心社会の弊害に目を向けることを逸らしてしまっている傾向がある[19]。その理由として、こうした物語の作り手が男性によるものであったことが多いことなどが挙げられるが、『畏れ慄いて』もまた、最終的には日本人女性フブキ（森吹雪）と、アメリーとの対立構図が焦点とされる。アメリーの独創的なアイディアを評価する日本人男性の同僚との間で、あるプロジェクトが会社の上層部にも極秘に進められていた。しかし、日本人女性フブキが上層部にリークすることで、プロジェクトは中止を命じられる。アメリーの出世の見込みを懸念した、フブキによる嫉妬がその原因とされ、以後、アメリーへの虐めは公然と行われ、執拗にエスカレートしていく。

　アメリーがカイシャのお荷物的な存在であり、フブキを脅かす存在では到底なかった時点までは、フブキはアメリーに対して優しく接し続け、アメリーもまた頼れる同僚としてフブキに全幅の信頼を置き、直属の上司であり、世話役であるフブキに対して友情も感じていた。しかし、アメリーの能力が評価される兆候が見られると、フブキはアメリーの不得意な分野に彼女を配置し、わざと彼女に失策を犯させることでアメリーの社内での評価を下げるように画策する。アメリーはフブキの仕打ちが理解できないでいるが、日本人男性の同僚に嫉妬が原因であることをほのめかされ、「気をつけるように」と助言される。いわく、キャリアウーマンとして大手商社で生き延びようとしているフブキは、日本社会で女性に期待される結婚の適齢期を過ぎており、多くを犠牲にした上で今の彼女の地位がある。入社まもないアメリーが、その能力を活かして苦労せずに出世を果たしてしまうことはフブキには耐えられないということである。

　アメリーの能力を買っている、日本人男性社員の1人が、アメリーおよび日本人以外の観客向けに、日本のカイシャでの独特の慣習を説明、解説する役割をはたしている。この日本人男性は確かにアメリーを気づかい、気にかけてはいるのだが、同時に日本のカイシャ社会での保身を優先する人物としても描かれており、上層部に知らせずに進めていたプロジェクトが露見して、叱責を受けて以後は、アメリーの窮状を見かねつつも彼女に励ましの言葉をかける以上には何もできない無力な存在であり続けている。また、「お茶くみ」「コピー取

り」などの仕事で能力を活かすことができず、力を持て余していたアメリーに、プロジェクトの誘いをかけた場面に注目しても、極秘のプロジェクトだからアメリーの名前は出せないがよいか、と断っている。アメリーは、自分の力が発揮できるだけで嬉しいと素直に喜びを示しているが、結局は最後に至るまで、励まし以上の力にはなれず、保身を優先する日本人のビジネスマンの姿に対する皮肉が込められている。

　物語のクライマックスは、フブキが自らの仕事において失策を犯し、それを男性上司に叱責され、怒鳴られる場面である。フブキは男性上司に言葉の限りを尽くして罵倒され、小さくなり、「怒らないで」とつぶやき続ける、幼児退行の症状を起こしつつも、人前では涙を流すことなく、上司の叱責に耐え抜いた。上司の叱責が終了すると直ちに彼女は女性用トイレに駆け込む。同僚も誰も追わず、日常の業務に没入することで、彼女に「恥をかかさない」ことこそがマナーである[20]。しかし、その慣習を知らないアメリーは、女性用トイレにまで追いかけて、フブキを慰めに声をかけに行き、フブキの涙を見てしまう。そこで人前で涙を流さずに頑張りぬいたフブキの努力は無になり、涙を見たアメリーに対し、復讐がはじまる。アメリーの配置替えの権利を持つフブキは以後、アメリーに男女用共にトイレ掃除を命じ、アメリーが自分からカイシャを辞めるように精神的にも追い込んでいく。

　この場面あたりから戯画化の度合いが増し、現実離れしていくのだが、フブキの嫉妬心が巧妙に描かれているために、真に迫った描写になっている。フブキがアメリーへの敵意を直接示す、クライマックスに至る前の場面において、フブキはアメリーに対し差別的な発言を行っている。アメリーに不得意な業務をわざと回し、アメリーの社内での評価を下げようと画策する場面であるが、フブキの想像をも上回るアメリーの事務処理能力の欠如に対し、フブキは、このカイシャ内での男性上司の叱責さながらにアメリーを怒鳴り散らす。フブキの上司としての管理能力を周囲に疑わせるために、わざとアメリーは業務上の失策をして復讐しているのではないか、という疑念、足手まといを押しつけられた鬱陶しさ、男性社会の中で女性として生き続けることによるストレスなどが合い混ざって、アメリーに対する虐めはエスカレートしていくばかりであり、

「知的障害者」という差別用語を用いてアメリーの無能をなじる。おそらくは日本での公開を困難にさせるもっとも大きな要因としてこの差別語の使用が挙げられるのだが、この台詞は物語の結末の伏線にもなっており、ある面で日本社会の陰湿な側面を的確に表している箇所でもある。言葉の言い換えだけで済むというわけにもいかない難しい場面であり、この台詞の使用にまつわる議論が必要であろう[21]。

　バブル期における日本の経済界での成長により、「ジャパン・アズ・ナンバーワン」という呼び声もかかるほどまでに、世界中を手中に収めようとしていた日本の自信は、従来の西欧との間の力関係を逆転させ、『畏れ慄いて』においても、アメリーは「日本人は優秀なのに（自分はそうではない）」という意識を常に持つことを強いられ、カイシャの同僚も、西欧女性に対する崇拝は微塵もなく、仕事のできないガイジン社員ぐらいの認識しか持ちえていない。このような状況下で、執拗な虐めに耐え、日本のカイシャ社会の慣習に従いつつ、絶望の中でも明るく前向きに生き続けるアメリーの姿は、「西欧『女性』」VS「日本『女性』」という女性同士の対立図式を超えて、異文化の間で翻弄される外国人の排除の問題をさらに掘り下げている。また同時に、映画『戦場のメリー・クリスマス』（大島渚監督、1983）を作中で実際に引用し、デビット・ボウイと坂本龍一が演じる、白人と東洋人との超えられない関係を、アメリーとフブキとが反復していることに対して意識的であることが示されている。

　アメリーにとって、絶望の中での最後の拠り所となるのは、「自尊心」「名誉」の問題であり、こういった状況の中でも異文化である日本文化に対する愛情は失わないでいる。アメリーは、東京の都会を飛び回る妄想と、おそらくはかつて子供の頃に京都で見た石庭の美しさを回想することなどにより、妄想と空想の世界の中で苦しい現実を紛らわす。終業時間内に仕事を終えることができず、時間外就労の許可をとり、会社に泊まりこむアメリーが、真夜中に誰もいないオフィスのテーブルで全裸になり、逆立ちをする場面もある。衣服を脱ぎ、自らの運動能力を惜しみなく発揮する彼女の姿からは、衣服が外見を規定する「外国人の」象徴として機能していることがわかる。しかし、彼女は衣服を解き放つように、妄想や深夜のオフィス以外の場では、ガイジンとして見られるこ

となしに、日本のカイシャ社会に溶け込むことはできないまま、契約期限の延長を迎える。契約の途中で辞めることは「名誉」にもとると考えるアメリーは、執拗な虐め、耐え難い屈辱の中で、「名誉」「自尊心」を保ち続ける努力をする。

アメリーの「自尊心」は、日本のカイシャ社会に、契約の期限切れを理由に退社する挨拶をしてまわることで、はっきりと示される。カイシャに感謝しつつ、自分の力不足を認め、契約期限を延長せず、カイシャを去ることを告げる。誰に対しても、決まり文句をくりかえすことで相手の反応の違いが如実に現われる。また、日本的にへりくだった決まり文句を型どおりにくりかえすことで、日本の社会慣習に合わせることの皮肉が込められている。

アメリーの退社の挨拶に対し、フブキはアメリーが適応できなかった原因を「知的能力が欠如しているから」とアメリーに分析させるように仕向け、アメリーもそれにあわせる。男性社員の多くはアメリーの置かれていた苦境に見て見ぬふりをしていた後ろめたさから、アメリーに謝るが、カイシャへの保身のために、何の助けも行わず、アメリーに恨まれることへの保身から謝罪して済まそうとする小心ぶりが透けて見える。大声で怒鳴り、力任せに部下を屈従させる、副社長は相変わらず無神経に、自分の差し出した菓子をアメリーに食べるように命令し、アメリーを屈服させることで自尊心を満足させる。唯一、この物語の中でまともな人物として描かれている社長は、「タイミングが悪かった」ことを嘆き、アメリーの再出発への助力を誓うが、大手の会社は社長の一存ではどうにもならないほどシステムが構築されてしまっていることを示してもいる。

映画『畏れ慄いて』の最終場面は、このような形でカイシャを去ったアメリーが、原作者の実人生を思わせるようにフランスでベストセラー作家になる後日談で結ばれている。あれだけアメリーのことを忌み嫌っていたはずのフブキから毛筆で認めた日本語による、アメリーの成功を祝う手紙、そしてフブキ自身の縁談の話が付け加えられている。そして空想の世界で、『戦場のメリー・クリスマス』さながらに、石庭で2人隣り合って並ぶアメリーとフブキの姿と、2人を思わせる西欧と日本の子供の姿が描かれ、幕を閉じる。すべてが終わった後で、西欧と東洋の間の和解と共存の図式が物語の最後に示されている。2人

が空想の石庭に並ぶに至るまでには何が必要であったのか。虐めを受けている間のアメリーは、空想の世界の中で、銃を持ったフブキに撃たれさえしている。男性中心主義による、旧態依然とした日本のカイシャ社会から、フブキは結婚により、アメリーは西欧世界に移ることにより解き放たれ、両者の間のわだかまりが解消され、両者を隔てていた西欧と東洋の壁が消失した、と解釈することもできるだろう。また、女性の社会進出を取り巻く環境がその後の数年の間に飛躍的に向上したことにより、フブキもまた「タイミングの悪い」悲劇の犠牲者であったことを示すと読むこともできるだろう。

　バブル景気前後による日本のあり方はその経済的好況と、その後、長期にわたる不景気とにより、大きく推移してきた。日本の高度経済成長を支えてきたのも、カイシャのシステムに代表される、上司の命令に忠実に従う鉄壁なチームワークであった。しかし同時に、バブル景気以後の急激な失策も、方向性を見失い、時代の変化に対応できなくなったカイシャのシステムの弊害ゆえであった。こうした時代の推移を想起するならば、『畏れ慄いて』はフブキによるメアリーへの虐めの問題以上に、日本のカイシャという「不合理なシステム」こそがこの物語の主題であると読むこともできるのではないか。日本社会自体が抱えている戸惑いが内なる他者であるメアリーの視点によって描かれている。それは高度経済成長の終焉を意味するものであり、旧来の価値体系を否定することでもある。事実、20世紀末に登場したNHKによるテレビドキュメンタリー番組『プロジェクトX――挑戦者たち』(2000 - 2005)が大衆の支持を集めたように、高度経済成長期はすでに神話化され、その作用は価値観の変容という土壌で現われている。こうした時代背景は、海外から見た日本の社会変革が、カイシャの中で押しつぶされるアメリーの姿を通して描かれる図式と密接に結びつくものである。

　映画版における日本人社員の姿は、例えばフブキの西洋的なメーキャップに端的に現われているように、日本を舞台に設定しつつも、海外の視点による日本人のステレオタイプの範疇から免れえないものではある。しかしながら、日本のカイシャを舞台にし、現実世界で交わされるほぼすべての会話が日本語により行われ、アメリーも片言の日本語を喋り、にもかかわらず、日本人の観客

をほぼまったく想定していない形で、世界中で上映されている意味をどう考えればよいのであろうか。そして1990年代以降、長引く不況のもと、雇用形態の多様化に伴って、終身雇用制度が崩壊し、さらに世界規模の金融危機によって経済は大きな打撃を受け、「ネットカフェ難民」、「ワーキング・プア」、「派遣切り」に代表される労働問題が深刻化する現在、グローバリゼーションの流れの中で失ってしまった過去の日本社会の側面を、良くも悪くもここに見いだすことができる。

結論

　『ジャパニーズ・ストーリー』、『畏れ慄いて』において、フジヤマ、ゲイシャの日本へのステレオタイプ、東洋趣味や、その正反対の揶揄をも超えた形での日本人像が、近年目立った動きを示しつつある。同時に、サムライ、ゲイシャのイメージを洗練させたり、誇張させたりする形での日本表象は依然として根強い人気を持っている。アニメ、マンガをはじめとする、日本のサブカルチャーは日本の文脈をも外れ、グローバリゼーションを実践する形で、世界中で流通しつつあり、アジアの領域ではそれに加えて、J-POPや日本のトレンディ・ドラマの浸透も著しい。サブカルチャーの流通を通じて、日本の価値観までもが浸透し、メンタリティにまでも影響を及ぼしている側面もある。

　本章で採りあげたのは、オーストラリアとフランスを含む西欧から見た最新の日本人像の一端であるが、日本におけるバブル景気以前以後の時代の分水嶺、そしてインターネットの普及に体現されるグローバリゼーション化の時代の中で、ステレオタイプによる幻想に包み込まれていた、不思議の国ニッポンのベールが少しずつ剥がされつつあることを如実に示している。新たなステレオタイプの上塗りである面はあるものの、「本当の日本を描きたい」という動機に基づいて、過去のステレオタイプだけでは捉えきれない日本の新しい側面が描かれつつある。『ジャパニーズ・ストーリー』、『畏れ慄いて』が日本での公開を前提とせずに、海外で賛否両論含め話題を集めている事実からは、現在の日本を

どのように捉えることができるのか、世界からの注目がうかがい知れる。

　異文化に必然的に介在するイデオロギーの問題を避けて通ることはできない。こうした事実を認識した上で、異文化の相互浸透の中から、それぞれの文化や民族性の独自性を再認識する可能性を併せ持っていることを積極的に捉えていくことなしには、グローバリゼーションの時代を生き抜くことはできないのではないか。日本および日本表象の変遷過程をたどることで、文化浸透が及ぼす影響力への懸念と、その可能性の両面を確認することができる。

注

1) 例えば、Koichi Iwabuchi, ed. *Feeling Asian Modernities: International Consumption of Japanese TV Dramas* (Hong Kong UP, 2004) は、香港大学出版局から出された、アジアにおける日本のサブカルチャーが及ぼす影響についてまとめた論集である。1990年代に日本で流行したいわゆる、トレンディ・ドラマが、海賊版などを通して香港、韓国、台湾、中国シンガポールなどのアジア諸国において浸透し、女性観や「頑張らなくっちゃ」という高度経済成長期からバブル期にかけての時代に特有の、日本文化のイデオロギーがどのように受容国の民族性、心性に影響を与えうるかという問題についてさまざまな事例から検討している。先行する、同じIwabuchi氏による単著 *Recentering Globalization: Popular Culture and Japanese Transnationalism* (Duke UP, 2002) では、同様にアジアにおいて展開される、「ジャパナイゼーション」とでも呼ぶべき文化浸透の現象について、アメリカの出版局を通じて、情報の発信を行っている成果であり、アジアおよびアメリカの両方の立場から注目されている現象であることを裏づけている。さらに、岩渕功一『文化の対話力 ― ソフト・パワーとブランド・ナショナリズムを超えて』日本経済新聞社、2007において、「韓流ブーム」から「クール・ジャパン」に至るまでのグローバル化の文脈から、文化政策の問題点を提起している。

2) 例えば、スーザン・J・ネイピアによる、神山京子訳『現代日本のアニメ ―「AKIRA」から「千と千尋の神隠し」』中央公論社、2002や、フレデリック・ショット、樋口あやこ訳『ニッポンマンガ論 ― 日本マンガにはまったアメリカ人の熱血マンガ論』マール社、1998などはアメリカ人研究者による日本文化論としても秀逸である。

3) 文化受容において戦略的にイデオロギーを介在させ、日本の家父長制度を破壊するために映画などの導入が、占領下の日本では実践されていたことが解き明かされている。平野共余子『天皇と接吻 ― アメリカ占領下の日本映画検閲』草思社、1996

4) 大塚英志・大澤信亮『ジャパニメーションはなぜ敗れるのか』角川書店、2005は、理念な

きジャパニメーション産業の国策化に対し、逸早く警鐘を鳴らした。

5) 例えば、増田幸子『アメリカ映画に現れた「日本」イメージの変遷』大阪大学出版会、2004 は、日本およびアメリカにおいて、映画論や文化論などの成果を軸に様々な立場から、その変遷過程がまとめられている。

6) 「ジャパン・アズ・ナンバーワン」は、Michael Crichton, *Rising Sun* (1992) の小説により、一躍、声高に叫ばれるようになった言葉であり、当時の日米間における経済摩擦がテーマとされている。

7) 『ロッキー』シリーズには日本表象はないが、同じ主演のシルベスター・スタローンによる『ランボー』(1982 - 1988) シリーズなどを併せて、冷戦イデオロギー下による米ソの対立が、その背景として描きこまれていることが指摘されている。

8) Jay McInerney, *Ransom* (Bloomsbury, 1986)、筒井正明訳『ランサム』新潮社、1988

9) Suzanne Kamata, ed. *The Broken Bridge: Fiction from Expatriates in Literary Japan* (Berkeley: Stone Bridge P, 1997) は、表層的なステレオタイプを脱して、実際に日本での滞在経験を持つ英語作家による短編アンソロジー。英語で発表していることからも、日本を外側から見た視点によるものであるが、「壊れた橋」や「国籍離脱者」(Expatriates) というタイトルからも想像されるように、「ガイジン」として過ごした体験に根ざした孤独感などがキーワードになっている。東京で 40 年以上生活している映画研究者 Donald Richie が序文を担当している。一方、デベット・ゾペティ『いちげんさん』1996 もまた同様に、古都京都を舞台にした留学生の疎外感とロマンスを描いた作品であり、日本を外側から見た物語の系譜に位置づけられるが、日本語で書かれ、発表されたことで話題を集めた。

10) 亀井俊介『アメリカ文化と日本―「拝米」と「排米」を超えて』岩波書店、2000 においても、「拝米」と「排米」の日米関係史を概観した後に、21 世紀の時代はその両方の側面を超えた地平を目指すべきであると提言されており、新たな時代へのパラダイム・シフトが 20 世紀末に起こったことを裏打ちしている。

11) 例えば、アラン・ブラウン (Alan Brown)『オードリー・ヘップバーンズ・ネック』角川書店、1997 は、アメリカ人作家による日本小説。アメリカ映画を通じて、外国文化および外国女性に憧れる主人公の物語であり、セクシュアリティを含めた、異文化に対する異国情緒をテーマにしている。

12) 『ジャパニーズ・ストーリー』の舞台設定がオーストラリアの土壌であることに意味について考えることも重要である。多民族国家であり、地理上において日本に近い場所であること。大自然の特色はこの物語の中で充分に活かされている。

13) 脚本家のアリソン・ティルソン (Alison Tilson) は「オーストラリアの文化が『インフォーマル』であるのに対し、日本は今でも『フォーマル』、つまり礼儀を大切にする文化が根付いている。このように文化的に異なるオーストラリア人女性と日本人男性がどのようにして出会い、関係を持つのか興味があり、描いてみたかった」「真の日本人の姿を描

きたかった」と答えている ("Japan and Australia News" 2003 年 10 月 5 日付)。

14) ヒロミツとサンディとの間での恋愛を描く場面においても沖縄民謡が BGM として用いられている。

15) 岩渕功一編『沖縄に立ちすくむ　大学を越えて深化する知「ちゅらさん」「ナビィの恋」「モンパチ」から読み解く〈沖縄〉の文化の政治学』せりか書房、2004 をはじめ、日本文化において沖縄文化がどのように用いられているかを探るには、テレビドラマ、J-POP などの大衆音楽を素材にするのが有効であろう。また、沖縄出身の表現者のみならず、北野武監督の『ソナチネ』1993、岩井俊二監督の『リリイ・シュシュのすべて』2001 などにおいて、沖縄の土壌が登場人物たちの抑圧を取り外すかのように機能している点も興味深い。

16) "Japan and Australia News"（2003 年 10 月 5 日付）。

17) デビュー昨『殺人者の健康法』をはじめ、『午後4時の男』、『幽閉』などの作品がすでに翻訳されている。『幽閉』のテーマである、歪んだ愛、欺瞞といった問題は『畏れ慄いて』におけるフブキの執拗な虐めなどとの連関を想起させるものといえる。

18) 日本比較文化論にもっとも影響力を与え得たのは、ルース・ベネディクト『菊と刀――日本文化の型』であろう。1967(昭和42)年に社会思想社から初訳が出ている。

19) マイク・ニコルズ監督による『ワーキング・ガール』（Working Girl, 1988）はその典型として挙げられる。いわゆる OL 仕事から、アメリカン・ドリームとして女性の社会進出の夢を果たす物語であるが、その成功の影で彼女の敵となる女性上司は恋人と職を失う。

20) 『ジャパニーズ・ストーリー』においても、ヒロミツの妻は人前では涙を流すのみであり、タクシーの中で泣き崩れる姿と対照的に描かれている。

21) 日本における陰口や虐め、中傷に見いだせる陰湿な性質をある面で的確に描写している箇所である。フブキはこうした差別語をあっけらかんとした態度で口にしており、ただ削除してしまうには、あまりにも印象深い場面になっている。作品の根幹となる場面に差別語が用いられている意味には日本文化を考える上で根深い要素があるのではないか。

第 5 章

グローバリゼーションとアーティストの想像力
――『ミリキタニの猫』と『海辺のカフカ』――

　彼は私に猫の絵をくれて、1つだけそのお返しを求めてきた。それは、私がその絵の写真を撮ることだった。
　――『ミリキタニの猫』：2001年1月1日に80歳のホームレス画家ジミー・ツトム・ミリキタニと初めて出会った時のことを語るリンダ・ハッテンドーフ

「またそのうちに…おいで。（略）」
「はい。ありがとうございます。ナカタもオオツカさんとお話ができまして、たいへん嬉しかったです。猫さんと話ができると申しましても、誰とでもこんなふうにすらすらと話が通じ合うというものでもないのです。（略）」
「それはそうだろう。人間にもいろんなのがいるように、猫にも…いろんなのがいるからね」
「そのとおりであります。ナカタも実にそのように思います。世の中にはいろんな人がいますし、いろんな猫さんがいます」
　――『海辺のカフカ』：2001年5月東京。かつての家具職人で、じきにホームレスになる運命の60代の男ナカタサトルと、野良猫オオツカとの会話

　本章では、グローバリゼーションという言葉を、現存する形としてではなく、そうなり得るものであり、そうあるべきものという意味において用いる。それ

はつまり、全世界の自然資源、人的労働力、創造物の世界的に平等な分配と、平和的利用を支援するような、国家間、地域内の交流の、多岐に渡り、柔軟性があり、整備されたシステムという意味である。グローバリゼーションとはそうあり得るものであり、そうなるべきものだというこの定義をもとに、ここではアーティストの想像力がグローバリゼーションのクリティカルな実践には不可欠であることを主張したい。

　本章では、リンダ・ハッテンドーフのドキュメンタリー映画『ミリキタニの猫』[1]と村上春樹の小説『海辺のカフカ』[2]の間テクスト的考察を試みる。両者とも、第二次世界大戦での民間人犠牲者であるホームレスのアーティストを扱っている — ハッテンドーフの映画では実在人物ジミー・ツトム・ミリキタニ、そして村上の小説では架空人物ナカタサトルだ。私は、これらの作品に見られるさまざまな間テクスト性が、芸術、産業、政治間を越境する必要性を強く訴えていることを論じたい。多くの文化批評で、すでにグローバリゼーションに対するアーティストの反応は考察されてきている。その上で、私は、テクストによる世界表象の考察を、テクストを現実世界へと再び戻すことへと大きく転換させていくことによって、この重要な研究分野をより強固なものにしていくことを試みたい[3]。言い換えれば、本章は、芸術作品に深く刻まれたクリティカルな想像力を、労働力、資源や産物が世界的に流通し消費される現実のグローバリゼーションの政策立案の領域へと「移入」し、そうしたシステムの変革に関わらせることを目指すものである。

　本章の第１部では、それぞれのテクスト内に見られる間テクスト的手法を明らかにすることによって、『ミリキタニの猫』と『海辺のカフカ』の考察の基礎を敷く。テクスト内の間テクスト性は、テクスト間の間テクスト的考察を通して明らかになると同時に、そうした考察の正当性を証明するものでもある。これら２つの作品では、2001年に起こった戦争行為が、第二次世界大戦の埋もれた出来事を明るみに出す触媒となっており、２つの異なった戦争行為を重ね合わせるというこの類似した語りの手法は、ある特定の戦争における特定の出来事のクリティカルな想起を促すだけでなく、戦争の構造そのものに対するクリティカルな考察を可能にしている。さらに、こうした戦争批判は、２つのテク

第5章　グローバリゼーションとアーティストの想像力 ――『ミリキタニの猫』と『海辺のカフカ』――　*111*

ストの中で、我々の戦争感を異化するメタファーの使用によってより強いものになっている。こうしたことから、戦争批判は、虚構の世界の芸術作品を、現実世界におけるグローバリゼーションへと結びつけていくことができるわけである。さらに、メタファーの構成要素となるXとYは結びつけられなくてはならないということから、メタファーそれ自体も、間テクスト性を持つことになる。このように、芸術家のメタファーは、あるXとYとの関係についてのメッセージを伝えるということ以上に、こうした間テクスト的認識を養うという意味でも重要な意味を持つ。第1部では、すべての芸術家たちが世界を再考していく方向を指し示すようなさまざまなタイプの間テクスト性を同定していく。

　第2部と第3部では、2作品それぞれの語りにおける間テクスト的戦争記憶の沿革を具体的に示す。すなわち、家から立ち退かされトゥールレークでの強制収容を余儀なくされた1943年のトラウマに始まり、2001年ニューヨークでのホームレスアーティストとしての生活に至るミリキタニの旅、そして同様に、子ども時代の家および過去の生活から永遠に引き離されることとなった、1944年山梨県でのトラウマ的記憶喪失の場面から、新たな形のホームレス生活を招いた2001年のトラウマ的暴力[4]に至るナカタの60年に及ぶ旅である。最後に、第4部では、ナカタの人生とミリキタニの作品に見られる猫の意味を考察する。いずれにおいても、猫が、自己と他者の相互関係を示す精神分析学的観念である間主観性のメタファーとなっており、ナカタによる猫探しとミリキタニが描く猫の絵は、間主観性の本質を示しているだけでなく、蘇った戦争記憶と、戦後の平和と繁栄という国家の提示する大きな物語への批判を描いた両作品の中心に、間主観性を位置付ける役割を果たしている。このように猫のメタファーは、間主観性が定義され提示されている芸術の「虚構世界」と、間主観的関係が流布と交流のシステムを強化する「現実世界」のグローバリゼーションとの越境を可能にしているのである。

1. 間テクスト性

『ミリキタニの猫』と『海辺のカフカ』の間には多くの類似性が見られる。まず注目すべきなのは、どちらも戦争の記憶を扱った先駆的な作品だということだ。9.11と真珠湾攻撃の比較は、ペンタゴンと世界貿易センターへの攻撃の数時間後にはすでに、アメリカのメディアによってなされてはいたが、この9.11と「12.7」の間テクスト性をいち早く考察した、アメリカに基盤を置くアーティストによる作品の1つが、リンダ・ハッティンドーフの『ミリキタニの猫』である[5]。村上春樹の場合は、『海辺のカフカ』以前にも10編の小説を発表しているが、銃後における日本の第二次世界大戦の大衆記憶を、初めて明確にかつ大規模に扱ったのは、この『海辺のカフカ』が初めてなのだ[6]。この映画と小説は共に、もともと国内での戦争記憶の探求という組み立てがなされているだけでなく、類似した手法を用いている。両者とも、60年近く後の戦争を通して第二次世界大戦を想起し、後発の戦争が、先の戦争を発見しなおす機会を与えているという手法である。ここで、「戦争」という言葉が意味するのは、単に、例えば第二次世界大戦といった、歴史家が一定の始まりと終わりを明示した（それがどれほど曖昧であったとしても）特定の歴史的出来事というだけではない。「戦争」とはまた、9.11やアメリカ政府主導のそれに対する応えとしての「対テロ戦争」のような、より不明瞭に定義された攻撃行為を含むものである。さらに「戦争」とは、暴力、侵略、損傷の理論的あるいは記号論的分析も含む。それは、文学批評家エレイン・スカーリィが、すべての戦争があらゆる歴史、国家において共通に保持している「戦争の構造」として示しているものだ[7]。実際、『ミリキタニの猫』と『海辺のカフカ』の間テクスト的考察は、こうした「戦争」や、それが意味するものすべてを同時に考察するよう促してくれる。

『ミリキタニの猫』と『海辺のカフカ』を、互いに照らし合わせ、互いを通して読めば、国内の記憶の中で抑圧された出来事を、メタファーという道筋を通して回復することのできる可能性が浮かび上がる。常識で考えれば、1つの芸術作品、あるいは1人のアーティストの作品群から抜き取ったメタファーは、

第5章　グローバリゼーションとアーティストの想像力――『ミリキタニの猫』と『海辺のカフカ』――　113

グローバリゼーションのような「現実世界」の問題には何ら関係性を持たないのかもしれない。しかし、『ミリキタニの猫』と『海辺のカフカ』両作品の核をなしており、両作品の猫のメタファーに封じ込められた戦争記憶の語り（これについては第4部で述べる）は、現実世界の再生という目的を持たなければ意味を持たないのである。ハッテンドーフによるノンフィクションドキュメンタリーと、村上のフィクション小説両者において、民間人が戦時下の避難先で、国家という領域の中にある自らの家や生活を失っている。そして、その戦争終結から何十年もの間、国家はその歴史を見て見ぬふりをしている。なぜならそれは、戦争が行われた経緯だけでなく、まさに戦争行為それ自体への責任を告発するものだからだ。

　ではなぜ、銃後の避難先での民間人の損傷というそれぞれの語りの中核を成す出来事が、国家の大衆記憶から消されてしまうのだろうか。もし、こうした銃後での民間人の損傷が耐え難い告発を象徴しているとしたら、国が見ないようにしているものとは何なのだろうか。これらの問いに答えるために、スカーリィによる戦争構造の分析に目を向けたい。スカーリィは、戦争の最も隠された部分とは人間の身体的損傷であるとしている。もちろん、これはまた戦争の最も明白な局面でもある。戦争とは、巨大な規模で身体損傷という被害、苦しみを引き起こすものなのだ。しかし、そうした身体損傷は決まって、そして都合よく、スカーリィが戦争の「虚言」と呼んでいる集合的戦略を通して我々の視界から隠されてしまうために、この紛れもない事実は否定されてしまう。言い換えれば、戦争は決まって、その本質的で典型的な特性 ― 身体損傷 ― が隠れるような形で大衆に伝達される。よく知られた例としては、公的な報告での「犠牲者数」の操作が挙げられる[8]。スカーリィは、もし戦争が定義上一種の競争だとすれば、紛争を解決するのに、なぜ我々はより温和な形での競争を選ばないのかという問いを投げかける。戦争の虚言に我々が加担してしまう根底には何があるのだろう。スカーリィは、身体損傷があまりに強いインパクトを与えるものであるゆえに、傷つけるということは、その結果を強いる力を持った唯一の競争なのだと結論付ける。戦争とは、敗者に敗者としての立場を受け入れさせる唯一の競争なのだ[9]。しかしながら、スカーリィが認めているように、損傷を引き

起こすために人体を損ねるという行為は、ほとんどの人間にとって道義に反した行為である。だからこそ、彼女の「戦争の虚言」という分析が成りたち、何世代にもわたって、我々がいかに戦争を遂行し、何百万という単位で互いを切り刻んできたかということを説明している。スカーリィの分析をより詳細に言及することは本章の領分を越えているが、たとえ戦争が定義上、家族や国家、文明を破壊するものだということが明白であっても、戦争の虚言は、自分の家族や国家、そして「文明」そのものを守るために人の命を犠牲にするという考えをすっかり当たり前のものとしてしまい、それに価値を与え、浄化してしまっているという点を述べるだけでも十分であろう。しかし、もし兵士の身体損傷が隠されなければならないのなら、銃後の民間人の身体損傷はそれ以上に隠されなければならないことになる。というのも、民間人が無傷であり安全であることが、兵士の身体的犠牲を正当化するからだ。ゆえに、もし国家が、自らのイメージの形成維持は過去の戦争の正当化如何によると信じているならば、そしてもし、国家発展の手段として戦争をし続けるとしたら、兵士よりもはるかに民間人の身体損傷は、大衆記憶から隠されることになる。

戦争の虚言という誤った「真実」はそう簡単には攻撃できない。深く浸透した「真実」（ここでは、愛国心＝自国のために殺し、殺されること）が形成されるプロセスは、その「真実」を徹底的に異化しようとしなければ露見することはない。ここでいう異化とは、まさに村上の小説ならびにハッテンドーフの映画で行われていることである。そこではメタファーを使い、ミリキタニとナカタの消された歴史が異化され、表象化されている。アーティストの手にかかれば、メタファーは未だ目に見えていない物を探る認識のツールなのだ。アーティストのメタファーは、それまで隠れていた出来事や観念を認識し、それらが個人や公共の意識の中へ再び投入されるのを助成する。アーティストのメタファーはまた、２つの異なったものの認識的な越境を図る手助けをする一種の間テクスト的知覚力である。したがって、芸術作品中のメタファーの意味、つまり、２つの一見異なったものが、どのように意義深く啓示的な関係へとつながれていくかを解読するスキルは、自然資源、人的労働力、生産物を、不平等に流通させることによっておかしなものになってしまった現在のグローバリゼー

ションの構造を再構築する作業に必要なスキルと同じものだと考えられる。その
ような不平等が、政治過程、文化価値、心的構造、国家イデオロギーといっ
た観念や感情の基礎となっているという意味では、いわゆる「現実世界」の中
での世界構造は、「別の状態を想像」[10]し、異なった現実をモデルとした「虚
構」の世界を創造する重要な能力なしでは大きく変わることができないといえ
よう。本章では、間テクスト性を、現実世界のグローバリゼーションと虚構の
世界において提示されたグローバリゼーションの原型との必然的な関係として、
間テクスト性を理解していく。

2. 1943年トゥールレーク・2001年ニューヨークシティ

　トゥールレークは、オレゴンとカリフォルニアの州境のすぐ南にあるニュー
ウェルという町近くにある。日米開戦後1942年から1946年までの間、約12万
人の日系アメリカ人が10箇所の強制収容所に分かれて収容されていたが、トゥ
ールレークは、そうした収容所の中で最大の規模を持ち（最高収容人数1万
8,000人）、最後に閉鎖され（日本降伏の7か月後）、紛争が絶えなかった場所で
もある[11]。1943年2月、強制収容が始まって1年も経たないうちに、被収容者
の「再移住」を始めるための忠誠審査がすべての収容所において行われた。こ
れは、収容所内に摩擦を生じさせた出来事の最たるもので、今日に至るまで日
系アメリカ人コミュニティにはその影響が残っている。被収容者は、「忠誠宣
誓」と一般的に呼ばれている質問表に答えるよう義務づけられた。もともとそ
の目的は、二世の志願兵を日系人部隊に採用することだったが、結局、すべて
の被収容者に対する、収容所外への移住のための資格審査となっていった。忠
誠心は、以下の2つの質問に対するイエス・ノーの答えによって決定された──
── 質問27「あなたは、命令されればいかなる場所においても、合衆国軍隊に
入り、戦闘任務につく意志がありますか」、質問28「あなたはアメリカ合衆国
に対して無条件に忠誠を誓い、国内外からの攻撃から断固として合衆国を防衛
しますか。また、日本国天皇、あるいは他の外国政府や権力、組織に対する一

切の忠誠、服従を捨てますか」[12]。これらの質問は、収容所のひどい矛盾を前面に押し出したものだった。そもそも日本人はアメリカに対して忠誠心を持たないという前提が、強制収容の「軍事的必要性」を正当化するものであったはずである。しかし、この「忠誠宣誓」は、忠誠心とは実際には個人ベースで決まるものであり、日系アメリカ人もアメリカに対する忠誠心を持ちうるということを前提としたものなのだ。さらに、多くの被収容者は、市民の権利を守るために命を差し出すことを求められる前に、自分たちの市民権が回復されるべきだと主張した。最終的に、およそ4,600人（20％以上）の二世男性を含む約1万人の被収容者は、無条件にイエスとは答えなかった[13]。

　ジミー・ツトム・ミリキタニは、1920年にカリフォルニア州サクラメントに生まれ、広島で育った。しかし、日本の拡大し続ける軍国主義を避け、美術の勉学を続けるため、1938年、アメリカに戻った。彼は、忠誠宣誓危機およびトゥールレークの不当な管理体制の結果としてアメリカ市民権を放棄した5,589人の日系アメリカ人の1人だった。トゥールレークでは、「非忠誠者」に対する懲罰の手段はますます厳重なものになってきていた。営倉を作り、囚人へ暴行や虐待を加え、収容所の周囲に鉄条網の柵を二重にめぐらし、フェンスの外には武装車や戦車を装備した軍事警察を配置した[14]。サンフランシスコの弁護士ウェイン・コリンズは、市民権の回復を求めた5,409名の市民権放棄者を支援した。すべての訴訟手続きが完了するのに22年かかったものの、ジミー・ミリキタニを含む4,978名が市民権を回復したが、1959年に政府から送られた通知書は、戦後のミリキタニの放浪生活ゆえに彼の元には届かなかった[15]。ミリキタニがハッテンドーフのアパートで暮らすようになってから、彼女は、彼が政府の援助を受けられるよう手助けしようとしたのだが、彼はこれを最初断った。これにはハッテンドーフは困惑し、落胆したのだが、その手助けの過程は、やがて、トゥールレークがいわゆる「非忠誠的」日系アメリカ人の隔離収容所であり、そこに入れられたアメリカ市民は、拘束下において市民権を放棄するよう奨励されていたという特殊な歴史を彼女が発見していく過程と一体となっていった。映画の中で最も心打たれる場面の1つに、ハッテンドーフがミリキタニに、もうすぐ初めて年金を受け取ることができると告げた場面がある。言葉

第5章　グローバリゼーションとアーティストの想像力——『ミリキタニの猫』と『海辺のカフカ』——　*117*

に詰まったミリキタニがやっと言えたのは、「リンダ、リンダ、リンダ」という言葉だけだった。しかし、この一言はすべてを物語っている。というのも、この言葉は、9.11後に1人の人間がミリキタニを何の援助もない状態に放っておくことができなかったということ、1人の人間が彼の歴史を想起しようと努力し続けたことが、彼のホームレス状態に終止符を打たせたという事実を雄弁に語っているからである。

　『ミリキタニの猫』は、ミリキタニの背後からのショットで幕を開ける。彼は、寒さをしのぐためにたくさん着込んで、大きな空の段ボール箱を花屋の隣にある歩道の空いたスペースへと引きずっている。次に彼のクロースアップが映し出される。彼はクレヨンで絵を描いており、彼の横には2枚の絵が展示してある。そしてインターバル撮影で、そこで1日中絵を描いているミリキタニのイメージが続き、彼のことや彼との交流についてを語る何名かの声が入る。1人の男性は、ミリキタニは暖を求めて歩道の排気口の上で眠ると言い、別の男性は、4枚の猫の絵を買ったが、ミリキタニは自分の作品への対価としてしかお金を受け取らない、と言う。最後の声はハッテンドーフ自身の声だ。「彼は私に猫の絵をくれて、1つだけそのお返しを求めてきた。それは、私がその絵の写真を撮ることだった。」それから、ミリキタニの描いた猫のクレヨン画の1つを背景にして映画のタイトルが現れる。映画は、ハッテンドーフとミリキタニが初めて交わした会話の続きから始まっていく。それは、2001年1月1日に、彼女のソーホーのアパートから1ブロック離れたところにある韓国人経営の花屋兼デリの店の前で交わされたものである。ハッテンドーフは、言われたとおりに翌日猫の絵を取りに行き、その絵の写真を撮る。その際彼女は、どこだかわからない場所（トゥールレーク）を描いた何枚かの絵も渡され、ロジャー・シモムラにその絵を送ってくれと頼まれる。シモムラは、三世のアーティストであり、カンザス大学を退任した美術の教授だが、3歳の時に家族と一緒にミニドカ収容所に収容されている。一世である祖母が書いた日記を使って、シモムラもまた収容所を作品の主要テーマとして描いてきた。そうした理由もあって、シモムラは、インターネットでミリキタニのことを知った後、1999年に彼を探しにやって来た[16]。ハッテンドーフは、頼まれたとおりシモムラにトゥー

ルレークの絵を送ったが、その後自分が、ミリキタニの人生や日系アメリカ人強制収容の歴史、そしてトゥールレークという場所そのものともっと深く関わるようになるとはその時はまだ気づいてはいなかった。ミリキタニの収容所の記憶の奥底に埋もれていたのは、収容所でミリキタニの後をついてまわり、猫の絵を描いてくれとせがみ続け、戦争が終わる前にトゥールレークで死んでしまった、1人の猫好きの少年のことであった。1969年以来、日系アメリカ人は、毎年あるいは1年おきに10箇所の強制収容所跡地への行脚を行っている。ハッテンドーフは、自らのドキュメンタリーを2002年のトゥールレークへの行脚の場面で終えている。そこでミリキタニは少年への祈りを捧げることができたのだった。映画の最後のショットで、ミリキタニは、トゥールレークを後にするバスから窓の外を眺めている。その顔はまじめくさってはいるが晴れやかだ。ニューヨークでは、彼がある日通りで拾って家に連れて来た可愛らしい猫が彼を待っている。

3. 1944年山梨県・2001年東京／高松

　『海辺のカフカ』には、日本の民間人の第二次世界大戦とベトナム戦争の記憶と、ナチスの強制収容所への歴史的言及が織り交ぜられており、この多面的な戦争の記憶が、現代の日本を舞台にしたフロイト流のエディプスドラマの中に置かれている。小説の2人の主要登場人物の1人であるナカタサトルは、小学校4年生の時に、疎開先の山梨県にある学校で遠足に出かけた際に起こったトラウマ的な出来事によって記憶を喪失し、基本的な精神機能を損なわれてしまう。1944年11月のことである。遠足中思いがけず生理が始まってしまったナカタの担任が、血に染まったタオルを森に埋めるのだが、ナカタが偶然それを見つけ、それが何だかわからないままに彼女のところに持ってきてしまう。平静を失った彼女は、彼を何度も平手打ちし、やがてその暴力を目撃していた他の子ども達と共に、ナカタは気絶してしまう。ナカタの同級生は数時間で目が覚め、ナカタが叩かれていたときの記憶を完全に失っていた以外には何の障

害も残らなかったが、ナカタ自身は3週間もの間昏睡状態に陥り、暴力事件を含む一切の記憶喪失と精神機能障害を被ってしまう。しかしながら、このトラウマから、彼は、猫と会話ができるということを含む特殊な能力を得ることになる。こうした不思議な力を使って、彼は貧しいながらも満たされた生活を送っていた。彼は行方不明の猫を探してお礼金をもらっていたが、この猫探しの仕事にナカタは並々ならぬ楽しみを感じていた。というのも、人ではなく猫が、障害のせいで学ぶことができなかったり、忘れてしまった世の中についての基本的な情報を彼に教えてくれており、そうした形で、彼が生きることを助けてくれていたからだ。

　山梨県で1944年に起こった暴行は、明らかにナカタの人生の核をなす出来事だが、この事件はたった4章の中で少しずつ語られるに過ぎない。残りの49章は、ナカタと、もう1人の主人公である15歳の家出少年田村カフカの現在形のストーリーに費やされている。言い換えれば、ミリキタニのホームレス人生を招いた戦時下の損傷がアメリカの記憶の中に埋もれているのと同様に、ナカタのホームレス人生の根底にある戦時下の損傷は、現代の日本の記憶の中に埋没しているのだ。しかし、ハッテンドーフの映画と同じく、民間人の犠牲という埋もれた出来事は、戦争の終結から60年も経ってから、一見無関係な別の暴力行為を通して明るみに出る。さらに、この小説は、ハッテンドーフの映画と同様に、いかなる暴力行為も、別の暴力行為を通して返報し終結させることが本質的に不可能であるということ、そしてまた逆に、そのことを認めないことによって、損傷を拭い去ることも本質的に不可能であることも教えてくれる。映画における9.11に対応する出来事は、『海辺のカフカ』では、たった2人の人間の間に起きる事件にすぎない。しかし、9.11と同様それは、国内および国家間の紛争を解決するための手段として戦争を使用したり、持てる者と持たざる者とを分離するために「グローバリゼーション」を使用したりするような、世界的な陰謀を痛撃するものとなっている。

　世界的に有名な彫刻家でカフカの父親である田村浩一は、ジョニー・ウォーカーという名の人格に変身し、特殊な笛を作るために猫の魂を集めている。その唯一の目的は、最終的にその笛が「宇宙的に大きな笛」[17]になるように、よ

り多くの猫を捕まえ、より大きくより良い笛を作ることである。田村にとって芸術とは、かつてはそうだったのかもしれないが、もはや美の創造ではなくなっている。その代わりに、芸術は、支配と自己の強化拡大の手段となっている。下記の引用は、田村がナカタに、麻薬で麻痺させながらも痛みを感じるだけの力はそのまま残しておいた猫の殺戮を見るよう強制する場面である。猫を救うためには、ナカタは田村を殺さねばならない。このようにして彼は、耐え難い暴力行為を目撃するか、それを行うかという選択を迫られる。

> ジョニー・ウォーカーは目を細めて、猫の頭をしばらくのあいだ優しく撫でていた。そして人差し指の先を、猫のやわらかい腹の上で上下させた。それから右手にメスを持ち、何の予告もなく、ためらいもなく、若い雄猫の腹を一直線に裂いた。（略）猫は口を開けて悲鳴を上げようとしたが、声はほとんど出てこなかった。舌が痺れているのだろう。口もうまく開かないようだった。しかしその目は疑いの余地なく、激しい苦痛に歪んでいた。その痛みがどれほど激しいものか、ナカタさんには想像がついた。それからふと思い出したように血がほとばしった。（略）しかしジョニー・ウォーカーは血のことはまったく気にもとめなかった。（略）猫の身体に手を突っ込み、小型のメスで手際よく心臓を切り取った。小さな心臓だった。（略）
> ジョニー・ウォーカーはそれをしばらくナカタさんに見せてから、当然のことのように、そのまま口の中に放り込んだ。そしてもぐもぐと口を動かした。何も言わずに、それをじっくりと味わい、時間をかけて咀嚼した。[18]

この一節は、圧倒的な暴力を通してではなく、その中に埋もれている「その痛みがどれほど激しいものか、ナカタさんには想像がついた」という1つの穏健な文章を通して理解されなければならない。ハッテンドーフの映画と同様ここでも、他者の苦痛を和らげようとする人間はまた、極度の苦悩を目撃したり経験したりした者であり、彼は直観的なあるいは意識的な決心をして、従属的で客体化された他者に対して支配的な自己／主体の立場を維持しようとするのではなく、間主観的な社会関係を追及しようとするのだ。この場面だけでなく、『海辺のカフカ』や『ミリキタニの猫』の作品全体を通して、猫は主体性への批

判として機能している。猫は、苦痛を「感じ」、それを和らげようとする能力と、苦痛に対して無関心であったり、苦痛を生み出すことを願ったりするのとは反対の力のメタファーなのだ。

　ナカタは、ゴマという名の行方不明の猫を探しているうちに田村浩一と出会う。それよりも前、近所の猫のたまり場となっている空き地を訪れた際、ナカタはミミという名の知的なシャム猫と仲良くなる。本章の冒頭で引用した一節は、同じ場所で交わされたナカタとオオツカという猫との会話の一部である。ミミはナカタに、得体の知れない「猫泥棒」について警告し、一体誰がそのような行為に携わるのかというナカタの無邪気な問いかけに対して、人間に支配され占有された世界でいかに猫が脆弱であるかという短い演説を打つ。彼女は、科学実験のために猫を使ったり、猫を食べたり、単なる楽しみのために猫を傷つけたりすることに言及するが、最初にミミが例示した三味線は最も啓発的である。三味線は、猫が完全に客体化された位置を占めているという、もはや当たり前になってしまった猫と人間との関係を表象しているため、猫のメタファーを通してのこの小説による主体性への批判を際立たせているからだ。たとえ、今日三味線として使われる猫はほとんどいなくなったとしても——ミミが、ほとんどの三味線はプラスチックでできていると安堵の声を漏らすように——どの三味線もすべての猫に、自分たちが、より力のある他者の道具として定義された生き物となってしまっていることを思い出させずにはおれない。この道具というスペクトルの片方の端では、猫はペットであり、別の一端では、人間は三味線を作るために猫を殺すことなど何とも思わない。

　猫コミュニティの一員として、ナカタ自身、この小説での猫のメタファーを体現する極めて重要な役割を担っている。彼もまた主体性批判を果たしているのだ。彼の猫との関わりは、猫が人間と同じように描かれている空間を生み出している。というのも、彼は猫を自分と同じ主体として見ているからで、その空間とは、小説中ナカタが猫と話している時と場所にのみ存在している。これらのシーンでは、猫は、オオツカ、カワムラ、オオカワ、トロ、ゴマ、ミミといった名前を持っており、その性格、年齢、ジェンダー、容貌、学歴といった点で人間の登場人物と同様な肉付けがなされている。オオツカ、カワムラ、オ

オカワは野良猫で、ナカタが彼らと会話をする際彼らに名前をつけたという点で特に重要である。ナカタはオオツカに、「名前がないと覚えるのに困りますので」[19]と説明しているが、彼の猫との会話を見れば、単に思い出しやすいように猫に名前をつけるというよりも、彼がそれらの猫の主体性を認識しているということが見て取れる。彼が猫に話しかける際最初に名前をつけるのは、猫に対して単なる客体であるかのように話しかけることが無礼だからなのだ[20]。

　ナカタは、猫泥棒を殺した後、第2のホームレス状態に陥るのを余儀なくされる。彼はその不思議な力が導くとおりに東京から高松に行き、その後すぐに死んでしまうが、繰り返されるホームレス状態の物語という意味で、『ミリキタニの猫』と『海辺のカフカ』の結論には重要な類似点がある。両作品において、年老いたホームレスの男を助けようとした第3者は、そのホームレスの個人史に関わっていく過程で、自分自身が永遠に変わってしまう。ハッテンドーフの映画を非常に感動的にしているのは、2人の深まる友情と相互学習であるが、そうした関係はまた、ナカタと、彼を高松まで送っていく若いトラック運転手ホシノとの間にも現れている。ホシノとナカタとの出会いの状況やその後の友情は、ハッテンドーフとミリキタニのそれとは随分異なっている。しかし、ホシノが、なぜ自分がそうしているのか、その先何が待っているのかといったことはわからなかったにもかかわらず、ナカタについていくために衝動的に仕事をやめた時、彼は、ハッテンドーフがホームレスの男を、自分のワンルームのアパートに招き入れたのと同様、これまでにない新たな決意をする。そして最後にはホシノは、猫と話をするというナカタの能力を受け継ぐのである。

4. 世界の猫――生きるためのメタファー

　2007年秋に東京で開かれた『ミリキタニの猫』の上映会に私は参加したが、その際売られていたパンフレットには7枚の猫の絵と2枚の魚の絵が掲載されている[21]。7枚の猫の絵のうち4枚は猫と魚が一緒に描かれているが、それらには、人間関係を設定し直すモデルとして読むことができるようなさまざまな

猫と魚の関係が提示されている。

　まず、大きな目をした猫とテーブルに置かれた水槽にいる1匹の鯉が描かれた絵がパンフレットの表紙となっている。そこでは、猫はテーブルに身を隠し、鯉を背後から窺っている。そのため、猫の目から上と背中部分だけが見えており、また猫と鯉との距離を示唆するように、猫はテーブルに比べて小さく描かれている。裏表紙の上部には、母猫と子猫が共に眠っている絵が掲載されている。2匹の猫の姿が絵の上半分を占めており、子猫は母猫の尾にくるまっている。絵の下半分は、突き出た針のような下あごを除けばサンマに似た青魚が占めている。魚と一緒の猫が描かれた別の2枚の絵はもっと小さいもので、そのうち1枚は表紙の絵と同じ猫が描かれており、今度は猫は、色とりどりの葉とやはり猫に背を向けた1匹の魚を浮かべた様式化された海を覘いている。2枚目の猫＋魚の絵は切手サイズのもので、巨大な蕪の後ろに数種類の他の野菜と一緒に猫がいる。背景は菜園かキッチンカウンターを思わせるような淡い茶色で塗られている。この絵では、猫は魚の至近距離にいるが、やはり魚の後ろに陣取っており、魚は猫に背を向けている。また猫のサイズは魚と同じで、その身体は蕪に隠された片方の目以外はほとんど露わになっている。2枚の魚だけの絵は、以下で説明するように、明らかに猫＋魚の絵に関連している。まず、これらの1枚には、水槽のかわりに、縁がない池に浮かぶ深紅と黒の斑の愛らしい鯉が1匹だけ描かれている。また、もう1枚には、先に述べた猫＋魚の2枚の絵それぞれに描かれている木の葉と海、テーブルが組み合わさっており、そこには11枚のオレンジ色の木の葉がまるで11匹の魚のように描かれている。

　パンフレットに使用されたこれらの、猫のみ、魚のみ、猫と魚の絵から2つのことが言えるだろう。まず、猫と魚のあらゆる関係が描かれているということ。簡単に食べてしまえるけれど食べないようにしなければならない魚を食べたいと望む猫（表紙）、食べた魚のことを夢見心地に考えている猫（裏表紙）、生物が存在する自然界の中で魚と共存したり（庭にある蕪・猫・魚）、（より漠然とはしているが）人間社会で魚と共存する猫（キッチンにある蕪・猫・魚）である。次に、これらの猫の絵は、猫の視点から描かれてはいるが、そのどれをとっても魚は猫に脅かされたり、猫の従属物として描かれてはいない。どの

魚も無傷である。魚を食べた後に満足そうに眠っている母猫と子猫の絵でさえも、あるいは、猫が魚に触れそうな位置にいる蕪の絵でさえも。さらに、他のすべての絵では、猫がいようがいまいが、魚は元気よく泳いでいる。言い換えれば、猫の視点から描かれている世界というより大きな枠組みの中で、最も貴重な生物であるはずの魚でさえ、自身の主体性と空間を持ったものとして描かれているのだ。おそらくこれは理想的な世界であろう。食物連鎖や力の分布といった現実を無視した、動物同士あるいは動物と人間の関係を描いた子供向けの本のように。それでもなお、理想世界の姿としてでさえ、ミリキタニの猫の絵、とりわけ魚と一緒の猫の絵は、子供向けの絵本がそうであるように、楽しく眺めることができる。それらは、世の中の公正さを高めたいという我々の願望を満たしてくれている[22]。

　ナカタは、ジミー・ミリキタニのような活動中のアーティストではないが、かつては熟練したひたむきな家具職人であり、人が使うための美しいものを作り出していた。しかし、今もなおその職業に対する愛情を失ってはいないことが、小説の終盤近くで、彼が民芸家具の写真集に夢中になっている姿から明らかとなる。彼の身体は家具作りの記憶を維持しており、「彼は民芸家具の写真をじっと見ながら、のみを打ったり、小さなかんなをかける動作をしていた」[23]。この場面は特に感動的だ。というのも、彼が図書館に足を踏み入れたのは、子ども時代のトラウマ以来それでたった3度目だからであり、長い間閉じ込められていた知識への欲求が呼び起こされ始めたからである。それは実際には数日前に戦後初めて図書館へ行った際に始まったもので、そこで彼は『世界の猫』という本を見つけたのだった。

　先に私は、ミリキタニの絵の中で、猫は魚を見ていたり、魚のことを夢見ていたりするが、すべての魚が例外なく生き生きしているということを指摘した。これと同様に、ナカタは、人間と猫が共存する世界に生きている。猫はナカタを恐れはしないし、ナカタは自分が猫よりも優れているとは思っていない。『海辺のカフカ』のある場面はとりわけ、魚を喜ぶ猫を通してミリキタニの猫の表象を共鳴させている。それは、ナカタが田村浩一をやむなく殺した翌日魚の雨を降らせた時のことだ。「翌日実際に中野区のその一角にイワシとアジが空から

降り注いだ（略）。何の前触れもなく、おおよそ2,000匹に及ぶ数の魚が、雲のあいだからどっと落ちてきたのだ。（略）魚の匂いはいつまでたっても抜けず、近所の猫たちは一晩中興奮していた」[24]。3ページにも及ぶこの出来事の記述は、陽気でコミカルである。しかし魚の雨はまた、田村浩一によって苦しめられ殺された猫の数を示唆しており、それゆえ、ナカタは魚の雨を降らせることで猫の魂に安らかなれという祈りを捧げたのだ。喜び、ユーモア、健全さのイメージの中に包まれた恐怖と哀しみは、ミリキタニの猫を特徴付けている同様の二面性を思い起こさせる。ミリキタニの猫の愛らしさは、ある意味トゥールレークが象徴するものすべての比喩的な否定といえる。ミリキタニの猫が、どんなにのどかで喜びに満ちていても、常にトゥールレークで亡くなった孤独な少年につながっているのと同様に、ナカタの猫との友情は、たとえどんなに支えあい喜ばしいものであったとしても、常に彼のホームレス人生と、人間の世界にあっては猫のような彼の脆弱さを象徴している。

『世界の猫』は、主体・客体関係を批判する猫のメタファーを通して、ハッテンドーフと村上、ミリキタニとナカタによって行われた、第二次世界大戦のクリティカルな想起を再現したものといえる。

　　　ナカタさんは誰に遠慮することもなく、鏡に向かってのんびりと身支度を整えながら、一昨日図書館の本で見たいろんな猫の顔を思い出した。字は読めないから猫の種類はわからない。しかしそこにあった猫たちの顔のひとつひとつを彼はよく覚えていた。（略）そんな猫たちの1匹1匹と話ができたらいいだろうなと彼は思った。世界にはいろんな考え方をし、いろんなしゃべり方をする、いろんな猫がいるんだろう[25]。

鏡に映る顔を眺めるという日常のナルチシスティックな行為は、ナカタが間主観性を実践する特異な場となっている。ナカタの世界は多くの他者の存在によって広げられているが、その豊富さを認識したり享受したりするのに、自己を消す必要はない。同じく重要なのは、ナカタがすべての猫の顔をはっきりと覚えていることである。それは、彼の不思議な力を物語っているのではなく、彼の世界との間主観的な関わり方を証明している。ナカタなりの世界の見方は

すでに「猫たちの1匹1匹と話ができたらいいだろうな」という願望を示しているため、彼の想像力はすでに世界の猫を同等の主体として受け入れており、それゆえ、猫たちの顔は鏡の中の彼の顔と共存している。この間主観的な顔の再生と、ナカタがそこから得る喜びは、ミリキタニが「ミリキタニの猫」の絶え間ない制作から得ているものと同じ性質のものである[26]。『世界の猫』は、間テクスト性そのもの、および、間テクスト性のグローバリゼーションとの関係を示すメタファーである。より多くの人間が毎朝鏡ですべての世界の猫を見ることができれば、おそらくグローバリゼーションは、平和主義的で民主的な可能性に十分応える形を達成することができるだろう。

注

1) Linda Hattendorf, dir., *The Cats of Mirikitani*, perf. Jimmy Mirikitani, Linda Hattendorf (lucid dreaming, inc., 2006).

2) Haruki Murakami, *Kafka on the Shore*, trans. Philip Gabriel (2002; London: Harvill Press, 2005). 村上春樹『海辺のカフカ』(上)(下) 新潮文庫、2005

3) グローバルな移動、地政学的文化的マイノリティ、アメリカのヘゲモニーの偏心化、トランスナショナルな戦争記憶、環境正義、行動とイデオロギーの精神分析学的基盤といった点に関する幅広い批評体系の中から、自身の研究に多大な影響を与えたものとして、本章で引用するエレイン・スカーリィの著作以外に以下を挙げる。Jessica Benjamin, *Like Subjects, Love Objects: Essays on Recognition and Sexual Difference* (New Haven: Yale University Press, 1995); John W. Dower, *Embracing Defeat: Japan in the Wake of World War II* (New York: W.W. Norton, 1999); Norma Field, *In the Realm of a Dying Emperor: A Portrait of Japan at Century's End* (New York: Pantheon, 1991); Molly Wallace, "Tropics of Globalization: Reading the New North America," symploke 9.1-2 (2001), pp.145-60; Karen Tei Yamashita, *Tropic of Orange* (Minneapolis: Coffee House Press, 1997).

4) 村上は『海辺のカフカ』中の現代での物語が展開する年を特定していない。しかし、ナカタが少なくとも60代と思われること、そして小説が2002年に出版されたことから、本論を展開するにあたって、それが「2001年」であると指定するのは妥当と思われる。

5) Marcia Landy, "'America Under Attack': Pearl Harbor, 9/11, and History in the Media," *Film and Television After 9/11*, ed. Wheeler Winston Dixon (Carbondale: Southern Illinois University Press, 2004), pp.79-100.

6) 先に発表された『ねじまき鳥クロニクル』trans. Jay Rubin (1994-1995; New York: Vintage,

2003)では、ノモンハンでの戦闘を詳細に、そして日本の中国占領をより包括的に扱っている。

7) Elaine Scarry, *The Body in Pain: The Making and Unmaking of the World* (Oxford: Oxford University Press, 1985), p.62.
8) Scarry, *The Body in Pain*, pp.133-39.
9) *Ibid.*, pp.108-21.
10) この表現は、Kandice Chuh 著、*Imagine Otherwise: On Asian Americanist Critique* (Durham: Duke University Press, 2003) から借用したものである。
11) トゥールレークと他の収容所の重要な違いについては、以下の概要を参照するとよい。"Tule Lake Committee," (December 2008). http://www.tulelake.org/index.html.
12) CWRIC [Commission on Wartime Relocation and Internment of Civilians], *Personal Justice Denied: Report of the Commission on Wartime Relocation and Internment of Civilians* (1982-83; Seattle: University of Washington Press, The Civil Liberties Public Education Fund, 1997), p.192.
13) *Ibid.*, p.195.
14) Donald E. Collins, "Renunciation of Citizenship," *Encyclopedia of Japanese American History: An A-to-Z Reference*, updated ed., ed. Brian Niiya (1993; New York: Facts on File, Inc., 2001), p.345; Donald E. Collins, "Tule Lake 'Segregation Center,'" *Encyclopedia of Japanese American History: An A-to-Z Reference*, updated ed., ed. Brian Niiya (1993; New York: Facts on File, Inc., 2001), p.396; Martha Nakagawa, "Draft Resistance," *Encyclopedia of Japanese American History: An A-to-Z Reference from 1868 to the Present*, updated ed., ed. Brian Niiya (1993; New York: Facts on File, Inc., 2001), pp.152-4.
15) "The Cats of Mirikitani" (December 2008). http://www.thecatsofmirikitani.com/index.htm.
16) "Roger Shimomura: An American Diary Series, 2002-2003," (December 2008). http://www.gregkucera.com/shimomura.htm.
"Jimmy Tsutomu Mirikitani: October 6 - December 15, 2006," (December 2008) http://www.apa.nyu.edu/.
17) 村上春樹『海辺のカフカ』(上) p.296
18) *Ibid.*, pp.305-306
19) *Ibid.*, p.94
20) 猫に名前をつける行為は、ナカタの他者との間主観的関係を強調するものである。ペットの猫はその飼い主の主体性を反映した名前をつけられる。ミミ (*La Bohème* のヒロイン) の飼い主はオペラファンであり、トロはすし屋の店主に飼われており、「ゴマ」は猫とは特に何の関わりのない名前である。一方で野良猫たちは、オオツカ、カワムラ、オオカワというように人間の姓を与えられている。また興味深いことに、『ねじまき鳥クロニクル』に登場する猫の名前も同様に、主体・客体と主体・主体の関係の違いを示

咬している。岡田亨の猫は、最初は岡田が嫌っている綿谷昇という義兄の名前を、ただ感じが似ているというだけでそのまま拝借していたが、彼は自分の妻が綿谷によって損なわれ監禁されていることを知った後、その猫に「サワラ」という名を与える。「トロ」と同様「サワラ」も飼い主としての岡田の主観性を強調したものではある。それでもこの名前の変化は、ナカタに見られるような個々の猫の主体性の認識を表象している。つまり、岡田自身が嫌う人物の名前をつけることはもとより、猫の「個性」を完全に無視して名前をつけることは間違っているという認識である。実際、岡田による自分の家族や日本が抱える埋もれた歴史への旅は、ナカタの旅と同様、いなくなった猫を探すことから始まっている。ペットと野良猫の違いについて私にさらなる考察を促し、『ねじまき鳥クロニクル』における猫の命名に関する所見を述べてくれた寺澤由紀子氏に感謝する。岡田の猫についてのより詳細な議論は、以下の拙稿を参照されたい。"The Cats of Murakami: The Art of War Memory in Karen Tei Yamashita's *Tropic of Orange*, Murakami Haruki's *Kafka on the Shore*, and Linda Hattendorf's *The Cats of Mirikitani*," Bungei Kenkyu 160 (2008), pp.1-35.

21) 中野理恵編『*The Cats of Mirikitani*／ミリキタニの猫』パンドラ、2007
22) 正義を促進する美しい物の力についての議論は、Elaine Scarry, *On Beauty and Being Just* (Princeton: Princeton University Press, 1999) を参照されたい。
23) 村上春樹『海辺のカフカ』(下) p.325
24) 村上春樹『海辺のカフカ』(上) p.356, 360
25) 村上春樹『海辺のカフカ』(下) pp.158-159
26) 村上作品の他の批評家の中でもとりわけ Jay Rubin は、猫が『ねじまき鳥クロニクル』の中で極めて重要な役割を果たしていると指摘している。また、村上の人生やイマジネーションにおいても猫が総括的に重要であることは、それ以前に、彼がかつて妻と共に営んでいた Peter Cat という名のジャズバーの名前によって示唆されている（Jay Rubin, *Haruki Murakami and the Music of Words* (London: Vintage Books, 2005), pp.26-27)。しかし、私はここで間テクスト的考察の恩恵を強調しておきたい。最初から私は猫の重要性に気付いていたが、「村上の猫たち」を「ミリキタニの猫たち」を通したり比べたりして考察するまで、その全体性を感知することはできなかった。

第 6 章

韓国の「世界化」と英語教育改革

はじめに —— 韓国における「世界化」と英語教育政策のかかわり

　2008年2月25日、韓国の李明博大統領は自身の大統領就任式で「先進化の道、共に切り開いていこう」と題する就任演説を行い、「新たな60年が始まる初年度である2008年を『大韓民国先進化元年』と宣言する」と表明した。李明博のいう「先進化」とは、経済的先進化（市場経済の活発化）、政治的先進化（自由民主主義の完全定着）、格差問題の解消、国際的先進化（他国の信頼・尊敬を集める模範国家化）などを意味する。
　この「先進化」スローガンは、韓国政府が金泳三政権期（1993 - 1998）以来打ち出してきた「世界化」スローガンを後継するものといえる。「世界化」の定義をめぐっては、当初から韓国内でも議論が多く、また「国際化」と混用されることも多かった。しかし、金泳三は1994年1月6日の年頭記者会見での演説「改革と世界化で再跳躍 ― 国家競争力強化の年」において、「世界化と国際競争はいまや贅沢な言葉ではなく、目前にやってきた現実だ」「世界とともに堂々と協力し競争するためには、国民意識の世界化、能力の世界化、制度の世界化がなされなければならない」などと表明。公報処も同時期に「国際化は経済、制度、文化、意識において個別国家内部の固着性を超越する国家間の交流を意味し、世界化は国際化の上位概念で、世界を1つの地球村と認識し、共に生きていく能力と姿勢を培っていくこと」と位置付けた[1]。すなわち「世界化」とは、韓国経済が世界経済システムに組み込まれ、国際競争力の拡大が急務とされるなか、政治、経済、社会、文化のあらゆる方面にわたって積極的な改革を

要求したものであり[2]、実際に韓国では行政改革、司法改革、教育改革などが断行された。

ところで、この「世界化」の潮流のなかで大きく変化したものの1つに、英語教育がある。教育は「世界化」戦略の最大の要素とみなされ、なかでも英語教育は、「世界化のためのインフラとして海外情報の消化能力を向上させ、われわれが世界の中心的国家の役割を積極的に拡大していくためには外国語が必須のツール」（世界化推進委員会答申「世界化推進のための外国語教育強化方案」、後述）との認識から、従来のあり方が大きく見直され、初等英語教育の導入、教育課程（日本の学習指導要領に相当）の大幅改革、外国人補助教師制度の導入など新たな施策が次々に実施された。

李明博の「先進化」構想は、上記の「世界化」構想から10年余りを経て提起された国家戦略構想であり、「世界化」改革の反省や軌道修正を含むものである。本稿では、「世界化」から「先進化」へという国家戦略の転換期における韓国の英語教育の現状と、そこに投影されている国内的・国際的環境および対外認識（特に対米認識）を整理・分析し、グローバリゼーションのなかで漸進的に変容している韓国の英語教育が、今後、その社会および対外関係にいかなる影響を及ぼしうるのかを展望したい。

現在、韓国の英語教育は多くの注目を集めている。特に1997年の初等英語教育の正規教科化（後述）は、EFL（English as a Foreign Language）の国である韓国で、人間生活上の基本的能力習得や人格形成の場としての初等教育における英語の学習が義務化されたものであり、その理念や手法に多くの関心が寄せられた[3]。

しかし、韓国の英語教育改革が提起した問題が、教育の領域のなかにとどまるものではなかったことも明らかである。「世界化」を基調とした公教育における英語教育の変化は、私教育の領域の拡大や社会システム（特に教育と就業の社会階層の関係）にも及び、韓国の伝統的な教育のあり方にも修正を迫るものである。それはまた、今日の国際環境のなかで韓国人がいかなる対外認識を有しているかを映し出すものでもある。

以上の認識に立ち、本章では次の3点を中心に論じていく。第1に、英語教

育改革の背景である。EFL 国では、ENL（English as a Native Language）国や ESL（English as a Second Language）国とは異なり、英語に対する役割認識は流動的なものである。英語教育の制度改革は、英語の役割認識の転換の結果であるとして、それを支えたものは何であっただろうか。第2に、英語教育改革の手法である。公教育改革という政策変更に対し、韓国人はどのように臨んだのか。コストをはじめとする困難にいかなる意識でいかに対処したのだろうか。第3に、英語教育改革の結果である。すなわち、政策策定者が設定した目標をどの程度達成しえたかという「成果」の測定だけでなく、その政策によって既存の政治的、社会的、文化的な価値観や構造がいかに変容したのかというリアルな現実認識も必要である。このような点から以下に1990年代から現在までの英語教育を素描していこう。

1. 英語教育改革の背景 ―― 世界化推進委員会とIMF危機

(1) 世界化推進委員会の認識

　世界化と英語教育の結合を推し進めたのは、金泳三政権であった。大統領の国政方針に英語教育に関する計画が盛り込まれ、ドラスティックな改革が起こった。初等英語教育の正規教科化も、この枠組みのなかで決められたものといえる。金泳三政権期の1995年2月（21日付）、「世界化推進委員会」（国務総理諮問機関）が「世界化推進のための外国語教育強化方案」の一環として、国民学校3年生から英語を正規教科として指導することを政府に提案し、これが初等英語教育実施の決定打となった。

　この「強化方案」は、英語教育を韓国の対外的言語戦略として明確に位置付けた最初の文書である。これは「世界化のためのインフラストラクチャーとして海外情報の消化能力を向上させ、われわれが世界の中心的国家の役割を積極的に拡大していくためには外国語が必須の道具」と指摘、当時の英語教育に対する基本認識として、要旨次の点を指摘している。

・いままでの単語、文法中心の外国語教育から、意思疎通中心の教育に転換す

ることが必要である。これまで、それが失敗した大きな要因は、①教師の意思疎通能力不足、②外国語教育の動機が微弱であること、③意思疎通能力培養に不適切な、画一化された教材——などである
・このような失敗要因のうち最も重要なのは教師問題である。教師の意思疎通能力培養および授業技術の変化が、わが国の英語教育成敗のカギになる。研修内容の画期的な転換および国家次元の果敢な投資と関心が切実に要求される
・基本的な意思疎通手段としての外国語は、すべての国民を対象にするが、一定水準以上の外国語意思疎通能力は、それを必要とする人材のみを対象として、集中的で効率的な訓練をすべきである

　続いて「強化方案」は、国民学校（現在の初等学校）における英語教育の強化のほか、教師養成、教師の国内英語研修の強化と海外研修拡大、外国語教材の開発・活用、英語接触機会の拡大、国際大学設立と外国大学分校設立の許可、大学入試における外国語使用能力評価の反映拡大、外国語能力検定制の導入・活用、第2外国語教育の強化など、国民の外国語力（特に英語力）の向上に向けた広範な施策を提言している。このなかでも、国民学校英語教育の強化は第1の施策に掲げられており、世界化推進委員会が、この施策を重視していたことも推し量ることができるだろう。

(2) IMF危機と英語

　世界化推進委員会が政権側のグローバリズムへの対応だったとすれば、社会の側はそれを受容するだけだったのだろうか。必ずしもそうとはいえない。今日に見られる韓国人の英語熱は、1997年末のIMF危機による影響が極めて大きい。このとき韓国の株価が暴落し、外国資本（特に欧米が積極的で、日本は相対的に少ない）が大量に流入したほか、外資は韓国企業のM＆Aにも積極的で、金融部門をはじめ、機械、製紙、化学、電子などの主要業種に入り込んでいる。このように、外国資本の韓国経済に対する影響力の増大によって、韓国経済は国際化が進む一方、米国式市場経済と、グローバルスタンダードを強い

られるようになった。

　実際、IMF危機後の1998年にはベンチャービジネスが活性化し、新設法人が倒産法人の2倍を超えた。このことはさらに、韓国経済に活力をもたらしただけでなく、経営者の顔ぶれを入れ替えることにもなり、主要な企業や銀行のトップの若返りにも結び付いた。結果的に、IMF危機は韓国社会の伝統としての地縁・血縁の影響力を低下させ、一流大学から財閥企業へという就職慣行や、弁護士や会計士といった士（師）業の地位も変容させた。このようにして、個人主義、自由主義が強くなり、社会的成功のかたちも多様化したことが、結果として英語への信頼度を高めたことは否定できない。

　しかし、このことはまた、所得の不均衡を加速し、経済的格差を拡大するものもあった。IMF危機の前と後では、所得基準のジニ係数（所得や資産の集中度を示す指標。小さいほど社会の平等度が高いとされる）は、1997年の0.283から2004年には0.310となり、これに所有不動産の価格変動などを加味すると、両極の指数は1997年の0.0505から、2004年には0.1199となった[4]。

　韓国の経済・社会のかような激変が、韓国人を英語に駆り立てる要因の1つとなったことは想像に難くない。韓国は現在、10万人近くの留学生（留学ビザ取得者）を米国に送り出しており、その数はインドや中国をも超え、全体の約15％を占める[5]。韓国の人口が約4,800万人に過ぎないことを考えると、この数は他国を圧倒しているといえるだろう。これは留学経験が現在の韓国におけるキャリア形成に大きくプラスになるからにほかならず、韓国人はだからこそ英語を学び、また子弟に英語力を身に付けさせようと躍起になっている。

2. 英語教育改革の手法

　先の世界化推進委の「強化方案」を受けた教育部は、1997学年度の国民学校3年生から学年進行で段階的に英語を正規教科とする基本方針を決定、1995年3月に教育課程開発作業を開始した。その後、同年11月に第6次教育課程（1992年告示、1995年実施）を改定、1997年3月の新3年生から英語を正規教

科として年次進行し、2000年に6年生まで導入した。

　この経緯は、韓国の初等英語教育の実施が、政治主導で進められたことを示している。実際、韓国の教育部は当初、早期英語教育の実施時期を1997年もしくは1998年、実施対象を国民学校5年生以上にすべきとの考えであった。しかし、世界化推進委が打ち出した1997年から国民学校3年生以上を対象に週2時間の英語教育を行うとの方針に従ったことになる[6]。

　初等英語教育が正規教科化された1997年当時は、「第6次教育課程」に初等英語教育課程を付け加えて利用されていたが、その後、教育人的資源部は1997年12月、第7次教育課程を告示、2000年より順次実施された。この第7次教育課程は初等英語教育を当初から自明のものとして、つまり「世界化」の方針を前提としてつくられたものである。第7次教育課程では初等英語教育の対象学年は3～6年生となっており、授業時間は3～4年生が週1時間（1997-2000年度は週2時間であった）、第5～6年生が週2時間となっている（1時間の授業は40分）。初等学校では、聴解・会話の教育が中心となっており、3年生はアルファベットを習わずに聴解・会話中心とし（80～120語）、以降、4年生でアルファベットを読む（80～120語）、5年生でアルファベットを書き単語を読む（90～130語）、6年生で文章を読み、単語を書く（90～130語）――ことがそれぞれ教育される（カッコ内は各学年で新たに学ぶ単語数）。

　第7次教育課程の初等英語教育は、単に英語教育の低学年化を目指したものではない。同課程の「1. 性格」において、初等学校の英語は「児童が日常生活で使う基礎的な英語を理解し、表現する能力を養う教科であり、意思疎通の基礎となる言語機能教育、なかでも音声言語教育が主となる。文字言語教育は平易で簡単な内容の文を読み書きできる内容とし、音声言語と連携して内容を構成する」と位置づけられ、初等英語教育におけるリスニング・スピーキングの重視が強調された。

　この際に活用されたのがICT（Information and Communication Technology）とネイティブスピーカーの補助教員（以下、NS教員）である。初等英語教科書は国定とされ、歌や遊びを効果的に盛り込んだCD-ROMとともに児童に無償で配布され、家庭での学習にも便利なものとなっている。また、NS教員は各市・

道別の招聘計画に基づき、English Program in Korea（EPIK）によって採用されている。EPIK は 1995 年に設置されて以降、毎年約 100 ～ 200 人が採用されている（ソウル特別市については、EPIK ではなく独自の採用システムを行っている）[7]。興味深いのは EPIK において、NS 教員の応募資格が「オーストラリア、カナダ、アイルランド、ニュージーランド、英国、米国の市民（韓国人の場合は、中学校から学習経験を持ち、最低 10 年間上記 6 か国のいずれかに居住した者）」とされていることである。英語母語話者であればよいということではなく、欧米英語圏出身者でなければならないとの方針が明確にされている[8]。このことは、韓国の英語教育において「いかなる英語を児童・生徒に教えるか」という点、さらには従来の韓国人の英語をいかに「改革」すべきかという志向性を反映しているといえよう。

　また、初等英語の正規科目化に伴って浮上した大きな問題の 1 つが教員養成である。韓国の初等学校の教員は全教科を担当してきたが、初めての試みである正規科目としての英語教育のため英語担当教員に対する 120 時間の英語研修が、全国 12 か所の教育研修センターにおいて実施、各学校の英語教育の総括教員にはさらに 120 時間の深化研修を実施することとなっている。

3．英語教育改革の結果──「過熱」と「格差」の処方箋？

　現代韓国における英語熱はきわめて高く、英語教育政策も国民の英語熱の後追いの感は否めない。しかし、為政者の意向や方針が反映された政策が社会に与えるインパクトも韓国では大きく、英語教育と英語熱は「無限ループ」のような関係になっており、すでに問題は公教育と私教育のどちらが先かということではなくなっている。明らかなのは、この英語教育と英語熱の不断の関係が、英語のグローバルな拡大を、国際的というよりは国内的な方向に向けさせ、韓国の社会構造に少なからぬインパクトを与えているということである。そしてそのことに韓国人も次第に気づいていながら、有効な価値判断を見いだせず、将来の対策ないし展望を描けずにいるということである。

そのような変化の最たるものが格差の拡大である。英語熱の高まりは、英語学習の低年齢化に拍車をかけた。すでに英語幼稚園という、教師も外国人、授業も英語で行われる幼稚園は学費が高額であるにもかかわらず人気がある。早期留学も活発化し、「キロギアッパ」(「雁のお父さん」の意)なる言葉も登場した。これは、子弟の教育のために家族を外国に居住させ、自分は韓国で働きながらたまに家族を訪ねる父親ということである。

こうなると、学校で英語を学ぶ初等学校3学年になるまでに、児童の間に英語力格差ができてしまっていることも多い。裕福な家庭は子どもを積極的に海外に送って語学研修を受けさせることができるが、それができない家庭も多いからである[9]。

また、各自治体は英語体験施設(英語村など)を設置し、主に初等学校児童の体験型英語学習に供している。留学に行くことのできない子どもが「擬似外国体験」をできるようにする試みで、施設内ではイミグレーションや税関を通過して「入国」し、買い物や食事もすべて英語で、外国のシステムに沿って行う仕組みとなっており、スタッフもすべて外国人で英語以外は通じない、という具合である。

このような状況を受け、英語教育課程そのものにも抜本的な見直しが施されている。現在適用されている第7次教育課程の初等学校と中学校の英語教科課程が改定されることとなり、2006年8月に「初・中等学校教育課程部分修正告示」として公表されている(教育人的資源部告示第2006-75号、以下、修正告示と略記)。従来、教育課程の改訂は全教科一括改訂が原則であったことを考えれば、初等・中等の一部科目のみの「部分修正」という方式を採用したこと自体、英語化のインパクトの大きさを物語っているといえる。また、2009年より順次実施予定のこの修正告示は、現行の第7次教育課程を実際に運用した上での評価を含むものであり、両者の異同を把握することは重要である。

教育課程における英語の位置づけについて、第7次教育課程では次のように述べられていた。

「英語は国際的に最も広く使われている言語である。したがって、世界

の潮流に乗り、国家と社会の発展に寄与し、世界人として質の高い文化生活を営むためには、英語で意思疎通を図る必要がある。」

これに対して、修正告示の記述は次のようになっている。

> 「近年、国家間の交流は多様な分野で迅速に進行し、国家間の相互依存度はさらに深まっており、国際的競争とともに国際的協力の必要性も増大している。これに加えて、情報技術の発達により、知識と情報に基礎を置く知識基盤社会への移行は、個人の生活から国家政策に至るまで社会のあらゆる分野にわたって知識と情報を理解する能力とともに知識と情報を生産して伝達する能力を要求している。／このような環境で、英語は国際的に最も広く使われている言語として、それぞれほかの母国語を持った人々を理解し、彼らとの意思疎通と紐帯を可能にする国際語としての重要な役割を果たしている。したがって、未来を生きていかなければならない初等学校児童や中学生にとって、英語で意思疎通できる能力は学校で養うべき核心的な能力である。すなわち、国家と社会発展に寄与し、世界人として先導的な役割を果たし、幅広い文化生活をするためには、英語を理解して駆使する能力は必須だといえる。英語で意思疎通する能力は、すなわち国と国を結ぶ重要な架け橋であると同時に、国家間、文化間の理解と信頼を通じてわが国を発展させる原動力になるからである。」

第7次教育課程の記述に比べ、字数が大幅に増え、人材育成という観点から英語教育の意義が具体的に述べられている。従来よりも大胆に、世界化戦略と英語教育の関連について述べられており、人材育成の側面がよりクリアに打ち出されている。

関連して、英語教育の目標についても、現行の第7次教育課程が初等学校から高校まで同一の目標を示していたが、修正告示では初等英語と中学校英語の目標を分離、それぞれ「初等英語は英語に対する興味と関心を持ち、日常生活で使う基礎的な英語を理解して表現する能力を培うことを目標とする」「中学校英語は初等学校で学んだ英語を基礎として、日常生活と一般的な主題に関して

基本的な英語を理解して表現できる能力を培うことを目標とする」と指摘した。

　また、この教育課程の部分修正と併せて、当時の教育人的資源部は、2006年に全国の50の初等学校を研究校に指定して初等学校1～2年生の英語教育導入の是非について検討を行った。併せて英語の時間数増についても別途研究校を設けて検討、これらは2008年に終了し、近く新たな政策が提示される見通しである[10]。現在の英語教育政策に対するこれらの「修正」からは、韓国の英語教育に対しては、そのさらなる強化・推進への期待と、地域間・階層間格差の拡大への懸念の両方があることがうかがえよう。

　一方、英語教育と英語熱の無限ループともいえる状況に、反動とでもいうべき動向もみられる。その1つが国語政策の転換である。日本でも、小学校での英語教育必修化の是非をめぐって「英語よりも国語（日本語）の教育の方が先だ」といった主張が根強いが、韓国においても国語防衛の意識が顕在化している。

　1990年代以降の韓国の国語関連の法政策は、このことを示唆するものである[11]。韓国では長らく言語政策法制は事実上不在であったが、1995年になって文化芸術振興法（1972年制定）が全面改正され、それまでなかった国語関連の規定が盛り込まれた。さらにそれを独立・拡充するかたちで、2005年には国語基本法が制定された。同法は、第3条で「『国語』とは大韓民国の公用語としての韓国語を指す」としており、初めて法律レベルで韓国語が韓国の国語であり、公用語であること明示した。同法はまた、国語発展基本計画に関し、「文化観光部長官は国語の発展と保全のために、5年ごとに国語発展基本計画を樹立・施行しなければならない」と規定された（第6条）ほか、▽文化観光部長官は国語政策の樹立に必要な国民の国語能力・国語意識、国語使用環境などに関する資料を収集し、実態調査を行うことができる（第9条）▽国家機関と地方自治団体の長は国語の発展および保全のための業務を統括する国語責任官を指定する（第10条）──ことなど、言語政策の実効性の担保として、政府に具体的かつ大きな任務を課している。

　従来、目立った言語政策法制がなかった韓国で1990年代以降、言語政策が法制化される（その必要性が認知される）に至った理由は、韓国が経済的、社会的に発展し、文化に目を向ける余裕ができたこと、また、グローバル化が進む

なかで、国民の文化を守らなければならないという意識が醸成されたことにあると思われる。

むすび──グローバルな英語と韓国の英語教育

　多くの国・地域において、英語のグローバルな拡大をめぐる議論が活発になっている。例えば、支配言語としての英語の政治的性格は「英語支配」「英語帝国主義」といった表現によって批判されることが多い。津田幸男は「英語＝国際語イデオロギーに支えられた英語支配のコミュニケーションは非英語国民にさまざまな差別、不平等、抑圧病理をもたらしている」と述べ、（主に日本社会・日本人における）英語支配の現実として言語差別、文化侵略、英会話症候群があると指摘する[12]。他方で、英米の英語を基準に見れば変種ないし逸脱的存在とされてきた英語（例えば、シンガポールやフィリピンなどの英語）の個性を肯定し、それらの特徴を対象とする研究も活発化している。もっとも、これらの議論は、実は英語のグローバル化それ自体の是非を論じる「当為」の論に終始していることが多く、グローバル化した英語によって域内の社会構造や「国民」のありかたがいかに変容しているか、その変容をいかに評価するかという現実の分析が、今後の議論において重要になってくるであろう。

　翻って、韓国の英語教育政策やそれをめぐる議論はどうであろうか。現在のところ、欧米の言語としての英語という考え方が支配的であることは否めない。振り返ってみれば、韓国では従来、英語とは米国の言語だったのであり、それは、日本統治終結後まもなく始まった米軍政（1945-1948年）、朝鮮戦争、さらにその後の米国による対韓援助、38度線だけでなくソウル中心部にも存在する米軍の存在といった具合に、韓国社会において圧倒的だった米国の存在感に起因することでもあった。その上、EFL国において英語の政策的重視のメッセージが自国語の軽視と受け取られれば、国語に対する国民の信頼度が低下するのは自明であろう。韓国の場合、「国語」が言語政策的観点から十分に発展し、外国語教育重視の政策を導入したところで、国語に対する国民の信頼が揺るがな

いという状況であったかどうかについては疑問が残る。そのなかで今日、英語教育と英語熱が無限ループ化の様相を示し、そのことが経済的格差に結びついているという事態を見るにつけ、韓国人にとって、英語はだれのための言語なのかという問いは興味深い。韓国において英語は現在、公的に「国際的に広く使われている言語」と位置付けられていながら、実際には国内的・国民間競争のツールとなっている。韓国においては「世界化」の名のもとに英語がローカル化しているということである。

　しかし近年、この状況にも少しずつであるが変化の兆しがみられることを指摘しておきたい。韓国は従来、単一民族国家をなし、政策的にもその擬制にこだわると同時にそれを前提とするものであった。しかし、1990年代後半以降、韓国社会は国際化し、外国人労働者や在外コリアンを韓国社会に受容してきている。IMF危機を乗り切る際の構造調整は低賃金の外国人労働者の雇用を促進し、1992年に約4万人だった外国人労働者数は2005年には約40万人に増加した（非正規滞在労働者も同期間に約4万人から最大約28万人に増加）[13]。在外コリアンが韓国社会で活躍する機会も増え、先に見たように、海外留学も決してごく一部の富裕層のものというわけではなくなった。このこと自体が実に興味深い現象であるが、これは韓国人の英語観が「米国の言語」から、「国際共通語としての英語」（EIL）へと転換する契機を準備する可能性がある。

　このように考えると、国家観の変遷と社会の多元性の実現が、英語のグローバル化に対峙する韓国社会の展望を見るカギとなるだろう。「世界化」の枠組みで発展してきた英語教育が「先進化」できるかどうかもそこにかかっている。

注

1) 『国政新聞』1994年1月7日付【韓国】
2) 1993〜1994年の時期、韓国ではコメ市場開放が大きな焦点になっていた。コメの制限付き市場開放を公式表明した金泳三が国民向け談話を発表し（1993年12月9日）、そのなかで「コメを死守してGATTを脱退し、国際世界の孤児になるのか、GATT体制を受け入れ、世界化、国際化の道に出て行くか、の岐路に直面し、夜も眠れない苦悩が続いた」「結局はGATT体制の中での競争と協力を選ばざるをえなかった」と述べていたことは、

当時の韓国が置かれていた国際環境を示唆するようで興味深い。
3) 韓国の英語教育については、日本にも多くの先行研究がある。しかし、それらは教育課程や教科書の分析、教育現場の観察調査など「韓国の現状の日本への紹介」が中心となっており、韓国の英語教育を社会学的ないし政策学的視点から分析した研究はほとんど見当たらない。他方、韓国においては、英語の教授法に関する研究が主流であり、当該分野の主要学術誌に関連論文が掲載されることはあるが、英語教育の社会学分析や言語政策的観点からの把握はやはり一般的ではない。これに対して、本稿は韓国の英語教育改革の性格・特徴を、政策形成の経緯、社会意識、国際環境の面から分析し、英語のグローバルな性格が韓国社会にもたらす影響について論じるものである。
4) 『ハンギョレ』2007年6月11日付【韓国】
5) 米移民税関局（ICE）2006年12月基準の資料による。Student and Exchange Visitor Information System General Summary Quarterly Report For the quarter ending December 30, 2006 Final. http://www.ice.gov/doclib/sevis/pdf/quarterly_report_dec06v4.pdf 以下、本稿で利用したウェブサイトはいずれも2008年1月10日現在閲覧可能。
6) 詳細は、拙稿「韓国―初等英語教育政策の経緯と論点」河原俊昭編『小学生に英語を教えるとは？』めこん、2008所収、参照。一方で、韓国には「教育科学技術部」（日本の文部科学省に相当）という官庁があり、そこで具体的な教育政策を立案・実施している。ここでは主に学校教育政策の枠組みにおける英語教育が立案、実施されており、たとえば、日本の学習指導要領に相当する「教育課程」の開発、実施および評価などは教育人的資源部および同部が関係する各機関において行われている。また、現在では、教育科学技術部内に「英語教育革新チーム」が設置され、英語教育改革の方策が検討されている。
7) 日本の文部科学省の調査によると2005年4月現在、韓国の公立の初・中・高等学校に1,017人、そのうち初等学校には315人（全初等学校数5,541校）が配置されているという。また、ソウル特別市については、EPIKではなく独自の採用システムを行っている。2005年現在、公立初等学校559校中50校にNS教員を配置しており、2009年度までに市内のすべての小中学校にNS教員を配置したい考えである。文部科学省中央教育審議会教育課程部会外国語専門部会（第9回）配付資料「韓国における小学校英語教育の現状と課題（暫定版）」http://www.mext.go.jp/b_menu/shingi/chukyo/chukyo3/siryo/015/05120501/006.htm（以下、本稿で利用したウェブサイトはいずれも2008年1月10日現在閲覧可能。）筆者によるソウル市教育庁へのインタビュー調査（2008年2月実施）においては、ソウル市のNS教員はほぼ充足できており、今後は数よりも質の確保が課題になるとのことであった。なお、この調査については、本名信行・竹下裕子・樋口謙一郎・猿橋順子『国際比較でみる「『英語が使える日本人』の育成のための行動計画」の成果に関する調査研究報告書』文部科学省調査研究委嘱事業第767号、2008を参照。なお本稿の一部は、同報告書を引用・

抜粋である。このことについて御諒解くださった研究代表者の本名信行教授ならびに研究担当者の皆様に厚く御礼申し上げる。

8) 参考として、日本における類似の制度である外国語青年招致事業は（JETプログラム＝The Japan Exchange and Teaching Programme）は、主に「英語を母語とする大卒者」を日本に招聘するもので、割合は小さいが東南アジアや中南米の出身者も外国語指導助手（ALT）として活動している。

9) 参考として、韓国統計庁と教育人的資源部が先ごろ発表した私教育費の実態調査によると、韓国の2007年の私教育費は総額20兆400億ウォンに上り、政府予算の10分の1に迫る（調査は韓国の小中高校272校の保護者3万4,000人余りを対象として実施）。内訳は、初等学校が10兆2,000億ウォン、中学校が5兆6,000億ウォン、高校が4兆2,000億ウォン。児童・生徒の77.0％が私教育を受けており、平均時間は週当たり7.8時間だった。私教育を受ける割合を科目別に見ると、数学が58.6％、英語が55.6％、国語が39.3％の順に高かった。月平均の1人当たり私教育費は、私教育を受けていない児童・生徒まで含めた場合が22万2,000ウォン、私教育を受ける子どもだけでみると28万8,000ウォンとなった。地域別では、ソウルが1人当たり月平均28万4,000ウォンで最も高く、私教育費が最も低い地域の2.3倍に達した。『聯合ニュース』2008年2月22日配信【韓国】。

10) 本稿執筆時点（2008年11月）ではまだ明確な結論は出ていないが、教育科学技術部は2008年11月10日、「英語授業時間数拡大案公聴会」を開き、早ければ2010年にも初等学校の英語授業を3～6年生で一律週3時間にする（現在は、3～4年生が週1時間、5～6年生は週2時間）とすることを明らかにした。教育科学技術部から政策研究を依頼されたソウル教育大学校のイ・ワンギ教授は、現在の授業時間では英語教育が不十分だという現場の声が多いと紹介し、父母の71％、教員の55％が授業の拡大に賛成したとの調査の結果を公表した。この件を報道した聯合ニュースは「英語公教育を強化し地域間の英語私教育格差を解消する目的の政策だが、児童の学習負担を増やし、むしろ私教育を激化させることになるとの反論も少なくなく、波紋が広がりそうだ」と論評している。『聯合ニュース』2008年11月10日配信【韓国】。

11) 韓国の言語政策法制の歴史的展開については、拙稿「解放後の韓国における言語政策の展開」山本忠行・河原俊昭編『世界の言語政策第2集』くろしお出版、2007所収を参照されたい。

12) 津田幸男編著『英語支配への異論』第三書館、1993、p.15-27

13) 宣元錫「韓国の移住外国人と外国人政策の新展開」情報化・サービス化と外国人労働者に関する研究 Discussion Paper No.7. 一橋大学社会学部倉田良樹研究室、2007参照。http://www.y-kurata.com/dpkaken/dp07001.pdf

第7章

アメリカにおける国民統合の振り子
── 上院包括的移民制度改革法案を手がかりとして ──

はじめに

　ヒトのグローバルな移動は近年ますます顕著となり、多くの先進諸国では「国民ではない人びと」(non-nationals) が人口の一定数を占めるようになっている。その結果、特定のエスニック集団の局所集住による孤立的ゲットーや、産業棄民からなる「第四世界」を抱え込むようになった国も少なくない。そうした先進諸国では、程度の差こそあれ、「外国人犯罪」の蔓延による治安の悪化や、「異質な」人びとの流入による国民の分断あるいは断片化現象が議論されている。特に非公認移住者 (unauthorized migrants)、いわゆる「不法移民」は、その存在自体が国家主権の概念や「法の支配」原則と矛盾することもあり、「不法移民」を多く抱える先進諸国では、その処遇に頭を悩ませている。
　それらの先進諸国のなかでも、1,200 万人ともいわれる非公認移住者を抱えるアメリカ合衆国（以下アメリカと表記）では、事態はとりわけ深刻に受け止められている[1]。非公認移住者の大多数は、ラテン・アメリカ諸国の出身者と推察されており、特に目立つのが、北米自由貿易協定の発効以降、メキシコ合衆国（以下メキシコと表記）からやってきた人びとである[2]。ここ10年ほどに限っていえば、非公認移住者の年間入国数は、合法移民の数を上回るとも見られている[3]。
　こうした状況をうけて、ジョージ・W・ブッシュ・ジュニア (George W. Bush, Jr. 以下ブッシュと表記) 政権は発足以来、国境警備の人員を倍増したり、拘束した不法入国者の強制送還を積極的に実施したりすることで、国境管理能

力の回復に努めてきた[4]。同時にブッシュ政権は、「堅固で、整然としていて、公正な制度を実現する」新たな移民法を制定することで、「不法移民問題」の抜本的解決を目指したのであった[5]。ブッシュは、議会に繰り返しメッセージを送っては、具体的な改革案を提示すると同時に、与党共和党はもちろん野党民主党議員にも積極的に接触し、新移民法制定に向け尽力してきた。度重なる妥協と調整を経て、ブッシュ政権は上院において超党派的な協力を得ることにかろうじて成功し、第109議会につづいて[6]第110議会においても、「政権の意向を具体化する」移民制度改革法案、いわゆる「2007年包括的移民制度改革法案」(Comprehensive Immigration Reform Act of 2007. 以下2007年法案と略記) が提出された[7]。ところが、与党共和党議員を中心とする抵抗勢力によって、ブッシュ政権が欲した移民改革法案は2度とも頓挫したのであった。

　一部の共和党議員はなぜ、制度改革に否定的態度を示したのであろうか。法案の成立可能性を論じた『エコノミスト』(*The Economist*) 誌によると、法案をめぐり、共和党内には2つの主要な勢力が形成されていた。外国人労働者の受け入れ簡便化を求める「親企業派」(pro-business wing) は、法案がゲスト・ワーカー制導入に着手したこともあって、法案におおむね好意的であるのに対して、「共和党内のネイティヴィズム派」(The Republicans' nativist wing) は、「法案が推計1,200万人の不法外国人 (illegal aliens) に……市民権取得の道筋」を示していることに強く反発していた[8]。そこでブッシュは、「国境をより堅牢にするとの言質」を法案に反映させることで、「ネイティヴィズム派」の「懐柔」を試みているのだという。『エコノミスト』によるこうした事前分析を敷衍すれば、ブッシュの「懐柔」は失敗に終わったことになる。つまり、「不法入国」の回避・根絶という安全保障上の要請と、移民労働力の活用による産業発展という経済上の要請、この両者に目配りした2007年法案の成立を阻んだのは、「不法外国人」に対して、いわばなし崩し的に国民化の道を開くことへの「ネイティヴィズム派」の抵抗だったのである。では『エコノミスト』のいう「ネイティヴィズム派」とは、いったいどのような主義主張にたつ勢力なのであろうか。

　本来ネイティヴィズム (nativism) とは、19世紀中葉の「反移民的」(anti-immigrant) な政治運動や社会風潮を指し示す歴史的概念であるが、以降21世

紀にいたる現在まで、アメリカ社会を間歇的に傾向づけてきた。反復するネイティヴィズムの核心にあるのは、村田勝幸によれば、「非アメリカ（人）的なるもの」を措定し、それを「締め出す」ことによって、「アメリカ人としてのネイションを立ち上げ」ようとする企てである[9]。そうであるならば、「不法移民問題」の名のもとに現在問われているのは、「国民ではない人びと」による不法入国をいかに阻止するかということばかりでなく、「国民ではない人びと」のうち、どのような人を新規の「国民」として認め、誰を認めないかという、まさにアメリカの国民統合（national integration）のあり方そのものといえよう。換言すれば、「非アメリカ（人）的なるもの」の「締め出し」が、水際である国境とアメリカ国内、2つの局面において模索されており、国内における「締め出し」をめぐって、改革論議は「紛糾」したのである。しかし、アメリカに多数の非公認移住者が存在することは、四半世紀以上前から周知の事実であった。実際、「不法移民」によって提供される豊かで安価な労働力を、アメリカは必要とし、また大いに「活用」もしてきたのである。ここにきてなぜ、「不法移民問題」の解決が声高に叫ばれ、議論を左右する論点として「非アメリカ（人）的なるもの」の「締め出し」が浮上しているのであろうか[10]。

　この疑問への答えを探るうえで、アメリカの経済状況を考察する必要があることは論をまたないとしても、2007年法案が頓挫した経緯に鑑みれば、「不法移民問題」をめぐる昨今の議論を、国民統合の観点から読み解いてみることもまた必要であろう。この点に関連して、ネイティヴィズム研究の泰斗ジョン・ハイアム（John Higham）は、近年における移民制限論の勃興と、アメリカ社会の変化とを結びつけた、興味深い議論を展開している。のちに詳述するように、ハイアムによれば、アメリカが建国以来抱えている「難題」（dilemma）の1つは、「国民の一体性」（national unity）と「エスニック集団の多様性」（ethnic diversity）との対立をいかに回避するかという問題であった[11]。回避するにあたって、ある時には「一体性」が、またある時には「多様性」がより重視されるというように、「アメリカ文化の振り子」は揺れ動いてきたとハイアムは述べる。彼のみるところ、この「振り子」は、1990年前後を境に「多様性」から「一体性」へと方向を転じつつあり、そうした変化を示す1つの指標が、移民制

限論の台頭であるという[12]。ハイアムがここでいう「アメリカ文化」とは、アメリカ社会を構成する多様な住民間関係が特定の価値にもとづいて規定されるあり方を指している。別言すればそれは、アメリカ人という国民集団(ネーション)の捉えかた──ベネディクト・アンダーソン（Benedict Anderson）流にいえば「想像」のしかた──を制約するものであろう。とすれば、ハイアムの視角は、拙論の関心に重なりあうもののように思われる。そこで以下では、彼の口吻を真似て、《国民統合の振り子》という概念を用いることにしたい。さて、ハイアムによれば「アメリカ文化の振り子」は、20世紀末に方向転換を遂げた。はたして国民統合の振り子も、それと軌を一にしているのであろうか。

以上の観点にもとづき、本稿では、「不法移民問題」がどのような「問題」として論じられ、そのなかで「非アメリカ（人）的なるもの」がいかに論議されているのかに注目することによって、国民統合の振り子の現状について考察することにしたい。この作業は、グローバリゼーションが「国民」概念に与えた衝撃を理解する一助ともなるであろう。議論は以下のように進められる。まず1節において、「不法移民」をめぐるアメリカ国内の世論状況を概観し、移民制度改革論の社会的背景を描く。つづく2節では、ブッシュ政権下における移民制度改革論議の中心的舞台となった上院に焦点を絞り[13]、そこで審議された2007年法案の内容を分析し、法案推進派と「ネイティヴィズム派」との「争点」を明らかにする。ここまでの作業をとおして、「不法移民問題」を契機として現れた国民統合の「動揺」が析出されるであろう。そのうえで3節では、「動揺」を沈静化する具体策がまとまらない現状を、歴史的観点を踏まえて検討する。なお、以下の行論中、引用箇所における丸括弧は原文にある補足を、角括弧は筆者による補足を、意味する。

1.「不法移民問題」の所在

「不法移民問題」をどのように捉え、いかなる手段で解決をはかるのかをめぐっては、大きく分けて2つの世論が存在する。

1つめの立場は、非公認移住者がアメリカ社会や経済に「悪影響」を及ぼしているとして、入国管理の厳格化や移民の入国規制を政府に要求する立場であり、便宜上ここでは「移民制限論」と称する。「移民制限論」者による「悪影響」の描き方にはおもに3つのパターンが存在する。第1に、非公認移住者の存在が、連邦政府や州政府の財政的負担になっているとするものである。たとえば、民間団体「合法的移民制度を支援するアメリカ人」(Americans for Legal Immigration)は、「〔不法移民によって〕学校、病院、警察といった公共サービスが濫用されるかたわら、納税者は更なる負担と負債を背負わされている」と訴えている[14]。

第2のパターンは、非公認移住者の存在は、アメリカにおける「移民の伝統」からの逸脱であるとして、問題視するものである。たとえば、「不法移民」の雇用反対運動を展開する活動家は、活動理由についてこう説明している——「われわれは移民が来ることに反対しているのではない。……アメリカを訪れる人には合法的に来てもらいたいし、アメリカ社会に溶け込んで (melt into) もらいたいだけなのだ」[15]。つまり、入国審査などの法的手続きを経てはじめて移民としての地位が与えられるという「従来の」手順、そして、移住後はアメリカ社会に「溶け込」むよう努力するという「かつての」移民の姿勢、そうした「移民の伝統」を、非公認移住者は傷つけているというのである。

第3のパターンとして、非公認移住者の存在は、政府による国境管理政策の不備を示すものであり、国内の治安確保という点でゆゆしき問題だとする見方がある。この種の訴えには、社会秩序の観点から、ギャング団や麻薬密売組織の一員である「密入国者」による犯罪増加を危惧する声もあれば、安全保障の観点から、「不法移民」に身をやつしたテロリストが入国するかもしれない、あるいはすでに入国しているかもしれないという可能性を問題にするものもある[16]。

非公認移住者に「起因」する「悪影響」を論じる以上の3パターンは、「移民制限論」に、力点の違いこそあれ、ほぼもれなく取り入れられている3要素である。たとえば、保守派の論客パトリック・J・ブキャナン (Patrick J. Buchanan) は、「現代の移民は、かつて〔アメリカが〕受け入れた移民とはまったく異なる……〔それは〕集団的な法律違反であり、侵略の始まりである」

と述べ、アメリカの現状を「非常事態」と表現する[17]。彼によれば、アメリカが「緊急になすべきこと」は、まずは「国境〔管理能力〕の回復」と「移民受け入れの一時停止」を実現することであり、さらには「不法移民」の子弟に対する出生地主義適用の見直しや、「不法移民」の帰国事業なども勘案する必要があるという[18]。

他方、移民労働力を活用するためのシステムを「改善」あるいは「新設」することによって、現在の「不法移民問題」は解決可能とする立場が存在する。こちらは「移民活用論」と称することができよう。この議論の出発点はもっぱら、アメリカ経済が移民労働者を必要としているという「現実」に見いだされる。たとえばマンハッタン研究所研究員タマー・ジャコビー（Tamar Jacoby）は、アメリカ国内の労働需要を「アメリカ生まれ」（native-born）の市民だけで満たすことは難しいと指摘したうえで、次のように述べる——「アメリカにとって幸運なことに、国境の南側〔メキシコ〕での経済的変化によって、〔アメリカは〕拡大する〔労働力〕需要を……満たしうるだけの不熟練労働の供給を自由に活用できる状態にある」[19]。こうした現状分析からジャコビーが導き出した結論とは、「需要と供給の原則に反する……現政策を改め……この現実に応じて、そしてそれを最大限活用する」よう、移民制度を「改革」することであった[20]。つまり、労働力の需要と供給のバランスをはかるという「合理的な」判断にのっとり、移民の受け入れを積極的に推進するべきだというのである。

移民労働者の側からも、アメリカ社会の「現実」をてこに、「不法移民問題」の解決を政府に迫る動きがおこっている。「〔不法〕移民がいないといかに困るか」を端的に示威する手段として、近年では、非公認移住者あるいはかつて非公認移住者であった人びとによる職場放棄や不買運動が全米各地で展開されている[21]。彼らはこうした活動を通じて、「反移民的な法律を廃棄すること、〔不法滞在者摘発のための〕移民居住区への強制捜査を停止すること、……メキシコとの国境を非武装化すること」などを政府に求めている[22]。

アメリカの理念に照らして、「不法移民問題」解決の必要性を訴える議論もある。アメリカは移民労働力を「必要」としているにもかかわらず、その「必要」を非公認移住者によってまかなっている現状は、アメリカの理念にそぐわない

というのである。先に引用したジャコビーは、この観点からも、早急な法制度改革を訴えている ──「〔現状を放置すれば〕二流労働者という永続的なカースト階級を作り出すことになる。……誇り高き民主主義国家アメリカにおいて、この状況はもちろん正答（the answer）ではない」[23]。

　以上の考察によって明らかなように、「不法移民問題」へのアプローチが「移民制限」と「移民活用」の２つに分かれているのは、非公認移住者がアメリカに与える「悪影響」についての見方、換言すれば、「不法移民問題」の所在をどこに見いだすかについての見解が異なっているからといえよう。一方は、不法に入国し滞在する外国人が、国民の経済的「負担」、伝統からの「逸脱」、社会の「治安悪化」といった負の状況を引き起こしているという認識にたつ。だからこそ、入国管理の徹底や、入国基準の厳格化によって、「非アメリカ人」が「われわれ」アメリカ国民に与えている「悪影響」を除去するよう政府に要求するのである。他方、外国人を不法な労働者にしているというアメリカの環境が、不公正の「見過ごし」という「悪影響」を生んでいるとの認識がある。この認識からすれば、「移民の流入をより効果的に処理するための方策」を探すことや[24]、既存の「不法移民」に滞在資格を与えることによって、外国人労働者を「非アメリカ人」のまま放置しない体制を整えることが、政府の取るべき道ということになる。

　とはいえ、こうした提言内容の相違にもかかわらず、「移民制限論」と「移民活用論」が同じ前提にたっている点は看過すべきではないだろう。両者が共有する前提とは、端的にいえば、合法移民はいずれアメリカ人という国民集団の成員となる人びとであるが[25]、「不法移民」は「不法移民」であるかぎり、アメリカで暮らしていようとも、国民集団を構成しえない「非アメリカ人」であるという、自明の事柄である。この自明の前提から、「移民制限論」者は、将来の国民候補者である合法移民には歓迎の姿勢を示すと同時に、「非アメリカ人」の入国・滞在を拒絶し、一方「移民活用論」者は、合法的滞在資格の付与によって「不法移民」を国民集団の成員候補者へと転身させようとするのである。約言すれば、「不法移民」をめぐる「問題」の根底にあるのは、アメリカ人という国民集団の凝集性をいかにして確保するかという「問題」であるということ

になるだろう。では、凝集性の確保について、包括的移民制度改革に取り組んだ上院では、どのような議論が展開されたのであろうか。

2. 包括的移民制度改革法案をめぐる攻防の「争点」

2007年5月から6月にかけて、上院本会議では、ブッシュ政権の意向を強く反映した2007年法案が審議された[26]。同法案は、ブッシュ政権と上院超党派議員団とのあいだで調整が重ねられた結果、700頁を超える大部の法案となった。その骨子は以下の6項目に概括される[27]。

① 国境警備人員と監視設備の更なる拡充
② 適性雇用確認システム（Employment Eligibility Verification System）の導入
③ 一時的労働者計画（Temporary Worker Program）の導入
④ 非公認移住者を対象とするZビザ（Z visa）の交付
⑤ 移民教育の充実
⑥ 移民ビザ発給におけるメリットシステムへの移行

このうち「①国境警備の拡充」に関しては、部分的には、「2006年セキュア・フェンス法」（Secure Fence Act of 2006）としてすでに実施されている。ただしブッシュの説明によれば、「セキュア・フェンス法は移民制度改革のごく一部」をなすに過ぎなかった[28]。国境の安全確保とともに、移民制度改革を遂行するうえでの「ひきがね」（trigger）と位置づけられたのが「②適性雇用確認システム」の導入である[29]。国境警備のいっそうの強化によって非公認移住者の新たな流入を断ち、さらに「適性雇用確認システム」によって非公認移住者による就労が不可能な環境を創出することで、ようやく「国内における移民法の施行」、つまり移民制度を国内問題として論議しうる体制が整うのだという[30]。

以上の2項目が双方とも実施されてはじめて、改革は「一時的労働者計画とZビザの交付」へと進められることになる。「③一時的労働者計画」とは、国内では労働力確保が難しい分野に限って、外国人労働者を短期雇用し、「アメリカの経済的需要を満たす」ための計画である[31]。文字どおり「一時的」な滞米で

あることを確実にするために、本計画の対象となるのは「外国に居住地をもち、居住地を〔永続的には〕離れる意志を持たない」外国人労働者に限られており、期限付きの滞在許可には更新回数に上限が設けられている[32]。

「一時的労働者計画」の対象となる外国人労働者が「非市民」（non-citizen）として処遇されるのに対して、「④Zビザの交付」は、アメリカ国内ですでに生活の基盤を築いている非公認移住者に、合法的滞在資格を付与するための政策である。ただしその方法は、かつて「1986年移民改革管理法」（Immigration Reform and Control Act of 1986）が非公認移住者に対してほぼ無条件に「大赦」（amnesty）を与えたやり方とは大きく異なっている。2007年法案は、合法的滞在資格の取得を目指す非公認移住者に対して、自らが犯した不法入国・滞在・就労といった「罪」を「罰金」（penalty）を支払って清算した場合にのみ、「Z資格」（Z status）を付与するのである[33]。期限付きの「Z資格」保有者が永住権取得を目指す場合は、一般の永住権申請者からなる「長蛇の列の最後尾に並んで順番を待」つことが必要となる[34]。

遡及的に遵法精神を発揮することに加えて、非公認移住者に要求されるのが、英語の習得であり、それを促進・支援する複数の計画を、ここでは「⑤移民教育の充実」と概括する。2007年法案は、「合衆国の共通語（the common language）〔として〕……英語が果たす役割」を政策的に強化する方針を打ち出した[35]。「Z資格」更新の要件に、英語講習への参加が組み込まれているのもその一環であり、ほかにも、インターネットを利用した無償の「英語教育プログラム」が提案されている。法案は、「将来の国民」（prospective citizens）である移民を「アメリカ社会に効果的に統合する」には、英語教育を含めたあらゆる統合促進政策を推進する必要があるとしており、そのために、国土安全省が管轄する「移民帰化局」（United States Citizenship and Immigration Services）の権限を拡充し、「移民統合局」（Office of Citizenship and Integration）へと改編することを求めている[36]。

「⑥メリットシステムへの移行」は、「家族再統合」原則を軸とする現行制度のあり方を見直すものである[37]。移民ビザは現在、アメリカ市民や永住外国人の近親親族に対して優先的に発給されているため、結果的に、ラテン・アメリ

カ系の帰化市民や永住権者、もしくはその子弟によって呼び寄せられた近親親族の占める割合が、移民全体からみてきわめて高くなっている[38]。2007年法案は、この「連鎖移住」を抑制し、当該外国人のもつ「技術と特質」に基づいて移民ビザの発給可否を決定する「メリットシステム」へ移行することによって、国際的労働市場におけるアメリカの「競争力向上」を試みている[39]。

　以上概略される2007年法案は、内容が「包括的」であるがゆえに、多様な立場から、多岐にわたる批判が表明されたが、大半の項目に関しては、何らかの調整可能性を残した「見解の相違」であったといってよい。たとえば「①国境警備の拡充」と「②適性雇用確認システム」については、その必要性自体を疑問視する声はほとんどなく、「③一時的労働者計画」については、開始の時期や条件、あるいは形態に関する異論は多く表明されたものの[40]、外国人短期労働者の活用そのものは当然視されていることもあって、計画の趣旨を真っ向から否定する議員はわずかであった[41]。「⑥メリットシステムへの移行」も、移行のスピードや程度をめぐる見解の相違はみられたが[42]、「国益に資するか否か」を移民選択の基軸とすることについては、意見はほぼ一致していた[43]。

　意見の相違が顕著だったのは、審議を牽引した民主党議員エドワード・M・ケネディ（Edward M. Kennedy）が「移民問題の核心にあるのは、国民とは誰か、アメリカ人とは誰かという問いかけである」と述べたように[44]、国民集団（ネーション）のメンバーシップに深く関連する項目に関してであった。まず統合促進政策の核と位置づけられた「⑤移民教育の充実」についていえば、英語を移民法制においてどのように位置づけるかが争われた。これは、先の109議会から続く対立であった。109議会では、共和党のジェームズ・インフォフ（James Inhofe）が、英語を「合衆国の国語（national language）」として法文化することを提案したのに対して、民主党のケン・サラザール（Ken Salazar）は、「合衆国の共通統一語（common and unifying language）」とする対案を提出し、激論となった[45]。サラザールは、英語を国語化すれば、英語以外を第一言語とする人びとを差別することになり、国内に「分裂」を生みだす危険があると主張し[46]、一方インフォフ案を支持する共和党議員ラマー・アレグザンダー（Lamar Alexander）は、「この移民の地を文字どおり1つの国とするためには……国語が必要」と反論し

た[47]。そこで110議会では、サラザールの表現によれば「慎重に練りあげた妥協案」として、「合衆国の共通語(コモン・ランゲージ)」という表現が提起されたが[48]、これでも「国語」の制定に固執する勢力との折り合いはつかなかった。

　もっともここでの論争は、英語を法的にどう表現するかをめぐるものであって、英語に法的地位を与えることそれ自体を疑問視するものではなかった[49]。その意味において、双方は問題意識を共有していたといってよい。つまり、移民労働者の英語能力向上をめざす学習プログラムが、根源的には「新来者のアメリカ社会への同化」を目的とするものであり、「同化」過程の出発点は英語能力の習得にあるという点である。サラザールが「移民はアメリカ社会への同化を望んでいる、なぜなら、英語がチャンスをつかむためのかなめ（keystone）であることを重々承知しているからだ」と語り[50]、インフォフが「新たにやってきた移民には、アメリカ生活の主流へと参入する責任がある。その意味するところとは、英語を学ぶこと、わが国の民主的な統治制度について学ぶことである」と述べた元大統領ビル・クリントン（Bill Clinton）の言葉を引用し賞賛するとき[51]、双方とも英語能力の向上と「同化」の進展とを同一視していることは、明白であった。

　意見の隔たりがもっとも大きかったのは「④ Zビザの交付」であった。冒頭で引用した『エコノミスト』にしたがえば、このZビザ批判勢力こそ、法案のゆくえを左右した「共和党内のネイティヴィズム派」ということになる[52]。彼ら「ネイティヴィスト」からすれば、たとえビザの申請に「罰金」がともなおうとも、「不法移民」に合法的滞在資格を付与することは「大赦」にほかならず、それは「1986年移民改革管理法」というロナルド・レーガン（Ronald Reagan）政権の「過ち」を繰り返すことを意味していた。たとえば共和党のジム・バニング（Jim Bunning）は、Zビザを「法を犯した移民をVIP待遇でグリーンカードや市民権の取得へといざなうもの」と激しく批判し[53]、同じく共和党のジム・デミント（Jim DeMint）は、この「大赦法案」についてこう述べた──「周知のとおり、世界には、合法的に渡米して働き、この国の一員となり、われわれアメリカ人と価値を共有しようと、何年間も〔ビザ発給を〕待っている人が大勢いる。一方、こっそりとアメリカに忍び込み、そのまま居

座っている者が何千万人といることもまた、よく知られた事実だ。いま審議されている法案は、アメリカに不法にやってきた者に褒美を与え、他方、制度を合法的に利用しようと何年間も待っている人びとに、不利益を与えようとするものである」[54]。

では既存の非公認移住者をどう処遇するのか。デミントとともに「責任ある移民法改革」を訴える共和党のジェフ・セッションズ（Jeff Sessions）によれば、「不法移民」が「出身国に一度帰国し、〔アメリカへ再入国する〕合法的権利を取得する」のでないかぎり、滞在資格は与えてはならなかった[55]。彼らのこうした主張は、「大赦」という「過ち」を犯したレーガン政権期の司法長官エドウィン・ミーズ・ザ・サード（Edwin Meese III 以下ミーズと表記）の「反省」に同調するものであった[56]。「大赦は正答ではない」とミーズは断言する──「1986年移民改革管理法には〔大赦の〕条件──犯罪歴調査、申請手数料の支払い、英語能力の獲得、公民科目の履修、兵役登録など──が付加されていたし、諸条件は厳正に履行された。にもかかわらず、同法は不法移民の流入を抑制できなかったのである」[57]。この経験を踏まえれば、非公認移住者は「本国送還」（repatriation）するよりほかないというのがミーズの「正答」であった──「公正で合理的な唯一の方策とは……非合法的に滞在している者は出身国に帰国させ、その後、他の入国希望者と同様に、アメリカへの合法的入国を申請させることである。……〔それ以外の方策は〕良き移民法の原則を満たしえないであろうし、将来的な違反行為の誘因となってしまうだろう」[58]。

以上が、2007年法案の概要と、法案への批判であった。法案の目玉である「Ｚビザ」は、既存の「不法移民」に新たな滞在資格を与えて合法化し、もって「不法移民問題」解決の一策とすることを企図していた。しかしＺビザ批判者から見れば、それは「大赦」にほかならず、「不法移民問題」をかえって悪化させる可能性が高かった。既存の非公認移住者は、いったんアメリカ国外に物理的に退去させること、それ以外に「不法移民問題」の解決に資する方策はない。その意味において、Ｚビザ批判者は確かに「ネイティヴィスト」であった。

では、「ネイティヴィスト」以外にとって、「非アメリカ（人）的なるもの」は問題ではなかったのか。むろんそうではない。Ｚビザにしても、申請者には、

罰金や滞納税の納付、高度の英語能力、公民やアメリカ史に関する知識などをとおして、「アメリカ（人）的」たろうとする意志と、「アメリカ（人）的」たる資質を実証することが求められている。裏を返せばそれは、非公認移住者が身にまとう「非アメリカ（人）的」な要素を、部分的にであれ放棄あるいは隠蔽することを要求しているのである。2007年法案のもう1つの目玉である「一時的労働者計画」にしても、極言すれば、その目的は、「われわれ」アメリカ人が必要とする労働力を、外国人労働者という「客」によって確保することである。つまり外国人労働者は、アメリカ人という国民集団(ネーション)に属さない「よそ者」である限りにおいて、歓待が約束されるのである[59]。「移民教育の充実」に関していえば、英語以外の言語、すなわち「非アメリカ的」言語の排除を意図するものではむろんない。しかし2007年法案が、「非アメリカ人」である移民を「アメリカ人」として「統合する」不可欠の過程として、英語能力の習得を措定していることからして、「非アメリカ的」言語が、少なくとも国民の統合という観点からすれば、不要なものと位置づけられていることは明白である。そうであるとすれば、「不法移民」の物理的退去を主張する「ネイティヴィスト」だけが、独り、「非アメリカ（人）的なるもの」の「締め出し」をはかったのではないということになろう。1節で述べたように、「不法移民問題」が、アメリカ人という国民集団(ネーション)の凝集性をいかにして確保するかという「問題」であるとすれば、上院で展開された2007年法案をめぐる攻防から浮かび上がってくるのは、「非アメリカ（人）的なるもの」を解消することが「問題」解決に繋がるということへの広範な合意であった。次節では、こうした思潮が何を意味しているのかについて考えてみたい。

3. 一体性と多様性

　冒頭で言及したように、ハイアムによれば、アメリカの抱える「一と多」の対立のなかでも、「国民の一体性」と「エスニック集団の多様性」との対立は、特に深刻かつ重大な「難題」であった[60]。対立を回避するため、これまではも

っぱら2つの「戦略」、すなわち「同化戦略」（strategy of integration）もしくは「多元主義戦略」（strategy of pluralism）が採用されてきた[61]。両戦略を分かつ根源的な相違とは、エスニック集団の「境界線」についての認識である。同化戦略においては、エスニック集団の境界線は早晩消滅すると想定されており、個人が社会の基本単位として位置づけられる。そこから、これらの「孤立し可動的な諸個人」を、いかにして「公定の信条」（official creed）に帰依させるかという課題が浮上することになる[62]。他方、多元主義戦略においては、エスニック集団の境界線は持続するものと考えられており、エスニック集団こそがアメリカ社会の基体とみなされる。その結果、同化戦略においては「〔国民の〕団結を促すイデオロギー」が、多元主義戦略においては「〔エスニック〕集団固有の記憶」が強調されるのである。

　ハイアムの分析によれば、エスニック集団にまつわる「難題」をどう回避するかについての考え方は、歴史的にみると、同化戦略と多元主義戦略とのあいだを揺れ動いており、1990年代以降、形勢は多元主義戦略から同化戦略へと逆転しつつある。この「揺り戻し」は、「大多数のアメリカ人が……〔異質なものを〕進んで許容しようとした」多元主義戦略の時代に生じた「エスニック関係の劇的変化」に対する反動であった[63]。ハイアムによれば、差異を強調し、差異が政治的社会的に承認されることを追求した多元主義戦略は、実は、「生活上の紛争や対立の根底には、自然の調和が存在している」という「楽天観」（optimism）に彩られた戦略であった[64]。「包括的な一体性（an inclusive unity）……は、明示的ではないにせよ何らかの意味で、すでに存在しているものと無条件に信じ」られていたのである[65]。しかし、1960年代以降、差異の尊重を自明視する社会風潮が強まるのにともなって、多元主義戦略が暗に依拠する「潜在的調和」に疑念を抱かせる状況が生じた。たとえば、一方で「エスニック集団の指導者たちは……集団に属する一般の人びとの多くが喜々として通り抜けようとした境界を逆に強化し」、他方、根強く残る人種差別主義は「白人多数派と非白人少数者集団陣営とのあいだの気がかりな分断線」を先鋭化させた[66]。さらに、「非白人少数者集団陣営」内においても、エスニック集団ごとに異なる「地位と将来の見通し」が、陣営内に複数の亀裂を生じさせた[67]。こうした状況に

直面して、1990年代にはいると「集団間の差異がこれ以上固定強化されることに対する全面的な社会的抵抗」が開始され、「国民の一体性」が追い求められるようになったというのである[68]。

以上のハイアムの指摘を踏まえて、1・2節でみた「不法移民問題」をめぐる議論を改めて考察してみよう。

「移民制限論」を唱えるブキャナンによれば、アメリカ人が「理念によって結びついた……信条を同じくする国民（a creedal nation）」であるという概念は明らかに「誤っている」──「アメリカ国民に同化する能力という点では、どんな国籍、信仰、文化〔をもった人物〕でもまったく同じというわけではない。〔同化能力が〕同等というのは、イデオロギー上の話であって、経験にもとづく判断ではない」[69]。したがって「われわれアメリカ人と結びつきうる人びとか否か……を識別し選好する」ことは当然であると、ブキャナンは訴えるのである[70]。他方「移民活用論」を唱えるジャコビーによれば、「今日の新来者は、アメリカ人になることができないし、また、なろうともしないのではないかという〔受け入れ側の〕不安（fears）」こそが、非公認移住者をして「同化にとっての本質である、〔出身地からアメリカへの〕感情の切り替え」をせしめることを困難にしているのだという[71]。

では、「国民の一体性」に関して、2007年法案の推進者はどう語っていたのか。政府の改革方針を説明した国土安全省長官マイケル・チャートフ（Michael Chertoff）はこう述べている。

> 究極的には同化──アメリカ文化の一部とすること──が、移民政策の決定的要素である。世界には、巨大な移民集団を、社会という布地に織り込むことができないまま抱えこんでいる地域もあ〔る〕……しかしわが国は幸い、法的な強制力を必ずしもともなわずとも、人びとの同化を促進する制度を伝統的に作り上げきた。具体的に何を為すにせよ、この制度は確保せねばならない。

つまり、既存の「同化」システムを存続させることが、政府の責務だというのである。他方、「ネイティヴィスト」アレグザンダーは、「不法移民」合法化

の要件として、出身国への一時帰国に加えて、英語や歴史試験への合格を求める自説について、次のように説明している。

> フランスやドイツは今日、移民を国民化するのにかなり苦労をしている。なぜならいずれの国も、たとえば日本がそうであるように、日本人として生まれた者以外の人間が日本人になることについて、何の思想も持っていないからだ。それに比べて、アメリカ人になるという概念を発明したわれわれは、何と幸運なことか。……英語を習得し、アメリカ史を学び、アメリカの理念に同意する、そうすればアメリカ人なのだ。……われわれは素晴らしい強み（advantage）をもっているのだから、移民が英語を習得し、アメリカ人であるとはどういうことかを知る手助けをすることの重要性を忘れてはならない[73]。

このようにみてくると、いずれの主張もその根底にあるのは、「同化」を根幹とする国民統合観といえよう。「不法移民問題」解決の手段についての主張は区々であっても、最終目標は共通して移民労働者の「同化」にあるとすれば、国民のあいだの「多様性」を促進することよりも、「一体性」を確立することに、より強い興味が注がれていることの証左となるだろう。換言すれば、《すべてのアメリカ国民が「アメリカ（人）的なるもの」を共有している》という――同語反復的な――確信を得ることに、高い関心が集まっているということである。実際2007年法案は、2節で見たように、アメリカという国家が孕む「非アメリカ（人）的なるもの」を解消する諸策によって、「不法移民問題」の解決を企図していた。つまり同法案は、「国民の一体性」を高めようとする、同化戦略の1つとみなすこともできるのである。アメリカにおける国民統合の振り子は、現在確かに、「一体性」の側に振れているといえそうである。

では、2007年法案の成立が「共和党内のネイティヴィズム派」によって阻止されたことは、何を表すのであろうか。注目すべきは、先述したチャートフの発言――「わが国は幸い、法的な強制力を必ずしもともなわずとも、人びとの同化を促進する制度を伝統的に作り上げてきた」――である。アメリカ社会には、あえて法制化せずとも、移民を「同化」する仕組みが備わっている

という彼の発言には、アメリカの同化吸収能力に対する、ある種の「楽天観」が垣間見える。

　一方「ネイティヴィズム派」は、この点をどのようにみているのか。アレグザンダーの言葉は示唆的である——「わが国が受け入れる移民数を制限するうえで、最も優れた実践的基準とは、われわれの能力、すなわち、移民をアメリカの文化に同化させ、アメリカ人にすることができる能力に応じて上限を定めることだ」[74]。つまり、移民自身の同化能力だけではなく、彼らを受け入れるアメリカの吸収能力も同時に考慮しなければならないというのである。受容力への配慮という点でいえば、セッションズも、「アメリカが受け入れられるよりも多くの人びとが、ここでの生活を希望している」と現状を分析し、だからこそ「アメリカで働いて稼ぐことは望んでも、アメリカ国民になることは欲していない……人間と、アメリカでの永住権や市民権を実際に申請し〔交付を待っ〕ている人間」とは峻別しなければならないと訴える[75]。両者の見解を約言すれば、アメリカ人になる意志と能力を備えた移民を、アメリカ人にしてしまうことができる数だけ、厳正に選び出さねばならないということである[76]。こうした「慎重さ」は、裏を返せば、「ネイティヴィズム派」がアメリカ社会のもつ吸収能力に対して自信を弱めていることの表れであろう。とすれば、移民をアメリカ社会に吸収し「溶け込」ませる能力への不安こそが、移民制度改革の具体的進展を阻んだといえるのではないだろうか。

　こうした視点から、移民制度改革が難航する現状を考えるうえで、テッサ・モーリス＝スズキ（Tessa Morris-Suzuki）による現代日本分析は暗示的である[77]。モーリス＝スズキによれば、「国境を越えた人々の移動が社会生活の不可欠の要素となりつつある世界の流れ」は、「長いあいだ制限的色彩の強い入国管理政策を実施してきた日本」にも、「他の国々と同様、日本国民ではない長期在留者の存在を認めなければならない状況」をもたらした。この新状況に対応するため、日本では「多様性がもてはやされはしても、それはあくまで厳格な条件にかなう場合のみに限るという、ナショナル・アイデンティティの１つのあり方」が模索されているという。つまり、既存の利害関係や制度に抜本的変革を惹起しないという「厳格な条件」のもとで、「多様性」を選好し承認するようになってきたとい

うのである。むろん、モーリス=スズキの第一義的関心は、現代日本の変化にある。しかし彼女が「グローバリゼーションの時代において、日本は（他の国々と同様）公式の国籍と市民権との関係という根本的な問題に緊急に対処する必要がある」（傍点筆者）と述べていることからして、モーリス=スズキの分析をアメリカの現状理解に援用することは、不可能ではないだろう。

では、モーリス=スズキの指摘を踏まえると、ブッシュ政権の移民制度改革案、およびその「具体化」である2007年法案はどのように読み解きうるのか。ブッシュは、「不法移民問題」の解決にとって「長期的にみて最善の道」は、西半球諸国が発展し、ラテン・アメリカからの人の流れが減少することであろうとしながらも、「移民による勤勉な労働、そして彼らの誠実さや起業精神があってこそ、アメリカはさらに堅強ですばらしい国となる」と語り、アメリカが移民国家であり続けることの意義を強調している[78]。アメリカ人という国民集団(ネーション)のエスニックな多様性は、今後も担保されるべきだというのだ。ただしそのために、アメリカ人になることを希望する人にはクリアしなければならない厳しい基準があり、その基準を明示しようとしたのが2007年法案であった。そうであるとすれば、2007年法案は、外国人労働者が不可避的にアメリカにもたらすエスニックな「多様性」を「厳格な条件」のもとにおこうとする企てともみなしうるのである。

しかし「ネイティヴィズム派」の目から見れば、2007年法案で示された「条件」はまだまだ「手緩い」ものであった。彼ら「ネイティヴィスト」には、ジャコビーのように「移民は本性的に同化傾向をもつもの」と期待することも、チャートフのように「アメリカ社会は伝統的に同化システムを備えている」と楽観視することもできなかった。国民集団(ネーション)の一体性は、同化政策をより自覚的に追求する一方で、「非アメリカ（人）的なるもの」の「締め出し」を実質的に遂行しない限り、擁護しえないものだったのである。その意味において、「ネイティヴィズム派」が「不法移民問題」をめぐる議論において突きつけたのは、今のアメリカに、「多様性」を「厳格な条件」にしたがわせ、多民族(マルチエスニック)・多文化的な状況を統御することがはたしてできるのか、という疑念であったといえよう。そして、彼らの懐疑や不安を杞憂として一蹴することも、払拭することも

第7章　アメリカにおける国民統合の振り子 —— 上院包括的移民制度改革法案を手がかりとして ——　　*161*

できないがために、現行移民制度の機能不全を誰もが認識しているにもかかわらず、議論は「紛糾」するばかりで具体的「改正」は遅々として進まないのではないだろうか。

おわりに

　以上、「不法移民」をめぐる世論の「対立」と、「不法移民問題」解決に向けて上院で展開された政治的議論とを手がかりに、現在のアメリカにおいて支配的な国民統合観について考察してきた。2007年法案の廃案後、ブッシュ政権は、将来的な新法制定をにらみつつ、現行法内での移民制度改革を模索してきたが[79]、具体的な成果はほとんどあがらなかった。その1つの要因として、「共和党内のネイティヴィズム派」が結束を強めていることがあげられる[80]。「ネイティヴィズムの再燃」とも表現されるこうした現状をみても、アメリカにおける国民統合の振り子が「国民の一体性」の側へと振れており、多元主義戦略よりも同化戦略への要請が高まっていることは確かなようである。換言すれば、アメリカは「非アメリカ（人）的なるもの」を無毒化し体制化する力を弱めているのではないかという不安が、じわじわと広まっているのかもしれない。
　そのことそれ自体をどう評価するかは、本稿の目的とするところではないが、1点だけ問題提起をして稿を終えることにする。前述のように、モーリス＝スズキは、グローバル化する現代において、多くの先進諸国が「公式の国籍と市民権の関係という根本的な問題」に直面していると指摘したうえで、日本においても「多くの国籍やアイデンティティを有する人びとが経済的・社会的な保障を得られ、新しい日本の形成に参加できる社会のための基礎を作り上げる必要がある」と訴えている[81]。つまり、「受容可能と受容不能な『異質性』の間に、目に見えない境界線」を引くのではなく[82]、生活空間を共有する人びとが、多層的・複合的なアイデンティティを実践しうるような、グローバル化時代にふさわしい、新たな共同体を創出すべきだというのである。これが傾聴に値する提言であるのはいうまでもない。ただし次のような疑問、すなわち、さまざ

まな国籍と多様なアイデンティティをもつ人びととの関心が、同じ領域内で生活しているというだけで、ある特定の共同体の形成へと集約することを、われわれは期待しうるのかという疑問は残る。多元主義戦略の陥った陥穽を踏まえれば、「包括的な一体性」という前提を頼みにすることはできない。かといって、「異質性」を安易に消化しようとする同化戦略では、アイデンティティの多層性・複合性を担保できないであろう。とすれば、われわれは改めて、他者とともに暮らすうえで必要な「一体性」とは何か、どのようにしてそれを獲得し、維持するのかについて、考えてみる必要があるのだろう。

注

インターネット情報の最終確認日は 2009 年 1 月 1 日である。

1) 正規の滞在資格をもたない移民労働者を指す英語表現は複数あり、それぞれ語り手の「不法移民問題」への姿勢が反映されている。本稿では、引用中は訳し分けて原語は丸括弧内に記し、それ以外では下記論文にならい「非公認移住者」と表現する。その定義は、アメリカに居住しているが、市民権も永住権も取得しておらず、またアメリカ国内で居住・労働するための正式な許可ももたない外国人を意味する。cf., Jeffrey S. Passel, "The Size and Characteristics of the Unauthorized Migrant Population in the U.S.: Estimates Based on the March 2005 Current Population Survey," (March 07, 2006), pp.2-6.
http://pewhispanic.org/files/reports/61.pdf.

2) Michael Hoefer, Nancy Rytina and Brayan C. Baker, "Estimates of the Unauthorized Immigrant Population Residing in the United State: January 2007," *Population Estimate* (September, 2008).
http://www.dhs.gov/xlibrary/assets/statistics/publications/ois_ill_pe_2007.pdf

3) Jeffrey S. Passel, "Unauthorized Migrants: Numbers and Characteristics: Background Briefing Prepared for Task Force on Immigration and America's Future," (June 14, 2005), p.6.
http://pewhispanic.org/files/reports/46.pdf; U.S. Census Bureau, *Statistical Abstract of the United States: 2007: Population*. http://www.census.gov/prod/2006pubs/07statab/pop.pdf.

4) "President Bush Signs Secure Fence Act," (October 26, 2006).
http://www.whitehouse.gov/news/releases/2006/10/20061026.html.

5) "Comprehensive Immigration Reform," (May 15, 2006).
http://www.whitehouse.gov/news/releases/2006/05/20060515-7.html.

6) 109 議会での概況は、井樋三枝子「包括的移民制度改革法案の審議 ──『非合法移民』をどうするか」『外国の立法』229（2006 年 8 月）を参照。

7) Robert Pear and Jim Rutenberg, "Senators in Bipartisan Deal on Immigration Bill," *The New York Times* (May 18, 2007); Julie Hirschfeld Davis, "Gang of 12' Senators Works to Decide Fate of Immigration Deal," *Associated Press* (May 24, 2007). 2007年法案をめぐる主要議員の立場は次頁図のように概括できる。上院でなされた政治的主張の異同によって筆者が分類した。
8) *The Economist* (June 16, 2007), p.37.
9) 村田勝幸「引き直された境界線――チカノ運動、セサール・チャベス、非合法移民」油井大三郎・遠藤泰生編『浸透するアメリカ、拒まれるアメリカ――世界史の中のアメリカニゼーション』東京大学出版会、2003、pp.108-109.
10) 109議会では、下院において移民改革法案が否決されたが、『エコノミスト』は、これも「露骨なネイティヴィズムの激発」と分析している。*The Economist* (February 24, 2007), p.34.
11) John Higham, *Send These to Me: Jews and Other Immigrants in Urban America* (New York :Atheneum, 1975), p.231. 斎藤眞・阿部齊・古矢旬訳『自由の女神のもとへ――移民とエスニシティ』平凡社、1994、p.232.訳出にあたっては翻訳を参考にしつつ、適宜、訳を改めた。
12) ハイアム『自由の女神のもとへ』「日本語版への覚え書き」pp.14-16.
13) ブッシュ政権が全面的な後援体制を敷いたこともあり、2007年法案は、同時期に下院において議論された移民関連法案 H.R.1645 "To Provide for Comprehensive Immigration Reform and for Other Purposes" に比べて、メディアや世論の注目度も高かった。cf., "Immigration bill quashed," *The Washington Times* (June 29, 2007).
14) William Gheen, "Help Stop Illegal Immigration!: Join Americans for Legal Immigration Today!," (October 8, 2004). http://www.alipac.us/modules.php?name=Content&pa=showpage&pid=16.
15) Jose Cardenas, "Grass Roots Groups Challenge Illegals," *St. Petersburg Times Online* (October 17, 2006). http://www.sptimes.com/2006/10/17/State/Grass_roots_groups_ch.shtml.
16) cf., Patrick J. Buchanan, *State of Emergency: The Third World Invasion and Conquest of America* (New York: St. Martin's Press, 2006), pp.7-18.
17) *Ibid.*, p.253.
18) ブキャナンの具体的提案は、Ch.13に概括されている。
19) Tamar Jacoby, "Immigration Nation," *Foreign Affairs* (November-December, 2006), pp.52-53.
20) *Ibid.*, p.54.
21) 「移民規制法案に抗議――全米で100万人、ストやデモ」『読売新聞』(2006年5月2日)。
22) Democracy Now!, "Hundreds of Thousands to March for Immigrant Rights." http://www.democracynow.org/2007/5/1/headlines.
23) Jacoby, "Immigration Nation," p.64.
24) *Ibid.*, p.65.
25) 原則的に移民を永住者とみなすアメリカの伝統的移民観は、移民を一時的滞在者とみな

「ネイティヴィズム派」

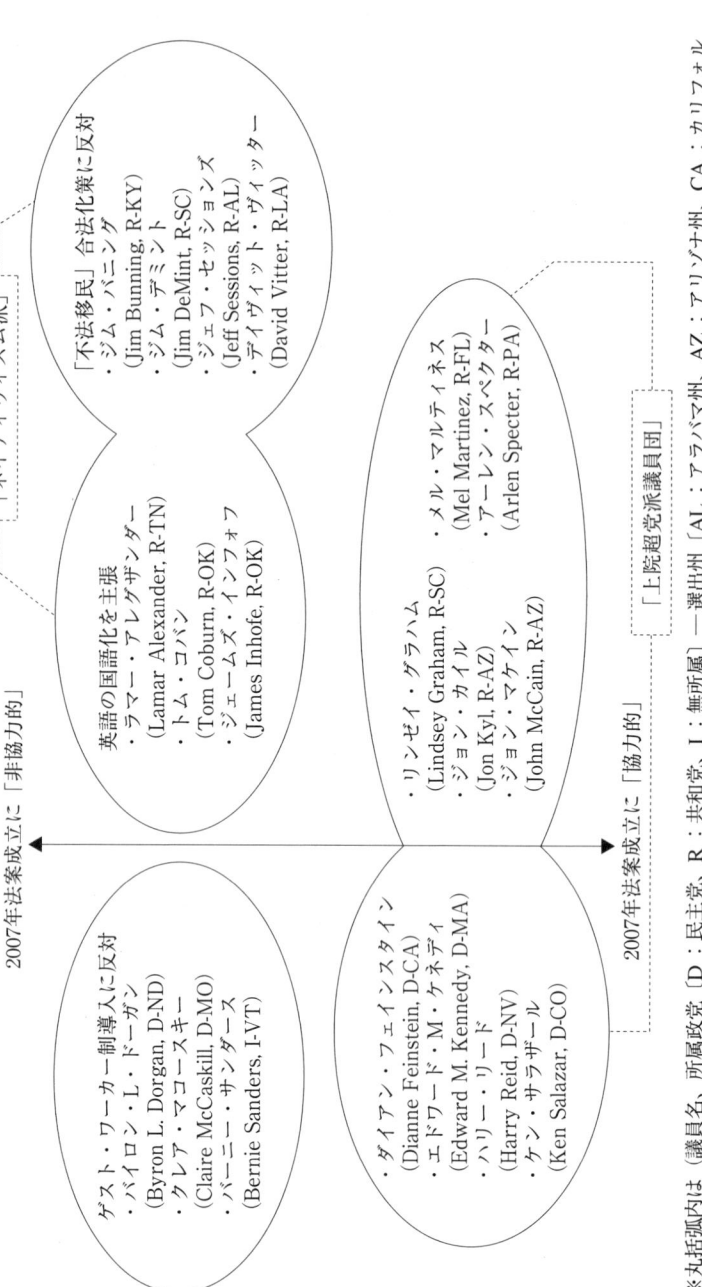

「不法移民」合法化策に反対
- ジム・バニング (Jim Bunning, R-KY)
- ジム・デミント (Jim DeMint, R-SC)
- ジェフ・セッションズ (Jeff Sessions, R-AL)
- デイヴィッド・ヴィッター (David Vitter, R-LA)

英語の国語化を主張
- ラマー・アレグザンダー (Lamar Alexander, R-TN)
- トム・コバン (Tom Coburn, R-OK)
- ジェームズ・インフォフ (James Inhofe, R-OK)

2007年法案成立に［非協力的］

ゲスト・ワーカー制導入に反対
- バイロン・L・ドーガン (Byron L. Dorgan, D-ND)
- クレア・マコースキー (Claire McCaskill, D-MO)
- バーニー・サンダース (Bernie Sanders, I-VT)

- ダイアン・ファインスタイン (Dianne Feinstein, D-CA)
- エドワード・M・ケネディ (Edward M. Kennedy, D-MA)
- ハリー・リード (Harry Reid, D-NV)
- ケン・サラザール (Ken Salazar, D-CO)

- リンゼイ・グラハム (Lindsey Graham, R-SC)
- ジョン・カイル (Jon Kyl, R-AZ)
- ジョン・マケイン (John McCain, R-AZ)

- メル・マルティネス (Mel Martinez, R-FL)
- アーレン・スペクター (Arlen Specter, R-PA)

「上院超党派議員団」

2007年法案成立に［協力的］

※丸括弧内は（議員名，所属政党［D：民主党，R：共和党，I：無所属］―選出州［AL：アラバマ州，AZ：アリゾナ州，CA：カリフォルニア州，CO：コロラド州，FL：フロリダ州，KY：ケンタッキー州，LA：ルイジアナ州，MA：マサチューセッツ州，MO：ミズーリ州，ND：ノースダコタ州，NV：ネヴァダ州，OK：オクラホマ州，PA：ペンシルヴァニア州，SC：サウスカロライナ州，TN：テネシー州，VT：ヴァーモント州］）を表す。

第7章　アメリカにおける国民統合の振り子 —— 上院包括的移民制度改革法案を手がかりとして ——　*165*

す傾向の強いヨーロッパのそれとは大いに異なっている。cf., Massimo Livi-Bacci, "South-North Migration: A Comparative Approach to North American and European Experiences," OECD, *The Changing Course of International Migration* (Paris: OECD, 1993).

26) この期間、実際には2つの法案が提出され審議された。まずは、2007年5月9日、法案 S.1348 "A Bill to Provide for Comprehensive Immigration Reform and for Other Purposes" が提出されたが、6月7日、討論終結に失敗し、投票には至らなかった。そこで6月18日、ブッシュ政権の強い後押しにより、後継法案 S.1639 が提出された。S.1348 と S.1639 は類似した内容のため、本稿では両法案をあわせて「2007年包括的移民制度改革法案」と表現する。ただし本稿中、法案の節や条を示す場合には、S.1639 の編成によるものとする。

27) 本稿では、煩雑な法案内容を簡略に示すために、全8編からなる法案の編成順にはあえてこだわらず、内容を概括した。

28) 本法により、南側国境には柵が張り巡らされるとともに、国境地帯には、国土安全省管轄のもと、暗視カメラや人工衛星、無人飛行機などの最新技術をもちいた監視システムが配備された。"President Bush Signs Secure Fence Act."

29) 雇用主には、被雇用者が提出した身分証明証の内容を、国土安全省が管理する「適性雇用確認システム」によって照合・確認することが義務づけられる。"Border Security and Immigration Reform Agreement Overcomes 1986 Mistake." http://www.whitehouse.gov/news/releases/2007/05/20070522-3.html. 本システムが仮に実施されれば、移民はもちろんアメリカ市民も含めた全労働者の個人情報が国土安全省によって一元的に管理されることになるため、基本的人権の侵害や国家による個人情報掌握を懸念する声もある。cf., National Immigration Law Center, "Senate Immigration Bill Proposes Unworkable Employment Eligibility Verification System," (May 21, 2007). http://www.nilc.org/immsemplymnt/cir/07senbill_titleIII_topconcerns_2007-05-21.pdf.

30) "President Bush Signs Secure Fence Act."

31) "Border Security and Immigration Reform Agreement Overcomes 1986 Mistake." 現在でも、「短期就労ビザ」(Temporary Work Visas)、いわゆるHビザによって「一時的労働者」は入国しているが、制度上の不具合から、取得困難な状況が続いている。特に短期季節労働者を対象とする H-2 ビザは、その機能不全が「不法移民」の増加を招いているとの指摘もあり、法案第4編B「季節農業労働に従事する非移民一時的労働者」において、改革が試みられている。Hビザ改革に関しては、井樋三枝子「米国における就労目的の外国人の受け入れと規制」『外国の立法』231（2007年2月）を、法制上の「一時的労働者」規定に関しては、川原謙一『アメリカ移民法』信山社、1990「第7章第2節」を参照。

32) 第4編401条「非移民一時的労働者」、402条「非移民労働者の入国」。

33) 法案第6編に規定されたZビザの概要は、"Border Security and Immigration Reform Agreement Overcomes 1986 Mistake." を参照。

34) *Ibid*. 同時多発テロ以降の審査厳格化により、現在、永住権申請には数百万件の「未処理」(backlog) が発生している。この現状を踏まえれば、仮に Z ビザが新設されても、Z ビザ保有者の永住権取得には長期を要することが予想される。
35) 第 7 編 703 条「〔共通〕言語としての英語」。
36) 第 7 編 705 条「移民統合局」。
37) 「家族再統合」原則については、川原『アメリカ移民法』「第 5 章第 1 節」、また川原謙一『詳解アメリカ移民法』信山社、1996、「第 11 章」を参照。
38) ここ 10 年間を平均すると、「家族再統合」原則にもとづく永住権取得者は、永住権取得者全体の約 7 割を占めている。Office of Immigration Statistics, *2006 Yearbook of Immigration Statistics* (September 2007), pp.18-19.
39) 第 5 編 502 条「メリット評価システムの導入による競争力の向上」。
40) たとえば共和党サム・ブラウンバック (Sam Brownback) は導入条件について、民主党ジェフ・ビンガマン (Jeff Bingaman) は年間受け入れ数について意見を述べている。*Congressional Record: Proceedings and Debate of the 110th Congress, First Session: Senate* (以下 *CR* と略記), Vol.153, No.85 (May 23, 2007), pp.S6509-6511; *CR*, Vol.153, No.89 (June 5, 2007), pp.S7049-7050.
41) サンダースは、アメリカ人中下層労働者の雇用環境悪化を理由にゲスト・ワーカー導入に強く反対する。*CR*, Vol.153, No.84 (May 22, 2007), pp.S6440-6443. またコバンは、一時的労働者計画が、「同化」の機会を奪われた永続的下層階級を生み出す危険性を指摘する。*Comprehensive Immigration Reform: Hearing before the Committee on the Judiciary United States Senate, 110th Congress First Session* (February 28, 2007), Serial No.J-110-13 (Washington: U.S. Government Printing Office, 2007) (以下 *CIR* と略記), pp.43.
42) たとえば民主党ロバート・メネンデス (Robert Menendez) は、メリットシステムへの移行による家族呼び寄せ枠削減を、「道徳的」および「社会的安定性の低下」の観点から批判する。*CR*, Vol.153, No.85 (May 23, 2007), pp.S6503-6505.
43) cf., *CIR*, pp.27-28.
44) *CR*, Vol.153, No.83 (May 21, 2007), p.S6379. ケネディは、移民問題を担当する小委員会の古参であり、110 議会では小委員会「移民、難民、国境の安全」(Immigration, Refugee and Border Security) 委員長を務めた。
45) *CR*, Vol.152, No.61 (May 17, 2006), pp.S4685-4686, S4735-4770.
46) *CR*, Vol.152, No.62 (May 18, 2006), p.S4758. 民主党ダニエル・アカカ (Daniel Akaka) やリードも、同じ観点からインフォフ案を批判する。*Ibid*., pp.S4756, 4757, 4766.
47) *Ibid*., p.S4737.
48) *CR*, Vol.153, No.90 (June 6, 2007), p.S7154.
49) たとえば 109 議会では、インフォフ案とサラザール案双方に反対した議員は 1 人もいな

第 7 章　アメリカにおける国民統合の振り子 ── 上院包括的移民制度改革法案を手がかりとして ──　　167

　　　い。*CR,* Vol.152, No.62 (May 18, 2006), pp.S4769-4770.
50)　*Ibid.*, p.S4758.
51)　*Ibid.*, p.S4755.
52)　現在使われる「ネイティヴィスト」という呼称は、「反移民的」な主義主張をもつ者を批判する文脈において、他称として用いられるものであり、それと自称する者はまず存在しない。『エコノミスト』も政治家を特定して「ネイティヴィスト」と評しているわけではない。そこで本稿では、同誌の記事中の表現を手がかりに、2つの要件、すなわち第1にZビザに批判的であること、第2に共和党議員であること、以上2点をもって「ネイティヴィスト」と表現することにした。ただし、民主党にも以上の2要件を満たす議員は存在しているし、ネイティヴィズムが共和党特有の思想というわけでは必ずしもない。
53)　*CR,* Vol.153, No.105 (June 27, 2007), p.S8578. 同じ主旨の批判は、共和党ウェイン・アラード（Wayne Allard）や民主党ヨン・テスター（Jon Tester）など、複数の上院議員によってなされている。
54)　*CR,* Vol.153, No.103 (June 25, 2007), p.S8345.
55)　Jerome R. Corsi, "GOP: Immigration Plan 'Dead on Arrival': Comprehensive package expected to be reintroduced," *World Net Daily* (May 11, 2007).
　　　http://www.worldnetdaily.com/index.php?pageId=41544.
56)　*Ibid.*
57)　Edwin Meese Ⅲ and Matthew Spalding, "Where We Stand: Essential Requirements for Immigration Reform," *Backgrounder*, No.2034 (May 10, 2007), pp.4-5.
58)　*Ibid.*
59)　ゲスト・ワーカー制や、Zビザによる「不法移民」合法化策を思想的に理解するうえで、ジャック・デリダ（Jacques Derrida）の提示する「主人（ホスト）」、「客（ゲスト）」、「寄生者（パラサイト）」の区分は有用である。ジャック・デリダ／アンヌ・デュユールマンテル（廣瀬浩司訳）『歓待について ── パリのゼミナールの記録』産業図書、1999
60)　Higham, *Send These to Me*, p.231. 邦訳、p.232.
61)　ハイアムは、"Ch.11 Another American Dilemma" において、2つの戦略を 'strategy of integration' と 'strategy of pluralism' と表現する。前者は通常「統合戦略」と訳されるが、本稿では、次の理由から、あえて「同化戦略」の訳をあてた。Ch.11においてハイアムは、integration と assimilation とをしばしば互換的に用いている。一例をあげる ──「統合（integration）も多元主義も、現実にそぐわないばかりでなく、道義的難点を抱えている。個人という観点からいえば、人は、統合〔という自己変革の倫理〕によって……みずからの出自を拒絶し……〔エスニック集団に対する〕愛着を犠牲にして、自主独往（autonomy and mastery）を得る。そして結局は、全面的な画一性へと陥るのだ。要するに、主流の外側にいる個人にとって、同化の過程（the process of assimilation）とは、個人的成功の

追求と同じことなのである」。*Ibid.*, p.235. 邦訳、p.237.この文脈においては、個人が固有のエスニック・アイデンティティを喪失する契機となるという意味において、integration と assimilation は同一視されている。その一方でハイアムは、「2つの戦略の欠点を含まない第3の戦略」として、「多元的統合」（pluralistic integration）を提唱し、これを 多民族 社会アメリカのよってたつ基盤と位置づけるが、この文脈における integration には、同化は含意されていない。そもそも「統合」とは、「2つ以上のものを1つに統べ合わせること」であり、複数のものが単一のシステムに組み込まれている状態を表している。他方「同化」とは、「本来異なるものが同じ性質に変わること」であり、そこから「個人の考え方や行動が社会的環境と一致すること」という派生的意味が生まれるのであり、複数のもののあいだに何らかの同質性が存在する状態を指している。つまり、「同化」によって「統合」が生じることはあっても、「統合」が必然的に「同化」を引き起こすわけではないのである。したがって、ハイアムが同じく integration と表現していても、示唆するところの違いに応じて、「統合」あるいは「同化」と訳し分けたほうが、論旨は明快になると思われる。

62) *Ibid.*, p.233. 邦訳、p.235.
63) ハイアム『自由の女神のもとへ』「日本語版への覚え書き」p.14.
64) Higham, *Send These to Me*, pp.200-201. 邦訳、p.199.
65) *Ibid.*
66) ハイアム『自由の女神のもとへ』「日本語版への覚え書き」pp.17-19.
67) 同、p.17.
68) 同、p.14.
69) Buchanan, *State of Emergency*, pp.145-146.
70) *Ibid.*, p.251.
71) Jacoby, "Immigration Nation," pp.64-65.
72) *CIR*, p.42.
73) *CR*, vol.153, No.90, p.S7129.
74) *CR*, vol.152, No.62, p.S4737.
75) *CIR*, p.28.
76) 帰化対象の厳選という観点から、近年では、出生地主義見直し論も声高に表明されるようになっている。cf., John C. Eastman, "From Feudalism to Consent: Rethinking Birthright Citizenship," *Legal Memorandum*, No.18 (March 30, 2006).
77) 本段落におけるモーリス＝スズキからの引用はすべて、テッサ・モーリス＝スズキ「現代日本における移民と市民権──『コスメティック・マルチカルチュラリズム』を克服するために」『批判的想像力のために──グローバル化時代の日本』平凡社、2002に負う。
78) "President Bush Proposes New Temporary Worker Program," (January 7, 2004).

第7章　アメリカにおける国民統合の振り子 —— 上院包括的移民制度改革法案を手がかりとして ——　　*169*

　　　http://www.whitehouse.gov/news/releases/2004/01/20040107-3.html.
79) "Improving Border Security and Immigration Within Existing Law," (August 10, 2007).
　　　http://whitehouse.gov/news/releases/2007/08/20070810.html.
80) 2008年3月、共和党上院議員11名は「国境の安全および現行法施行第一コーカス」(Borer Security and Enforcement First Caucus) を結成し、「大赦を内容とする法律制定を阻止するための活動」に精力を注いでいる。http://vitter.senate.gov/bordersecuritycaucus.html. 下院にも、同様の関心からなる「移民法改革コーカス」(Immigration Reform Caucus) が存在しており、メンバーは100名を超える。http://www.house.gov/bilbray/irc/index.shtml.
81) モーリス＝スズキ『批判的想像力のために』p.165.
82) 同、p.164.

第 8 章

日本の安全保障政策とグローバリゼーション (1953 - 60)
—— 「極東条項」への批判はどのように生まれたのか？ ——

1. 問題の所在

　科学技術の進歩に伴って、人・物・情報が高速かつ安価に移動可能になったことから、政治・経済・文化などさまざまな分野において時間および空間が圧縮され、世界が一体化しつつある[1]。このような現象および意識をグローバリゼーションと定義するならば、安全保障分野におけるグローバリゼーションは、各国の安全保障政策が米国主導で連携を深めていく過程と深い関係があることは否定できない[2]。冷戦が進行する過程において、米国政府は圧倒的なパワーを背景に、ハブ・アンド・スポークスという形で同盟国の安全保障政策と地域的あるいは世界的な安全保障とを有機的に連携しようと試みてきた。

　米国政府は日本に対しても、憲法9条に基づく非武装・非軍事から再軍備へと安全保障政策を大きく転換するよう求め、旧安保条約をめぐる交渉では、日本の基地・施設を「極東における国際の平和と安全の維持」のために使用するという「極東条項」を挿入するように主張したのである[3]。このとき、国内には全面講和を求める声はあったものの、「極東条項」は特に問題とならず、国会でも「米国の戦争に日本が巻き込まれる」という議論はそれほど強くなかった。結局、日本政府は旧安保条約に「極東条項」を挿入することに合意し、米国主導のグローバリゼーションを「あっさり」と受け入れたのである。

　しかし、54年の第一次台湾海峡危機以降、日本国内では反米運動の高まりとともに、米国主導のグローバリゼーションに強い警戒感や反発が生まれていくこととなる。国内では、「米国の戦争に日本が巻き込まれる」という議論が徐々

に盛り上がりをみせ、岸信介首相が行った1957(昭和32)年5月18日の答弁をきっかけに、「米国の戦争に日本が巻き込まれる」ことが重大な政治課題であるとの認識が生まれた。そして、その認識は日本社会党によって「極東条項」に対する批判へと転化し、国会では「極東」の地理的範囲が厳しく問われることとなったのである[4]。

政府は、国内的には「米国の戦争に日本が巻き込まれる」という議論に対応することが求められる一方で、米国からは日米安全保障体制を地域的な安全保障と結び付けることが求められた。このような状況で、日本社会党の浅沼稲次郎議員の「極東論争」などを経て、日本政府は米国政府の反対を押し切る形で、「極東条項」を定義づけることとなったのである。「極東条項」は、米国主導のグローバリゼーションという新たな国際状況に、日本政府が対応できるのかを問う試金石だったといえよう。

本章では、1953(昭和28)年以降、日本の安全保障政策において、「米国の戦争に日本が巻き込まれる」という議論がどのように、なぜ生まれたのか、そして、その議論が「極東条項」への批判にどのように転化したのかを明らかにすることによって、米国主導のグローバリゼーションへの反発に対して、日本政府がどのように対応していったのかを明らかにしたい。

「極東条項」に関する先行研究は、一次資料を利用して「極東条項」が成立するまでの日米交渉過程を明らかにしてきた。豊下楢彦は、米国政府が旧安保条約に「極東条項」を挿入させた背景に、日米の第一次交渉後、統合参謀本部の強いイニシアティブがあったことを明らかにした[5]。坂元一哉は、安保改定に際して、米国政府が当初は「太平洋地域」を採用するように求めていたものの、結果的に日本政府の要求を認め、「極東条項」が再び採用された過程を明らかにした。原彬久は、安保改定に際して、野党のみならず与党内からも「極東」の範囲が問題であるとの議論が噴出し、結果的に日本政府が統一見解を発表するに至る過程を明らかにした[6]。

他方で「極東条項」の成立過程が明らかになるにつれて、日本政府の外交姿勢を批判する研究も多く発表されている。室山義正は「極東条項」の挿入を日本政府が「あっさり」と受け入れたことを強く非難し、「日本外交交渉史に残る

一大失態であったことは疑いない」と論じている。また、三浦陽一も、「戦争のさなかに従属的な基地提供条約を結んだだけでなく、『極東条項』もあっさり認めて、自国とアジアの『安全』を他国に委ねた吉田政権の責任は、問題とされうる」と論じている[7]。

　これら先行研究は日米の交渉過程そのものに大きな関心が払われており、国会審議については十分な検討が行われているわけではなかった。本章では、これら先行研究を踏まえながらも、1953(昭和28)年以降、日本国内で「極東条項」への批判が発生した過程を明らかにすることによって、米国主導のグローバリゼーションが進められる中で、日本政府が「米国の戦争に日本が巻き込まれる」という反発に日本政府がどのように対応していったのかを明らかにする。

2. MSA協定と自衛隊の「海外派兵」

　1954(昭和29)年3月8日、岡崎勝男外相とジョン・M・アリソン（John Moore. Allison）駐日大使が会談を行い、日本国とアメリカ合衆国との間の相互防衛援助協定（MSA協定）を締結した[8]。MSA協定第8条では、「軍事的義務を履行する事の決意を再確認する」とともに、「自国の防衛力及び自由世界の防衛力の発展及び維持に寄与し、自国の防衛能力の増強に必要となることがあるすべての合理的な措置」を採ることが定められており、日本政府は米国主導のグローバリゼーションを名実ともに引き受けたのである。

　そもそも、旧安保条約前文には「日本は直接および間接的な侵略に対する防衛のため、日本自身が漸増的にその責任を負うべきことを期待する」という記述があり、日本が軍事力を増強していくことは条約締結時から合意されていた。また1952(昭和27)年9月には、米国政府は日本に対する3億ドル程度の軍事援助を供与する可能性を池田勇人外相に示唆しており、日米両国にとって、日本が米国との軍事関係を深め、米国主導のグローバリゼーションを進めていくことは既定路線だったのである[9]。

　しかし、当時の吉田茂内閣は政治基盤が脆弱であり、MSA協定の締結や自

衛隊の創設はかなりの難題だった。1953年4月19日に行われた第26回衆議院総選挙では、吉田茂首相率いる自由党は199議席を獲得したものの、いわゆる「バカヤロー解散」によって、鳩山一朗が率いる自由党党内民主化同盟が離党したことから、第25回衆議院総選挙で獲得した240議席には遠く及ばなかった。そのような脆弱な政治基盤に立って、吉田首相は米国主導のグローバリゼーションに対する批判に対峙せざるを得なかったのである。当時、国内ではMSA協定の締結については反対意見が強く、日本最大の全国的労働組合中央組織だった日本労働組合総評議会（総評）が大規模な反対運動を展開していた[10]。ただし、当時はMSA協定を受け入れることによって、「米国の戦争に日本が巻き込まれる」ことが問題であるとの認識はほとんどなく、むしろ、日本経済にとって大きな負担になることが問題だとの議論が主流だったことは重要である。

1953年9月11日に開催された日本労働組合総評議会の幹事会において、高野実事務局長は「労働者だけが闘うのではなく全国民と共に闘うのである。MSAによって肥る人々に対してMSAの被害を蒙る階層の団結によって闘ってゆくべきである」として、「MSA下の労働運動」という基本方針を打ち出した[11]。さらに、同年9月28日に開催された産業防衛共闘会議における「宣言」では、「同じ苦しみをもつ家族とも、農民とも、市民とも力をあわせて、MSAに調印し、日本国民をアメリカの軍事目的に従属させようとする吉田ファッショ政府を打倒し、MSAを引裂くところまで闘いぬく」と論じたのである[12]。

このような議論は知識人の中にも見られた。一橋大学の都留重人は、「MSA援助はまず直接的には、日本の保安隊にアメリカの古い武器を提供することからはじまる」ため、「日本の雇用を増やすことになっても、日本経済自立のための基盤をつくりはしない」と批判している[13]。さらに、法政大学の宇佐見誠次郎も「けっきょく『勘定に合わない』のであって『援助』とは、まことに皮肉な表現である」と論じたのである[14]。

こうした状況下において、政府は当初、米国主導のグローバリゼーションを受け入れ、MSA協定を締結することが日本に経済的な利益をもたらすとの議論を展開しようとした。外務省が出版したMSA協定についての解説書では、「MSA援助計画でも日本に対する間接の経済援助とくに日本の経済自立を促進

する線に立つ援助も考慮されている」としており、日本に対して経済的な利益がもたらされることが強調されている[15]。結局、1953(昭和28)年10月、池田・ロバートソン会談が行われ、日本政府が期待したような経済的な援助は得られなかったものの、日本の防衛について米国が援助することとともに、米軍と自衛隊は有事に協力することなどが定められたのである[16]。

　以上のように、MSA協定はそもそも「米国の戦争に日本が巻き込まれる」という議論と結び付けられて考えられていたわけではなかった。それでは、「米国の戦争に日本が巻き込まれる」という議論はどのように生まれていったのであろうか。その端緒となったのは、自衛隊の「海外派兵」問題である。

　1954(昭和29)年1月30日、日本社会党の成田知巳議員は、近代戦においては、自衛のための対抗措置といっても、「海外出兵」を行わざるを得ないのではないかとして、そうなれば、「事実上日本軍隊がアメリカの戦略の命ずるところに従って海外出動を余儀なくされ、アジア人がアジア人同士戦うというアジアの悲劇を再現する結果となる」と論じた[17]。これに対して、木村篤太郎防衛庁長官は、「断じてさようなことはない」として、「自衛隊を創設する目的は、外敵の不当な侵入を防止して日本の安全と平和を守らんとするもの」であり、「海外への派遣なんということは毛頭考えるべきものでない」と論じたのである。この議論でも「米国の戦争に日本が巻き込まれる」という論理ではなく、むしろ、自衛隊を海外に派遣することが他国に対して脅威を与えるとの論理が展開されていた。

　しかし、このような論調は右派社会党の議論によって徐々に変化していくこととなる。右派社会党の羽生三七議員は同年3月19日の参議院本会議において、「日本では直接侵略の場合の危険だけが云々されております。併し、日本以外の他国間相互の紛争に巻き込まれる場合の危険と、危険のウエイトはいずれが多いとお考えになりますか」と質問した。緒方竹虎副総理は、「憲法を拡大解釈して国際紛争の渦中に入っていやしないかという御危惧を披瀝されましたが、政府はMSA協定に関連し憲法を拡大解釈するというようなことは毛頭考えておりません。憲法の拡大解釈の結果、国際紛争の渦中に入るといつたようなことは、私どもといたしましては、そうお疑いになることを今日の民族の動向か

らして甚だ不可解に思う」と答弁したのである[18]。

この質問によって、MSA協定と「米国の戦争に日本が巻き込まれる」という論理が初めて結びついたのである。同年3月25日の衆議院外務委員会において、右派社会党の戸叶里子議員はMSA協定に基づく援助を拒否している国があることを挙げて、「自由主義諸国に属しているといわれている国が、このMSAの援助を拒否しているという理由は、それらの二大陣営が万一衝突したような場合に、その衝突の中に巻き込まれることを恐れるがゆえに受けていない、こういうふうに考えられる面もございます」と「米国の戦争に日本が巻き込まれる」危険性について言及した[19]。

他方で、MSA協定の締結によって、「米国の戦争に日本が巻き込まれる」ことが問題であるかについて、必ずしも認識は共有されていなかった。自由党の福田篤泰議員は同年3月31日の衆議院本会議で、「ある論者は、MSA協定で、日本は戦争に巻き込まれるきわめて危険な状態に陥ったと宣伝」しているが、「一体MSAを拒否して日本を無防備の状態に置いておくならばわが国の平和は保てる」のか、また、「将来万一紛争や戦争が不幸にして起った場合に、だれがこれをしかける」のかと反論している[20]。つまり、当時の認識は、米国主導のグローバリゼーションによって「米国の戦争に日本が巻き込まれる」という認識と、日本の安全保障を確保するためにはむしろ米国主導のグローバリゼーションを引き受けることが重要であるとの認識に分かれていたのである。

防衛二法（自衛隊法と防衛庁設置法）をめぐる審議においては、自衛隊の海外派遣が他国に対する脅威を与えるとの文脈から論じられた。吉田首相は「今日国民が海外派兵を望むかというと、多くは望まないであろうと思います。故に、海外派兵の問題は政府としては取上げたくない、又取上げる考えは只今のところない」と発言し、自衛隊の「海外派兵」については明確に否定していた[21]。そして、木村篤太郎保安庁長官も「申すまでもなく自衛隊は、我が国の平和と独立を守り、国の安全を保つため、直接並びに間接の侵略に対して我が国を防衛することを任務とするものでありまして、海外派遣というような目的は持っていない」と答弁したのである[22]。

この時期には、「米国の戦争に日本が巻き込まれる」との議論はなく、むし

ろ、自衛隊が海外へ派兵することが他国に対して脅威を与えるとの議論が中心だった。そして、防衛二法が通過した1954(昭和29)年6月2日、参議院では「自衛隊の創設に際し、現行憲法の自衛隊の海外出動を禁止する」との国会決議を行い、自衛隊の海外出動を禁じることとなった。そしてこの決議に従って、日本政府は同年6月に自衛隊法と防衛庁設置法を成立させ、翌7月には自衛隊および防衛庁を発足させたのである[23]。

3. 55年体制の成立と重光ダレス会談

「米国の戦争に日本が巻き込まれる」という議論が本格的に見られるようになったのは、54年9月に第一次台湾海峡危機が発生した後である[24]。同年9月3日、中国人民解放軍は金門島の守備に当たっていた台湾軍に対し砲撃を行った。当時、朝鮮戦争が終わり米華相互条約の締結が行われるという噂が流れ始めたため、毛沢東が国内動員を目的に政治キャンペーンの一環として、限定的な攻撃にとどめる形で金門島攻撃を命じたとされている。とくに、1955(昭和30)年1月18日に人民解放軍が浙江省大陳島の防衛線だった一江山島を占拠したころから、日本国内では「米国の戦争に日本が巻き込まれる」という議論が巻き起こることとなる。

このような国際情勢の変化は国内情勢にも影響を及ぼした。同年1月24日に衆議院が解散され、2月27日に第27回総選挙が行われた。この選挙では、左派社会党が17議席を増やして89議席、右派社会党が1議席を増やして67議席を獲得し、鳩山ブームのなかで日本民主党が185議席を獲得した一方で、革新陣営が議席を伸ばしたのである。この選挙後、右派社会党に加えて、左派社会党の議員も「米国の戦争に日本が巻き込まれる」という議論を積極的に展開していくようになった。そして、政府は「巻き込まれ」ないためには、日米両国が十分な連携を深めていくことが必要だと論じていくようになる。

同年3月25日の参議院本会議において、右派社会党の曾祢益議員は「極東の平和と安全の名において、日本における軍事基地からするところのアメリカ軍

隊の軍事行動が、日本の意思と無関係に発動され、日本の意思に反してわが国が戦争に巻き込まれる危険が存在する」として、「日本におけるアメリカ軍の一切の軍事行動というものが、我が国の意思に反し、平和の目的から逸脱することのないように、安保条約、行政協定を改定し、または他の方法によって日米両国間に明確な了解を取りつけることが必要」であると論じた。この質問に対して、重光葵外相は、「アメリカ軍の行動によって日本がみだりに戦争の危険にさらされるようなことがあってはならんのでありますから、そこで日本とアメリカの当局者の密接な意見の交換、これはただ軍事上の関係のみならず、国際問題の一般情勢についても、十分に連絡をとって意見の交換」が必要であると答えている[25]。

また同年5月7日には、左派社会党の赤松勇議員が「台湾海峡を中心とする緊迫せる極東の情勢にかんがみ、中共周辺を爆撃する、あるいは沿海州をば爆撃する、そういう場合には当然内地の基地に対する報復爆撃が行われる」可能性があるとして、「極東条項」が「世界戦争にあるいはアジアの戦争に巻き込まれるか巻き込まれないかという非常に重大な点」であると論じている[26]。こうして、右派社会党も左派社会党も「米国の戦争に日本が巻き込まれる」という議論を展開するようになるとともに、「極東条項」があるから「米国の戦争に日本が巻き込まれる」という議論が組み立てられていくこととなる。

この時期の大きな特徴は、社会党が原爆戦争の可能性に言及しながら、「米国の戦争に日本が巻き込まれる」という議論を行ったことである。左派社会党の吉田法晴議員は同年6月11日の参議院予算委員会において、「台湾附近の作戦にも日本の基地から飛び立っていく。今度拡大されようとする飛行基地からは原爆を持って飛び立っていくのではないかと非常な心配を持っている」としたうえで、「小牧から原爆を積んで立ったのではないかという質問に対して、何ら政府は明確な答弁をしておりません。あるいは柳田氏は横須賀にミッドウェイに原爆が搭載されてきたのではないかという質問をされましたが、それにも明確な答弁がございません」として、「原爆戦争に日本が巻き込まれるのではないかという心配に対して、政府はどのような態度をとられるか」と質問している。この質問に対して、鳩山首相は、「日本から原爆を積んでとかいうよ

うなことについては、私はあなたと違った観察をしております。日本には原爆は来ておらないし、また日本にアメリカの原爆を持ってくる場合には、日本の同意を得なくては持ってきまい。こない。そういうふうに解釈しております」と答えている[27]。

このような状況で、1955(昭和30)年8月、重光葵外相が訪米し、J・F・ダレス (John Foster Dulles) 国務長官との会談が開催された。重光外相は、米国が他国と締結している条約と比べて日米安全保障条約は不平等だと指摘し、安保条約を改定しなければ、国内の左翼勢力や野党が反米感情をあおることとなるであろうと警告した。そして、重光外相は米国主導のグローバリゼーションを受け入れながらも、反米感情を弱めるために安保条約を改定することが必要であるとダレス国務長官に申し出たのである[28]。この会談に同席した岸信介がダレス国務長官の態度を「木で鼻をくくったような」態度だったと評しているように、一般的に、重光・ダレス会談では重光の安保改定要求をダレス国務長官が拒絶したという側面が強調されている[29]。このような認識は決して誤りではないが、注目すべきなのは、重光外相がこの会談で「極東」ではなく、「西太平洋における国際の平和と安全」という概念を使って、自衛隊の海外派遣を認めるかのような共同声明を発表したことである。

重光外相は防衛問題に関する日本側の考えを提示し、「西太平洋」という概念を提示して、第3国から攻撃を受けた場合には憲法上の手続きに従って相互防衛を行うという提案を行った[30]。ダレス国務長官はこの提案を受けて、「グアムが攻撃されたら日本はアメリカの防衛にかけつけることができるのか」と確認したところ、重光外相は、「そういう状況においては、日本はまず米国と協議し、その後、軍隊を使用するかどうか決定するであろう」と発言した。しかし、ダレス国務長官はこの議論に取り合わず、「重光外相の日本国憲法の解釈はわからない」、「自分は日本にできる最大限のコミットメントは日本防衛のために軍隊を使うことであると考えていた」と述べ、「重光君、偉そうなことを言うけれど、日本にそんな力があるのか」と述べたのである[31]。

結局、共同声明では「日本が、できるだけすみやかにその国土の防衛のための第一次的責任を執ることができ、かくて西太平洋における国際の平和と安全

の維持に寄与することができるような諸条件を確立するため、実行可能なときはいつでも協力的な基礎にたって努力すべきことに意見が一致した。また、このような諸条件が実現された場合には、現行の安全保障条約をより相互性の強い条約に置き代えることを適当とすべきことについても意見が一致した」と記されることになったのである。

　この共同声明が発表された後、重光外相は国内で厳しい批判にさらされることとなる。共同声明に「西太平洋」という新たな概念が提示されたことから、重光外相が米国主導のグローバリゼーションを完全に受け入れ、日本にさらなる負担が課せられるのではないかという恐れを抱かせたのである。自由党の小滝彬議員が1955年9月14日の参議院外務委員会において、「極東」と「西太平洋」との関係を質問したところ、重光外相は、「極東というのはイギリスでこしらえた言葉」であり、「アメリカは西太平洋ということをアメリカから見てよく言う」ものだとして、「どこからどこまでかと、こういうようなことは結局は政治論になると思います。私は大体そういうところでいいんじゃないかと思います」として、「西太平洋」という言葉を使ったことに大きな意味はないと答弁したのである。

　自衛隊の海外派遣についても、「日本がその日本の特に位置する地域において平和安定の責任を負わなければならぬことは国をなすには当然だと思います。しかし何もそれだから兵隊を出していってすぐいろいろな国外のことに関与する、そういうことは少しもない」として否定したのである[32]。以後、重光外相は「西太平洋」が具体的にどこを指すのかという質問に一切答えず、自衛隊の「海外派兵」については明確に否定するという態度を貫いたのである[33]。このような過程で、米国主導のグローバリゼーションに対して強い反発が生まれ、「米国の戦争に日本が巻き込まれる」という議論は徐々に現実性を増した議論へと変わっていったのである。

　さらに、55年体制の成立は、米国主導のグローバリゼーションを進める与党と「米国の戦争に日本が巻き込まれる」ことを危惧する野党との構図をより鮮明なものにした。そのような状況下で、同年10月13日、社会党右派左派は党大会を開いて再統一を果たし、日本社会党を結党した。他方で、同年11月

15日、保守勢力も自由党と日本民主党が合同して自由民主党が結党され、55年体制が成立し、11月22日に第三次鳩山一郎内閣が誕生した。「米国の戦争に日本が巻き込まれる」という議論に対して、日本政府は当初、自衛のためにはある程度の「海外派兵」も必要であるという認識を持っていた。確かに、鳩山首相は1955(昭和30)年6月の段階で、自衛隊は「海外派兵」できないことを確認し、「国土を守るということでございますから、国土を守る以外のことはできないと私は思うのであります。あなたのおっしゃったように、飛行機でもって飛びだしていって、攻撃の基地を粉砕してしまうということまでは、私は今の条文ではできない」と発言するなど、自衛隊の「海外派兵」には否定的だった[34]。しかし、政府は「米国の戦争に日本が巻き込まれる」という議論を重視しておらず、むしろ、自衛権の条件についても緩やかに定義していたことは重要である。

1956(昭和31)年2月27日の衆議院内閣委員会において、日本社会党の受田新吉議員が行った質問によって、日本政府が行っていた「海外派兵」の定義は変化した。受田議員は「飛行機に乗って敵の空襲部隊の基地を襲う場合は海外派兵と考えられますか。それは一時的な作戦現象であって、海外派兵とは見ないとお考えでありましょうか」と質問したところ、船田中防衛庁長官は「海外派兵という場合には、これは何らかの武力行使を行う目的を持って、外国の領土に上陸することを含む概念であると考えられます。そういう海外派兵ということは、現行憲法のもとにおける自衛隊にはできないし、またやらないと存じます。しかし敵の基地をたたかなければ自衛ができないという場合におきまして、この自衛の限度があり、他に方法がないと場合において敵の基地をたたくということは、先ほど申し上げました海外派兵とは区別さるべきものだと存じます」と答弁したのである[35]。

これまで、日本政府はあらゆる場合において自衛隊の「海外派兵」を否定していた。しかし、この答弁は、敵基地を攻撃しなければ自衛できないような場合、自衛隊が敵基地を攻撃することは「海外派兵」には当たらないと定義したのである。朝日新聞などマスコミは、この答弁について、政府が実質的に自衛隊の「海外派兵」を認めたと大きく報道したのである[36]。このような状況を受

けて、船田防衛庁庁官は翌28日の衆議院内閣委員会で「もしわが方に対して急迫不正な侵害がある、そうしてしかもこの急迫不正の侵害を排除するために他に防衛の手段がない、こういう場合においては、必要最小限度において敵の基地をたたくということもあり得るであろう、そうしてしかもそれはいわゆる海外派兵という問題とは全然別個の考え方であるということを申し上げた次第でありまして、従来の解釈を変更しておるものではございません」と論じた[37]。

しかし、この答弁は日本社会党からの厳しい批判を生むこととなった。日本社会党の石橋政嗣議員は「自衛の範囲を広げられて、自衛のためならば、今度敵の基地にまで爆撃を加えることができる」ということは「自衛のためであるという前提のもとにであろうと軍備が認められるならば、次々と自衛というものの解釈が広げられて、それが自衛か侵略かわからないような限度ぎりぎりのところまでいく」と強く反発している[38]。このような事態を受けて、政府は同年2月29日、統一見解として「わが国に対して急迫不正の侵害が行われ、その侵害の手段としてわが国土に対し、誘導弾等による攻撃が行われた場合、座して自滅を待つべしというのが憲法の趣旨とするところだというふうには、どうしても考えられないと思うのです。そういう場合には、そのような攻撃を防ぐのに万やむを得ない必要最小限度の措置をとること、たとえば誘導弾等による攻撃を防御するのに、他に手段がないと認められる限り、誘導弾等の基地をたたくことは、法理的には自衛の範囲に含まれ、可能である」と発表した[39]。

この公式見解によって、自衛隊の「海外派兵」は基本的には認められないものの、「自衛権発動の3要件」（急迫不正の侵害があり、他に防衛の手段がなく、必要最小限度）が満たされた場合には、自衛隊が海外のミサイル基地を攻撃することが可能であることが明確化されたのである[40]。もっとも、この自衛隊の「海外派兵」についても、「米国の戦争に日本が巻き込まれる」というような議論は行われておらず、あくまで、自衛隊が他国に対して脅威を与えるという文脈から議論は展開されていた。

こうして、55年体制の成立によって、米国主導のグローバリゼーションを受け入れ、日本の自衛権についても現実的な対応をするべきと考えていた政府・自民党と、「米国の戦争に日本が巻き込まれる」と主張する野党・日本社会党と

いう構図がくっきりとでき上がったのである。このような構図は以後、反米感情の高まりとともに、急速に変化していくこととなる。

4. 日本社会党と「巻き込まれる恐怖」

　このような構図が変化するきっかけとなったのは、1957(昭和32)年以降の反米感情の高まりである。特に、ジラード事件が発生したことによって、日本政府は「米国の戦争に日本が巻き込まれる」という議論に対して、より説得的な説明を求められるようになっていった。当時、群馬県相馬が原演習地では実弾による射撃訓練が行われており、近隣住民は演習地内に無断で侵入し、薬莢や弾頭類などの金属類を回収していた。1957年1月30日、ウィリアム・ジラード (William Girard) が薬莢拾いをしていた農婦に背後から発砲し、農婦が即死する「ジラード事件」が発生し、国内の反米感情は一気に高まったのである[41]。同年2月9日の衆議院予算委員会でも、日本社会党の田原春次議員はジラード事件について、「頻発する日本人に対する死傷事件に対しまして、この辺で一罰百戒と申しますか、厳罰をもって臨んでもらわなければ、まだあとを断たぬと思う」と論じたのである[42]。

　そしてこの反米感情の高まりとともに、「米国の戦争に日本が巻き込まれる」という議論がより強く論じられるようになっていった。日本社会党の西村栄一議員は、同年2月8日の衆議院予算委員会で「日本の兵隊が海外に出兵をしては困る。他国の戦争の紛争に巻き込まれては困る。もちろん憲法9条第2項には、国際紛争の解決の手段として武力を用いないとは書いてありますけれども、この憲法の条章とは別にあらゆる感情あらゆる念願というものは、外国の紛争のために日本の青年を海外に派兵をしてはならぬ、外国の紛争のために日本が巻き込まれてはならぬ、何とかしてこれだけは食いとめてもらいたいということは9,000万国民の一大悲願」であると論じている[43]。

　日本社会党の片山哲議員は同年3月1日の衆議院予算委員会では、「今後一切日本は戦争の中に巻き込まれない、のみならず、日本は戦争をやらない、戦争

を放棄しておるという建前を戦後の方針としてわれわれはこれを信奉し、これを日本の幸福なりと考えておる」として、「断じて戦争をやる渦の中に利用されない、巻き込まれない」ことが重要であると主張した[44]。岸信介首相はこうした議論に対して、「戦争に巻き込まれる」ことは極めて重要な問題であり、そのためには民主政治を日本に根付かせることが必要であると論じていた。

　重要なのは、このとき、岸首相が意識していた「戦争に巻き込まれる」こととは、「日本が戦争を引き起こすこと」だった点である。岸首相は片山議員の質問に対して、民主政治を日本に完成することができなければ、「戦争に巻き込まれるおそれ」があるとして、「私は、政治家としてこの信念に基いて一貫して行動しておる」と述べた。その上で、「日本自身を平和に、他から侵略せず、されない、直接間接の侵略を受けないという立場に置くためには、日本の自衛力から申しますというと、私は望ましいことじゃないけれども、日米共同防衛の形において祖国を守る以外に道がない」と論じたのである。

　さらに岸首相は、翌3月2日の予算委員会においても、「私は日本の国があの戦争に巻き込まれたという情勢を、これはいろいろなことからきておると思いますが、その原因を十分に私自身も反省し、そういう情勢を再び作らないということ、すなわち日本が絶対的に戦争に巻き込まれないということの政治を作り上げることが必要である」と主張し、「戦争に巻き込まれない」ためには、民主政治を根付かせることが必要だとの議論を行うようになったのである。

　上記からも明らかなように、岸首相は、「米国の戦争に日本が巻き込まれる」という文脈ではなく、「第二次世界大戦において日本が戦争に巻き込まれた」という文脈から「戦争に巻き込まれる」と述べていたのである。岸首相は、民主政治が根付かなかったことが第二次世界大戦に日本が巻き込まれた要因だと考えており、日本社会党がこれまで提示していた「米国の戦争に日本が巻き込まれる」という文脈とは異なっていたのである。

　しかし、同年5月15日の衆議院外務委員会において日本社会党の大西正道議員が行った質問によって、岸首相の議論は変わっていくこととなる。大西議員は、日米安全保障体制の「極東条項」を指摘して、「米軍は『極東における国際の平和と安全の維持に寄与し』こういうふうなことが書いてあるのです。この

『極東』というのは、総理の見解ではどこをさすとお考えでしょうか」と質問した。岸首相はこの質問に対して、「普通にわれわれが常識で考えておる極東というものをさしておる」と答えたものの、大西議員は納得せず、「あなたの常識では、韓国あるいは朝鮮、台湾というようなものはこの概念の中に入っておりますか」と質問し、「この条文があるがゆえに日本は、日本と何ら関係のないところの戦争の中に巻き込まれるということになって、この日米安保条約は日本を守るどころではなく、日本を戦争の中に追い込むところの条件をここに規定していると思うのですが、いかがでしょう」と論じたのである。

岸首相は、この質問に対して、「私どもが安保条約全体を再検討するという考えに到達していることは、今おあげになりましたことも、1つの何といいますか、われわれとしては好ましくない事態が発生するわけであります。そういうものを合理的な基礎における体制にしたいということは、全面的に今お話のような点も含めて考えてみたいという意味でございます」と答弁したところ、大西議員は「極東における安全と平和のために米軍を使うというこの規定は、今の日本の現状においては困るというこの事実だけは、あなたはお認めになるのでしょう」とさらに議論を詰め、岸首相は「全然日本の意思でもなく、そういうふうになることは、これはいうまでもなく望ましくない。また日本の意思としてもそういうものに巻き込まれるということは好ましくない、こう思っております」と応じたのである[45]。

この1957(昭和32)年5月18日に岸信介が行った答弁は、米国主導のグローバリゼーションを進める上で、「極東条項」によって、「米国の戦争に日本が巻き込まれる」という可能性に言及し、かつ、「米国の戦争に日本が巻き込まれる」ことは好ましくないと認めたという意味において、極めて意味があった。岸首相はこの答弁によって、実質的に、日米安全保障条約の「極東条項」があるために、「米国の戦争に日本が巻き込まれる」という論理を認めてしまったのである。

さらに重要なのは、先にみたように、岸首相は「日本が絶対的に戦争に巻き込まれないということの政治を作り上げることが必要である」と宣言していたことである。本来ならば、たとえ「極東条項」があっても日本は巻き込まれな

いと説明することもできたし、あるいは、巻き込まれること自体はある程度やむを得ないとの議論もありえた。しかし、岸首相の答弁によって、日米安全保障条約の「極東条項」が存在するために、日本が否応なしに米国の戦争に巻き込まれるという論理づけをしてしまったのである。

日本社会党は以後もこの点を議論している。同年9月2日の衆議院内閣委員会で、日本社会党の石橋政嗣議員は、「アメリカが勝手に日本は危なそうだからというようなことで、いわゆる戦争手段に訴えるというようなことでやられたのでは、これはもう日本人が何も知らぬうちに、局地戦争あるいは全面戦争に巻き込まれるという危険すらあるのです。この根本的なところは、それじゃ改訂できるわけですか」と議論している[46]。

このような状況において、日米両国は同年9月14日に「日米安全保障条約と国際連合憲章との関係に関する交換公文」を取り交わした[47]。この交換公文について、東郷文彦は「極東条項」があるために米軍の戦争に巻き込まれるという批判に対抗するために、交換公文に「安保条約と国連の関係の明確化」を掲げたと説明している[48]。こうして、岸首相の答弁によって、「米国の戦争に日本が巻き込まれる」という議論を日本政府が認めたこととなり、日本政府は「極東条項」に対応する義務を課せられることとなってしまったのである。

米国との交渉が進む中で、岸首相は同年11月11日の参議院予算委員会で、「いろいろと私の施政に対する御批判がございましたが、私はかねてあらゆる機会に申し上げておるように、日本が再び戦争に巻き込まれるということを絶対に避けるということは、私の施政の1つの大きな信念であります」と論じたうえで、「ただその方法として、中立的な立場をとればそれで日本が巻き込まれないという見解には私は賛同しない」として、「私は再び日本が巻き込まれない」ためには、「日本みずからが必要な防衛の措置を講ずる」ことが必要であり、「自由主義国の陣営において従属関係を深めて戦争にかり立てるような方向に進んでおる」わけではないと論じたのである[49]。

他方で、日米交渉が進んでいく中でも、反米感情は一向に収まる気配がなかった。1956（昭和31）年12月の那覇市長選挙では沖縄人民党の瀬長亀次郎が当選したものの、米国政府は瀬長が反米的であると判断したことから、関係法令を

改正することとしたのである。結局、前科があり、特赦を受けていない者の被選挙権を剥奪することが決定され、瀬長市長は公職から追放されることとなった。これを受けて1958（昭和53）年1月に行われた那覇市長選挙では、米国の思いとは異なり、瀬長を支援していた民主主義擁護連絡協議会が推薦する兼次佐一氏が当選した。さらに同年5月22日に行われた第28回衆議院議員総選挙では、日本社会党は米ソの戦争に日本が「巻き込まれる危険」が増しているとのキャンペーンを行い、過去最高の166議席を獲得したのである。

この時期、米国の認識も大きく変わっていった。1958年1月16日の『ニューヨーク・タイムズ』は、当時、キプロスの独立問題を抱えていた英国を引き合いにして、米国の沖縄支配は植民地主義と受け取られ、日本国との有効な関係を阻害するとの記事を掲載した[50]。それから1週間後には、重光との会談で安保改定を拒絶したダレスも、「もし我々が、単に条約上の権利にいすわろうとするだけならば、敵対的で、親共産主義とは言わないまでも中立主義的な感情を持つ日本政府に導かれた大衆の感情によって、吹き飛ばされてしまうだろう」との認識を明らかにしたのである[51]。

このような状況から、D. マッカーサー（Douglas MacArthur Jr.）駐日大使は同年2月18日、日本の中立主義に危機感を覚え、日本を他の同盟国と同様に対等なパートナーとして扱う必要があり、そのためには安保条約を改定すべきであるとの報告書を国務省に提出したのである[52]。新安保条約をめぐる日米交渉で最大の争点となったのは、「条約区域」の問題であった。マッカーサー駐日大使は「条約が本当に相互的になるには、日本は米国が米国本土あるいは他の太平洋の領土内で攻撃されたら来援することに同意しなければならない」との意見もあるが、「我々にとって非常に重要な日本の軍事・兵站基地のいくつかを使い続ける」ことができるのであれば、「日本が我々を助けに来るという約束を得ることは必要不可欠ではない」と主張したのである[53]。

このような認識から、マッカーサー駐日大使が提出した草案の第5条では、「各締約国は、一方の締約国の領土又はその施政権下にある地域に対する、西太平洋地域内での武力攻撃が自らの平和および安全を危うくするものであることを認め、自国の憲法上の手続きに従って共通の危険に対処するよう行動する」

として、1955年の重光ダレス会談で使われた「西太平洋」が使用されたのである[54)][55)]。この第5条でいう「西太平洋」は、「日本本土」と、米国の施政権下にあって講和条約第3条に示されている西太平洋の島の領土、つまり、「沖縄・小笠原」を示すと定義されていた[56)]。したがって、このマッカーサー案には、「西太平洋」という言葉が使われていたものの、重光ダレス会談で問題となったグアムなど、米国固有の領土は含まれていなかったのである。

このように、マッカーサー駐日大使は米国主導のグローバリゼーションを維持するためには、ある程度、日本側に譲歩する必要があると考えていた。しかし、国務省は「西太平洋」という地理的範囲は日本側にあまりにも譲歩しすぎていると主張し、日本本土や沖縄、小笠原に加えて、グアムやハワイも含めた「太平洋地域」を条約区域とすることを主張した[57)]。この「太平洋地域」という言葉は、米国が太平洋安全保障条約（ANZUS条約）など他の条約で締結している相互条約の形式を踏襲したものであり、この言葉を使うことによって日米関係がアジアの他の諸国と同様に対等な関係に立ったことを宣言しようと試みたのである。

結局、同年10月4日、米国側は、「太平洋地域において他方の行政管理下にある領域又は地域に対する武力攻撃が、自国の平和と安全を危うくするものであることを認め、自国の憲法上の手続きに従って共通の危険に対処するように行動することを宣言する」とする新安保条約草案を提出した[58)]。そして、日米両政府は10月8日から、安保条約を相互条約に改定する交渉を東京で開始することとなったのである。

この条約案では、「空間」概念として「太平洋地域」という言葉が使われ、これまでの「極東」に加えて、沖縄や小笠原諸島を条約区域に含めるものだった。そして、この形式が米国の唯一同意できる形式だと国務省は日本側に説明したのである[59)]。しかし、同年11月26日、日本政府は「太平洋地域」を条約区域にすることは困難であるとマッカーサーに伝えた[60)]。以後も、マッカーサーは国務省の要求を受けて、「太平洋地域」という言葉を使用するように日本側に幾度も働きかけたものの、日本政府は「太平洋地域」を受け入れることはかたくなに拒んだのである。

なぜ、日本政府は「太平洋地域」を拒絶したのだろうか。むしろ日本政府にとっては、「太平洋地域」はおろか、「極東条項」すらも拒否したい状況があった。1958年8月23日、中国が大規模な金門島砲撃を開始し、10月6日の停止宣言までに合計50万発もの砲弾を金門島地域に発射した[61]。8月27日の北京放送では、「中共軍は台湾及び大陸沿岸諸島の解放を決意しており、金門上陸は近い」と放送され、中台の緊張は一気に高まった[62]。ダレス国務長官は9月4日、「金門・馬祖の確保と防衛とが、ますます台湾防衛と不可分のものとなった」として、台湾海峡へ介入する方針を発表した[63]。

この金門島砲撃をきっかけにして、日本国内において、「米国の戦争に日本が巻き込まれる」という議論はさらに強いものとなったのである。中国の金門島砲撃から6日後の8月29日、日本社会党の岡田宗司議員は「最近に至りまして、日本のすぐ近くにおいて、すなわち中国の沿岸において、中国の軍隊と台湾の国府の軍隊との間に武力衝突が起りました。そうしてこの問題が今度はまた大きな国際的な危機にまでなりそうな気配を示しておるのであります。私どもは、これは近いだけに、また、同時にわれわれはこの国際緊張のうちに巻き込まれるおそれもある」と発言している。この質問に対して、藤山愛一郎外相は「極東の戦乱に日本が巻き込まれることは好ましいところでない」との発言を行っている。藤山は「金門島周辺の事態がすぐに大きな形において米軍の出動になる」ような事態は避けなければならないとして、「日本が巻き込まれるということのないような努力をして参る必要がある」と論じたのである[64]。

この答弁は、「米国の戦争に日本が巻き込まれない」ようにすることが日本政府にとって極めて重要な目標であると認識されるようになった点において極めて重要である。先にみたように、日本政府は当初から「米国の戦争に巻き込まれる」ことが重要な問題だと認識していたわけではなかった。再び戦争を起こすことがないように自衛隊の海外派兵を禁止し、他国に脅威を与えないことが重要な政策課題であると認識されており、米国の基地によって、日本が米国の戦争に巻き込まれるという議論を日本政府は必ずしも受け入れていなかったのである。しかし、中台海峡危機を背景にして、先にみた1957(昭和32)年11月の岸首相の答弁や1958(昭和33)年8月の藤山外相の答弁によって、「米国の戦

争に巻き込まれる」という恐怖が現実的なものとして論じられるようになっていったのである。

　以後、日本社会党はたびたび巻き込まれるという議論を喧伝するようになった。同年9月30日の衆議院本会議では、浅沼稲二郎議員は、「アメリカの軍事介入には反対、アメリカが台湾問題のために日本の基地を使用することに反対の態度をとって政府は行動すべきであると思う」と論じた[65]。また、同年10月1日の参議院本会議でも、千葉信議員が「今後この戦争が拡大するにつれて日本は急速に、国民のだれもが欲せざるにかかわらず、実際上戦争に巻き込まれていく危険に直面せざるを得ない」、と論じたのである[66]。

　さらに、1958年11月4日の参議院外務委員会では、羽生三七議員が「アメリカが極東の平和と安全ということで、日本と何らかかわりのない他国と戦争状態になった場合、これは日本の基地からの米軍出動ともなるならば、これは好むと好まざるにかかわらず日本は戦争の渦中に巻き込まれる公算が多い」と発言している[67]。

　このような状況下において、同年11月26日、日本政府は「太平洋地域」を条約区域にすることは困難だと伝えた。日本政府にはもはや「太平洋地域」はおろか、「極東条項」ですら受け入れがたいような状況が生まれてしまっていたのである。同年12月19日の衆議院外務委員会では、日本社会党の大西正道議員が「極東条項」が「日本の関知しないところの極東における紛争に日本は自動的に関与する、すなわち不幸なる戦争に巻き込まれるという根拠」になっていると主張した。藤山外相は「極東条項」について、「この問題については当然われわれとしては、協議事項の中に入れてもらいたいということを主張する」と答弁している[68]。

　また、1959(昭和34)年2月28日の衆院外務委員会では、岸信介首相も「米軍が、極東の安全と平和のために日本の意思に反して出動」した場合には、日本が「侵略や戦争に巻き込まれるおそれがある」との議論があったことを認め、そのような事態が起こらないように、「改正の1つの条項にそういう条項を明らかに」する必要があると論じている[69]。

　こうした国会での審議に加えて、1959年に入ると日本社会党が反米主義にイ

ニシアティブを発揮するようになる。同年3月9日には、浅沼稲次郎議員が中国で「米帝国主義は日中両国人民共同の敵」と挨拶し、同年3月28日には、日本社会党・日本労働組合総評議会・原水爆禁止国民会議などが日米安保改定阻止国民会議を結成するなど、国内でも安保改定に対する反対勢力が結集するようになっていったのである。

さらに、同年3月30日、砂川事件をめぐる東京地裁で「米軍駐留は違憲」とする「伊達判決」が下されたことは象徴的な出来事であった。判決文では「極東における国際の平和と安全の維持のために事態が武力攻撃に発展する場合」には「わが国が自国と直接関係のない武力紛争の渦中に巻き込まれる」と論じられたのである[70]。こうした状況を受けて、藤山愛一郎外相は「極東」を入れれば、日本の義務が無制限に拡大したとの印象を与え、反対勢力から批判されると、マッカーサー駐日大使に説明している[71]。

このような日本政府の頑なな態度は米国内でも認識されるようになっていった。同年6月7日に開催された米上院外交委員会では、C・A・ハーター (Christian Archibald Herter) 国務長官が「アメリカは、日本以外の極東の他の区域での行動のために、日本基地を日本政府と協議なしに使用することを許されているが、このことは、日本国民自身の希望とかかわりなく、日本を戦争に巻き込む恐れがあるという心配がある」として、交渉が15か月に長引き、日本の要求の多くが受け入れられた理由として中立主義を挙げている[72]。

最終的に、米国政府は「太平洋地域」を主張することを諦め、やむを得ず日本側の要求を全面的に受け入れて、「極東」を再び採用することを決定した。そして、同年6月18日、日米両政府が合意した新安保条約第6条では、「日本国の安全に寄与し、並びに極東における国際の平和及び安全の維持に寄与するため、アメリカ合衆国は、その陸軍、空軍及び海軍が日本において施設及び区域を使用することを許される」と規定されたのである[73]。

こうして、1957(昭和32)年5月18日に行われた岸首相の答弁によって、「米国の戦争に日本が巻き込まれる」ことについて、日本政府は何としても対応しなければならない問題であるとの認識が生まれていった。そして、米国主導のグローバリゼーションが進められる中で、日本政府は国内の中立主義を盾にし

て「太平洋地域」案を拒否し、何とか「極東条項」を再確認することができたのである。しかし、国内では、日本社会党が「米国の戦争に日本が巻き込まれる」という政治キャンペーンが日増しに強くなっていき、日本政府はこの対応に苦慮することとなる。

5.「極東条項」の変容

　日米交渉では「極東条項」が再び確認されたものの、「極東」が具体的にどの範囲を指すのかについて議論が展開されることはなかった。しかし、新安保条約をめぐる国会審議で「極東」の範囲が再び政治問題化することとなる。1959 (昭和34)年11月10日の衆議院本会議で、日本社会党の戸叶里子議員は「極東」の範囲についての質問を行った。戸叶議員は西村熊雄元条約局長の発言を引用し、「アメリカの軍隊は極東における国際の平和と安全に寄与するために使用できると規定している。このことは、極東の平和と安全のために使用される合衆国軍隊は極東地域で行動するであろうが、条約上は極東に限定されるものでない。極東の平和と安全のためならば極東地域外に出て行動しても差しつかえない」としている点を問題視した[74]。

　戸叶議員は、「フィリピンが極東に入らなくても、これが極東の安全を脅かすと考えると、そこまでアメリカが出動しても差しつかえないことになるのであって、こうなると、SEATOにもつながれば、ベトナムの南北の紛争にも関係を持つことになる」として、「日本の安全のためにのみじっとしていられるのであるならばまだしものこと、日本を足場にして、方々の戦争、紛争に手を出されては日本が戦争に巻き込まれることを最もおそれるものであります。国民の危惧しているこの点を、いかに御解明になることができるでありましょうか」と問題提起したのである[75]。

　藤山外相はこの質問には答えず、「極東」の範囲を「日本の周辺を中心にしまして、フィリピン以北…沿海州に至るというところであります」と答弁している。またこの後、社会クラブの竹谷源太郎議員も同様の質問を行い、藤山は、

「フィリピン以北、中国の一部あるいは沿海州、そういう、いわゆる日本を中心にいたしましたこの地域」が「極東」であると答弁した。

　藤山外相の発言はこの時点では注目されなかったが、同年11月16日の参議院予算委員会で日本社会党の亀田得治議員が質問を行ったことから、極東の範囲は再び政治問題化する。亀山議員は、「極東の平和と安全ということが、いわれておりますが、その範囲ですね、大体米軍の作戦行動の範囲は極東に限定される意味なのかどうか。こういう点はどうなっているか、明確にしてほしい」と質問した。藤山外相は、「極東」の範囲を「大体フィリピンから北、中国の沿岸、沿海州、日本の周辺を含む」一帯であると答弁した上で、米軍の行動範囲について、「むろん、アメリカ軍としては、自由に出られると思います。しかし、日本としては、極東の平和と安全が日本の平和と安全に重大な問題なんでありますから、極東の平和と安全がどういうふうにして日本の平和と安全を脅かすかということを、まず検討しなければならぬ」と発言した。

　この答弁で、政府は米軍の行動範囲が「極東」つまり、「フィリピンから北、中国の沿岸、沿海州、日本の周辺を含む」範囲であることを示したことによって、政府は「極東の範囲が広げられていって、どこまでいくのかわからないというふうなことになるんじゃないか」との批判を一斉に受けることとなったのである。実際に亀田も、「目的さえ明確になれば、行動範囲はソ連や中国の奥まで行くことになるのではないか」として、厳しく糾弾している[76]。

　このように国会で「極東」について論争が繰り広げられるなか、自民党は七役会議を開き、「外相の国会答弁は誤解を招く恐れがある」として、政府の統一見解を発表した[77]。この統一見解は、極東の範囲について、「フィリピン以北の地域を考えている」と規定し、米軍の活動範囲については「おおむねこの地域でとられることになるのは当然である」との内容だった。この自民党の修正は、「極東」を自由主義国に限定し、米軍の活動範囲をほぼ「極東」の範囲であるとすることによって、「米国の戦争に日本は巻き込まれ」ることはないと主張するものだったのである。

　翌11月18日、参議院予算委員会の答弁では、藤山外相は「私は一昨日の亀田委員の質問に対して、奥地まで行けるとか、モスコーまでいけるとか申した

つもりはないのであります」と述べたあと、「アメリカ軍というものが極東の平和と安全に出動する場合、極東の平和を維持される地域ということに限られることは申すまでもありません」と発言している[78]。日本政府はこの時点で急遽、「極東条項」を削除するように米国政府に提案したものの、拒絶された[79]。また、日本政府は「極東」の範囲について協議したいと米国政府に申し出たものの、この提案についても、マッカーサーに「極東の線は引けないからこの話はやめよう」と断られている。地域の安全保障を重視する米国にとって、「極東」の範囲を制限し、米国の行動の範囲を制限することは考えられないことであった。また、日本政府にとっても、「極東」の範囲を制限することによって、米国の戦争に巻き込まれないと論理づける必要性があった。このような状況において、「極東」について両国が折り合うことは到底できなかったのである。

このような状況で、いわゆる「極東論争」が展開されることとなる。1960(昭和35)年2月8日の衆議院予算委員会で日本社会党の横路節男議員は「極東」の地理的範囲を追求した。先にみたように、質問内容それ自体は、これまで日本社会党が行ってきた議論とそれほど大きな差があったわけではないが、この論争が幅広く報道されたことから「極東条項」は一挙に注目されることとなったのである。

藤山外相は「極東」の範囲を「フィリピン以北、日本の周辺を『極東』と考えている」と答弁したものの、横路議員は藤山外相が1959(昭和34)年11月におこなった答弁の中にあった、「中国の沿岸、沿海州」という文言が抜け落ちている点を追求したのである。このような混乱を受けて、岸首相は「極東」の範囲を「フィリピン以北、日本の周辺」であり、「中国大陸や沿海州は、この意味において含まれない」とする政府見解を明らかにしたものの、以後も横路議員は北千島、金門、馬祖について追及し、政府はこれら地域が「極東」に含まれるのかについて見解を右往左往させた[80]。

このように日本政府の見解が揺れ動く中で、日本政府と米国政府が「極東」について合意を行っていないのではないかとの議論が生まれていった。1960年2月9日の『朝日新聞』には、米国政府は極東の範囲については岸首相の考え方は厳しすぎると考えており、国務省極東担当次官補のグラハム・パーソンズ

(Graham Parsons)は、米国政府は「極東」を「中国、東北アジア（日本、朝鮮、琉球）、東南アジア（ビルマ、カンボジア、ラオス、マラヤ、タイ、ベトナム）、南西太平洋（オーストラリア、ニュージーランド、インドネシア、フィリピン）」と考えているとする記事が掲載された[81]。この記事では、椎名悦三郎内閣官房長官がこの政府の統一見解を再検討する必要があると発言し、外務省内でも検討が始まっているとの内容だったのである。

この記事を受けて、翌2月10日の参議院本会議では、「極東条項」の範囲は本当に米国と合意できているのかという議論が巻き起こった。佐多忠隆議員の質問に対して、岸首相は「フィリピン以北、日本の周辺海域を含んでの周辺」を「極東」と解釈しているものの、「日米の間に特に合意をしたということはございませんが、条約の交渉の過程において、日米の間に意見の相違はないと私は承知いたしております」と発言したのである[82]。

そして、日本社会党の淡谷悠蔵議員が同日の衆議院予算委員会において、日米両国が「極東の範囲」について共通した認識を持っているのかをさらに質問した。藤山外相は、「アメリカと日本との極東という見解は相違がない」と明言したものの、淡谷議員が「その話し合いというのは、いつどこでなされたのか」とさらに質問したところ、藤山外相は「そういうことは申し上げかねます」として、具体的な日時などを示すことはできなかったのである。

また、淡谷議員は岸首相に対して「けさ参議院の本会議の答弁で、岸総理は、アメリカとの間に合意はできていないということを答弁されている。今聞きますと、外務大臣は合意ができたと言っている。あなたはできないと言っている。どっちがほんとうです」と質問した。岸首相は、「私はあるいは記憶が間違っておるか知りませんが、参議院において、合意はないが、意思の相違がないというようなことを申した記憶はございません」と答弁し、「私の記憶では、私はこの問題についてアメリカと特に協議したことはない、しかし意見は、食い違いはございません、相違はありませんということを申し上げたのが、私の真意」であると答えたのである。

岸首相の答弁はさらに迷走し、「私の答弁は、先ほど来の答弁がちょっと不明瞭でございましたから、明瞭に申し上げます。速記のなにには、合意という

言葉は確かにあります。私はその記憶がなかったのでありますけれども、それは、頭で考えますと、私の考えでは、要するに、合意した文書か何かの問題があるかという問題は、それはありません。しかしそのなには、交渉の経過において両方の間に意見の相違はありません。これは事実でございます。そういう意味であったのでありまして、私の記憶が不明瞭であったことをおわび申し上げます」と論じている。このような答弁によって、国民の間には「極東」についての合意が存在していないのではないかという疑念がさらに強くなったのである[83]。

このような状況において、朝日新聞は、同年2月12日に行った米国政府関係者へのインタビューでは、極東の定義に関して「極東の正確な地理的定義を下したことはなく、また今定義づける意向もない」と述べていたことを報じた[84]。この記事について、日本社会党の辻原弘市議員は藤山外相に対して「あなたは、交渉の過程で話し合いをして意見の一致を見た、相違はなかった」と言うが、米国側が「全然アメリカの国務省としては、合意にも達しておらないし、協議したこともなければ、これについて定義を下す意思がないとはっきり否定している」のはなぜかと厳しく問い詰めている[85]。

この時期、マッカーサー駐米大使は岸首相や藤山外相に対して、上院の審議で拒否されるとして、「極東」の範囲を日本政府が定義しないように働きかけていた。しかし、日本政府は国会での紛争を理由に、米国と協議しないままに「極東」を定義することとしたのである[86]。そして、同年2月26日、日本政府は最終的に「極東」の範囲を「フィリピン以北並びに日本及びその周辺の地域であって、韓国及び中華民国の支配下にある地域もこれに含まれている」とした上で、「この区域の安全が周辺地域で起った事情のため脅威されるような場合、米国がとることのある行動の範囲は、必ずしも前記の区域に局限される訳ではない」とする統一見解を発表したのである[87]。

この統一見解は、「フィリピン以北並びに日本及びその周辺の地域であって、韓国及び中華民国の支配下にある地域」という具体的な範囲を制限することによって、日本社会党が繰り返し指摘した「極東の具体的範囲」を制約するとともに、米国の戦争に巻き込まれるという議論を否定する内容となっている。し

かし同時に、「この区域の安全が周辺地域で起った事情のため脅威されるような場合、米国がとることのある行動の範囲は、必ずしも前記の区域に局限される訳ではない」とすることで、実質的には、米軍の行動は「極東」の範囲に制限されないことを示し、米国政府が受け入れられる形としたのである。

しかし言うまでもなく、この統一見解は「米国の戦争に日本が巻き込まれる」という議論に対して十分な反論にはなっていなかった。この点については、同年3月1日の衆議院予算委員会で、岸首相が以下のように答えている。「米軍が極東の安全と平和を守るために行動する範囲はどこまでであるか、極東に限るということは従来申しておりません。しかしながら米軍としては、もちろん行動はその事態に応じて、アメリカの憲法が認め、国連憲章の許すことでやるわけであります。またさらに日本の基地を使ってそういう行動をする場合においては、日本の事前協議の対象になるわけであります。従って、現実に行動する範囲というものはおおむね極東の地域に限られる、おおむねということを申しておる。おおむねということは、同一でないということを意味しておるわけでございまして、以前の私どもが説明しておることと少しも違っておりません」という答弁を行ったのである[88]。

この答弁の本質は、米国の行動範囲は「極東」には縛られないものの、米国の行動自体は国連憲章などによって縛られ、また、日米の事前協議の対象となるために、日本政府が無制限に「米国の戦争に巻き込まれる」ということにはならないことを示したことにある。なお、現在に至るまで、「極東の範囲」に関する統一見解は修正されたことはない。しかし、「極東条項」は国際情勢の変動に伴って、さまざまな政治問題を引き起こしていくこととなるのである。

以後、同年5月20日に衆議院で新安保条約が強行採決されると、反対運動が高まりを見せ、国会議事堂の周囲をデモ隊が連日取り囲むという事態に陥った。このときも、岸首相は「国会周辺は騒がしいが、銀座や後楽園球場はいつも通りである。私には"声なき声"が聞こえる」と述べるなど、デモを重視しない考えを示していた[89]。しかし6月10日、ジェームズ・ハガティ（James Haggerty）大統領報道官が空港周辺でデモ隊に包囲され、米海兵隊のヘリコプターで救助されるという事件が発生し、6月15日には、国会議事堂正門前で警察とデモ隊

が衝突し、東京大学学生の樺美智子が圧死するという事件が発生するなど、事態は混迷化していったのである。結局、6月19日、条約は参議院の議決がないままに自然成立し、アイゼンハワー（Dwight D. Eisenhower）大統領の来日も延期となった。岸首相は混乱を収拾するために、新安保条約の批准書交換の日である6月23日に総辞職したのである。

その後、同年10月24日に実施された第29回衆議院議員総選挙では、投票率が前回総選挙に比べて3.48％下落するなど、安保改定の影響は見られなかった。自由民主党は池田勇人首相が「所得倍増計画」を掲げて296議席を獲得し、自民党の議席獲得数では最高数となった。また、日本社会党は1959（昭和34）年10月に衆議院議員21人、参議院議員12人が離党し、民主社会党を結成したことから、議席数は145議席にとどまったのである。

こうして、日本政府は「極東条項」を米国には無断で定義づけることによって、国内的には、「米国の戦争に日本が巻き込まれることはない」という論理づけを行い、かつ、事前協議があることを根拠に、米国の行動範囲には一定の制約があるかのように説明したのである。しかし、実際には、米国主導のグローバリゼーションを受け入れることについては何ら変わっておらず、米国にとって「極東条項」が具体的な地理的範囲を持つことはなかった。そして以後、日本政府は国内向けの説明と、米国への対応とを両立させるという必要が生じていったのである。

6. おわりに

以上より、「極東条項」の成立過程を検討することによって、米国主導のグローバリゼーションが進められる中で、日本政府が国内の反発へどのように対処していったのかを明らかにした。そもそも、日米安全保障体制は、「日本の安全」と「極東の安全」を確保するために、米軍が日本の基地や施設を利用することを定めたものであり、また、グローバリゼーションが進展している以上、朝鮮戦争やベトナム戦争が勃発したことによって、日本政府がそのような状況

に一切「巻き込まれない」はずはなかった。

　むしろ本質的に重要なのは、日本の政治が判断して、米国の戦争に「巻き込まれる」べきか否かを判断することだったはずだった。したがって、日本政府が本当に「巻き込まれる」ことを望まないのであれば、日米安全保障条約は締結されるべきではなかったし、日米安全保障条約を締結するのであれば、日本政府は「巻き込まれる」ことを堂々と認めるべきだったといえるのかもしれない。

　問題の本質は、日本政府が安保闘争などさまざまな状況があったにせよ、「米国の戦争に日本が巻き込まれる」という説明を十分にすることなく、あたかも、日本政府が「米国の戦争に日本が巻き込まれない」かのような議論を行ったことにある。本来ならばそのような「巻き込まれる」状況で、事前協議などの制度をどのように運用するのかが重要だったはずだが、「米国の戦争に日本が巻き込まれない」としたことによって、皮肉にも、制度を十分にコントロールすることができなくなってしまったといえるのかもしれない。

注

1) グローバリゼーションの定義については、David Armstrong, Globalization and the Social State, *Review of International Studies*, Vol.24, No.4, October 1998, pp.461-478. Ian Clark, Beyond the Great Divide: Globalization and the Theory of International Relations, *Review of International Studies*, Vol.24, No.4, October 1998, pp.479-498.
2) 滝田賢治はグローバリゼーションを「冷戦終結後、米国の民需転換過程で商業化されたIT技術により現象化した時空の圧縮化過程であり、米国が産業競争力強化のためIT技術を生産・流通・金融に投入したため、アメリカナイゼーションも同時進行した」として定義している。滝田賢治「グローバリゼーションとアメリカナイゼーション：冷戦終結との関連で」『アメリカ太平洋研究』東京大学大学院総合文化研究科附属アメリカ太平洋地域研究センター、2001年3月、p.29-43
3) 旧日米安全保障条約第一条には、在日米軍は「極東における国際の平和と安全の維持に寄与」し、並びに、「外部からの武力攻撃に対する日本国の安全に寄与」するために、日本の基地や施設を使用できることが定められている。この条文の「極東における国際の平和と安全の維持」という文言は「極東条項」と呼ばれ、これまで幾度となく議論を呼んできた。極東条項が挿入された経緯については、当時の担当者の回顧録として、西村熊雄『日本外交史27　サンフランシスコ平和条約』鹿児島出版会、1971、p.172-173を参

照されたし。吉田・ダレス会談の全容については、『読売新聞』（1982年9月20日）、そのほかにも、田中明彦『安全保障—戦後50年の模索』読売新聞社、1997、p.66-68および、明田川融『日米行政協定の政治史 — 日米地位協定研究序説』法政大学出版局、1999、p.137-138が端的にまとめている。Foreign Relations of the United States (hereafter FRUS), 1951, Vol.VI, pp.950-952.

4) 「極東条項」という言葉を国会で初めて使用されたのは、1960（昭和35）年4月26日の衆議院日米安全保障条約等特別委員会においてである。岡田春夫議員は「在日米軍の行動が国連の行動としてとられた場合、もしここで第6条の規定に、極東における国際の平和と安全の維持に寄与するためにという条項が、日本国の安全のためにという言葉と2つ並べてございますけれども、この極東における国際の平和と安全の維持に寄与するためにという、いわゆる簡単には「極東条項」と申し上げましょう、「極東条項」がないものとして、国連が適法に軍事行使の決意を行なって、それに基づいてアメリカが行動する場合においては、この「極東条項」がなくとも、日本が第6条で使用を許した基地から米軍が出撃することができると思うのでありますが、この点はいかがでございますか」と質問した。『第34回国会日米安全保障条約等特別委員会議録第2号』（1960年4月26日）。以後、「極東条項」という呼び方が定着していくこととなる。本稿では、新安保条約第一条と同一内容であることから、旧安保条約第一条の「極東における国際の平和及び安全の維持」という文言についても「極東条項」と呼ぶこととする。

5) 豊下楢彦『安保条約の成立—吉田外交と天皇外交—』岩波新書、1996、豊下楢彦『安保条約の論理—その生成と展開』柏書房、1999を参照されたし。

6) 坂元一哉『日米同盟の絆—安保条約と相互性の模索』有斐閣、2000、坂元一哉「安保改訂に於ける相互性の模索」日本国際政治学会『国際政治』第115号、1997、原彬久『戦後日本と国際政治—安保改定の政治力学』中央公論社、1988

7) 室山義正『日米安保体制上』有斐閣、1992、p.116、三浦陽一『吉田茂とサンフランシスコ講和』上、大月書店、1996、p.214

8) 細谷千博・有賀貞・石井修・佐々木卓也編『日米関係資料集1945-97』東京大学出版会、1999、p.275-304、MSA協定の成立過程については、石井晋「MSA協定と日本—戦後型経済システムの形成」『学習院大学経済論集』第40巻第3・4号、学習院大学経済学会、2003年10月を参照されたい。

9) 『東京—ワシントンの密談』中央公論社、1999、p.150-156

10) 労働運動史編纂委員会『総評労働運動の歩み』1975、p.46-53

11) 労働省編『資料・労働運動史　昭和28年』労務行政研究所、1995、p.569-588

12) 労働省編『前掲』p.398-402

13) 都留重人「MSAと日本」『世界1953年8月号』岩波書店、1953年8月、p.26

14) 『エコノミスト別冊　MSA発動・一兆円予算　難局に立つ日本経済』毎日新聞社、1954

年4月、p.12
15) 『朝日新聞』(1953年6月21日)。
16) 細谷千博・有賀貞・石井修・佐々木卓也編『前掲』p.233-252
17) 『第19回国会参議院本会議録8号』(1954年1月30日)。
18) 『第19回国会参議院本会議録21号』(1954年3月19日)。
19) 『第19回国会衆議院外務委員会議録第25号』(1954年3月25日)。
20) 『第19回国会衆議院本会議録第31号』(1954年3月31日)。
21) 『第21回国会衆議院内閣委員会議録第14号』(1954年6月1日)。
22) 『第19回国会参議院本会議録第57号』(1954年6月2日)。
23) 外務省条約局『日本外交主要文書・年表 (1)』p.633-639、外務省条約局「条約集」第32集第7巻。
24) 第一次台湾海峡危機に関する先行研究は非常に多い。Gordon H Chang and He Di. "The Absence of War in the U.S.-China Confrontation over Quemoy and Matsu in 1954-1955: Contingency, Luck, Deterrence?" *American Historical Review* (December 1993), pp.1500-1524. 湯浅成大「冷戦初期アメリカの中国政策における台湾」『国際政治(米中関係史)』日本国際政治学会、第118号、1998年5月、p.46-59、前田直樹「第一次台湾海峡危機とアイゼンハワー政権―危機処理をめぐる米台摩擦」広島大学法学会『広島法学』第18巻第4号、1995年3月、p.149-180、松本はる香「台湾海峡危機 (1954-55) と米華相互防衛援助条約の締結」『国際政治 (米中関係史) 第118号』国際政治学会、1998年5月、p.84-102
25) 『第22回国会参議院本会議会議録第5号』(1955年3月25日)。
26) 『第22回国会衆議院予算委員会会議録第7号』(1955年5月7日)。
27) 『第22回国会参議院予算委員会会議録第23号』(1955年6月11日)。
28) 『第22回国会参議院外務委員会議録第2号』(1955年9月14日)。
29) 岸信介『岸信介回顧録―保守合同と安保改定』p.205
30) 「相互防衛に関しては、各締約国が西太平洋地域における相手国の領土または施政権の地域に向けられた武力攻撃を、自国の平和と安全にとって危険であると認め、その共通の危険に対して自国の憲法上の手続きに従って行動する」と記されている。
31) 岸信介・矢次一夫・伊東隆『岸信介の回想』文芸春秋、1981、*FRUS* 1955-1957, vol.23, p.96-102.
32) 『第22回国会参議院外務委員会議録閉2号』(1960年9月14日)。
33) 『第23回衆議院予算委員会会議録第5号』(1955年12月10日)。
34) 『第22回国会衆議院内閣委員会議録第23号』(1955年6月16日)。
35) 『第24回国会衆議院内閣委員会議録第13号』(1956年2月27日)。
36) 『朝日新聞』(1956年2月28日)。
37) もっとも、この答弁は佐藤達夫法制局長官の「自衛権発動の三用件」に基づいたもので

あり、まったく根拠がなかったわけではなかった。『第24回国会衆議院内閣委員会議録第14号』(1956年2月28日)。

38) 『第24回国会衆議院内閣委員会会議録第15号』(1956年2月29日)。

39) 『前掲』(1956年2月29日)。

40) 岸信介もこのような鳩山首相の答弁を支持した。1960 (昭和35) 年4月28日の衆議院日米安全保障条約等特別委員会において、岸首相は、「日本の自衛隊の行動としては、日本の領域、及びしばしば申し上げておるように、公空、公海の範囲で行動すべきものであって、他国の領海、領土に行って行動することは、これは自衛隊の本質から見て、行き過ぎである」とした上で、「ただ、問題になります、ある基地から日本が攻撃されて、この基地をたたかなければこれは絶対に日本として自滅しなければならないという場合に、その基地をたたく、それが外国の領土内にあっても、これをたたくということは自衛権の範囲に属する」との見解を明らかにしている。『第34回国会衆議院日米安全保障条約等特別委員会議録第25号』1960年4月28日。さらに岸は、「海外派遣」と「海外派兵」を場合分けする前提となる議論を行った。1960 (昭和35) 年5月4日の衆議院日米安全保障条約等特別委員会において、「自衛隊の問題については、自衛隊が軍事行動のために海外に出ていくということは、これは憲法の規定から考えられないのでありますけれども、その他、平和的な目的で何か海外に出て活動するということまで禁止しておるとは、私は考えません」と発言し、平和的な目的であれば、自衛隊が海外に出動することも可能であるとの見解を示したのである。『第34回国会衆議院日米安全保障条約等特別委員会議録第28号』1960年5月4日。

41) ジラード事件については、明田川融『日米行政協定の政治史 ― 日米地位協定研究序説』法政大学出版会、1999、第4章。

42) 『第26回国会衆議院予算委員会会議録第4号』(1957年2月9日)。

43) 『第26回国会衆議院予算委員会会議録第3号』(1957年2月8日)。

44) 『第26回国会衆議院予算委員会会議録第10号』(1957年3月1日)。

45) 『第26回国会衆議院外務委員会会議録第4号』(1957年5月15日)。

46) 『第26回国会衆議院内閣委員会会議録第44号』(1957年9月2日)。

47) 細谷千博・有賀貞・石井修・佐々木卓也編『前掲』p.412-413

48) 東郷文彦『日米外交30年 ― 安保・沖縄とその後』中公文庫、1989、p.53-54

49) 『第27回国会参議院予算委員会会議録第4号』(1957年11月11日)。

50) C.C. Sulzberger, "An American 'Cyprus' in the Pacific?" The New York Times, January 18, 1958.

51) *FRUS 1958-1960*, vol.18, p.4-7.

52) *FRUS 1955-57*, vol.23, pp.325-330.

53) *FRUS 1958-1960*, vol.18, p.46-49.:*Treaty of Mutual Cooperation and Security between Japan and the United States*, State Department, Central Files (hereafter CF), 794. 5/2-1858, RG 59, National

Archives.

54) *Treaty of Mutual Cooperation and Security between Japan and the United States*, State Department, CF, 794. 5/2-1858, RG 59, National Archives.
55) *FRUS 1958-1960*, vol.18, p.46-49.
56) *FRUS 1958-1960*, vol.18, p.9.
57) *FRUS 1958-1960*, vol.18, pp.36-38. ibid, pp.36-38.
58) *FRUS 1958-1960*, vol.18, p.87. ibid. p.87.
59) 坂元一哉『前掲』p.237-239
60) *FRUS 1958-1960*, vol.18, pp.100-104.
61) 松田康博「中国の対台湾政策 ―『解放』時期を中心に」『新防衛論集』第23巻第3号、1996年1月、p.37-38
62) Dwight D. Eisenhower, The White House Years : Waging Peace, 1956-1961. Doubleday & Co. Inc., N. Y., 1995. P.694.
63) U.S. Dept. of State, *American Foreign Policy, Current Documents 1958*. Government Printing Office, 1962, pp.1146-1147.
64) 『第29回国会参議院外務委員会会議録第3号』(1958年8月29日)。
65) 『第30回国会衆議院本会議会議録第2号』(1958年9月30日)。
66) 『第30回国会参議院本会議会議録第3号』(1958年10月1日)。
67) 『第30回国会参議院予算委員会会議録第2号』(1958年11月4日)。
68) 『第31回国会衆議院外務委員会会議録第1号』(1959年12月19日)。
69) 『第31回国会衆議院外務委員会会議録第8号』(1959年2月28日)。
70) 最高裁判所事務総局編『下級裁判所刑事裁判判例集』第1巻3号、p.776-783
71) *FRUS 1958-1960*, Vol.18, pp.133,137.
72) 『アメリカ上院における安保条約審議』日本国際問題研究所、1960
73) *FRUS*, 1958-1960, vol.18, pp.196-197; *FRUS* 1958-1960, vol.18, 99.196-200
74) 「極東条項」は、在日米軍の行動範囲を規定しているわけではなく、極東の平和と安全の維持という目的のために、在日米軍が日本の施設・区域を使用することを許可しているに過ぎない。西村熊雄は、このことを「使用地域」という言い方で説明している。西村熊雄「安全保障条約論」『サンフランシスコ平和条約・日米安保条約』中公文庫、1999、p.65-67
75) 『第33回国会衆議院本会議会議録第6号』(1959年11月10日)。
76) 『第33回国会参議院予算委員会会議録第3号』(1959年11月16日)。
77) 原彬久『前掲』p.310-311
78) 『第33回国会参議院予算委員会会議録第5号』(1959年11月18日)。
79) 原彬久『前掲』p.311、*FRUS* 1958-1960, vol.18, p.231.

80)『第34回国会衆議院予算委員会会議録第4号』(1960年2月8日)。
81)『朝日新聞』(1960年2月9日)。
82)『第34回国会参議院本会議会議録第6号』(1960年2月10日)。
83)『第34回国会衆議院予算委員会会議録第6号』(1960年2月10日)。
84)『朝日新聞』(1960年2月12日)。
85)『第34回国会衆議院予算委員会会議録8号』(1960年2月12日)。
86) 坂元一哉、前掲書、p.250-251、CF 611. 947/2-1260 (tel.2621, 2622, 2623), CF 611. 947/2-1560 (tel.2637).; *FRUS*: 1958-1960, vol.18, p.231.
87)『第34回国会衆議院日米安全保障条約等特別委員会会議録第4号』(1960年2月26日)。
88)『第34回国会衆議院予算委員会会議録第17号』(1960年3月1日)。
89)『朝日新聞』(1960年5月21日)。

第 9 章

環境問題とアメリカ
―― 京都議定書離脱後のアメリカ国内における環境保全への視点と政治的アプローチ ――

はじめに

　1962年レイチェル・カーソン（Rachel Carson）の『沈黙の春』（Silent Spring）[1]が発表されて以降、アメリカにおいて徐々に環境問題の意識が広まっていった。しかし本格的に環境問題が政治的に受け止められてきたのは1990年代である。世界的には1992年の環境サミット、1997年の京都議定書の取り決めがあった中、アメリカ国内では当時上院議員だったアル・ゴア（Al Gore）が連邦議会でも環境問題を取り上げ、1992年に彼は『地球の掟』（Earth in The Balance）[2]を発表するなどして国民の意識の向上に努めた。

　日本においても1970年代から環境問題が注目を受けるようになり、アメリカの環境政策に関する研究が発表されはじめ、1990年代以降になると学術研究においてさらに多くの論文・著作が発表されてきた。代表的なものとして久保文明の論文「レーガン政権と環境保護政策」(1991)[3]、著作『現代アメリカ政治と公共利益 ― 環境保護をめぐる政治過程』(1997)[4]がある。久保はアメリカの社会構造を全体的にとらえ、市民・団体におけるロビー活動の影響力、環境保護庁の専門家の政治家への影響力などに注目し、彼らの大統領や議員の法制化への影響も踏まえた上で、アメリカの政治政策決定の過程においてイシュー・ネットワークの重要性を示した。同様に太田宏の「アメリカの環境政策をめぐる政治」(2006)[5]や中村昭雄の論文「アメリカの環境政策とアクター」(2006)[6]は包括的にアメリカの環境政策の歴史を考察した上でアメリカ国内における政治アクターの役割や思想の違いについてまとめた。また実証的な著作

として諏訪雄三は『アメリカは環境に優しいのか』(1996)[7]においてアメリカ内の各政治アクター(市民・企業・議会・大統領)の自由な政策競争の中から生み出される環境政策の過程について論述している。そこではアメリカの自由な政治参加から生み出される環境政策が必ずしも最善の結果とならないと指摘した。

また行政府の環境政策の役割の研究として中尾豊、中尾文子の論文「アメリカの環境政策 ― クリントンからブッシュ政権へ」(2001)[8]がクリントン政権からブッシュ政権の移行とその行政府と環境政策の特徴を述べた。また及川敬貴の著書『アメリカ環境政策の形成過程―大統領環境諮問委員会の権限』(2003)[9]は行政府内での環境政策の形成過程を詳細に論述した。またアメリカの環境政策の中で主要な政策に焦点を当てた研究として高橋克樹の著作『キャップ・アンド・トレード:排出権取引を中心とした環境保護の政策科学』(2008)[10]などがアメリカの環境政策の経済的な効用について論述した。

本章においてはこれらの研究を鑑みつつアメリカの政治政策を全体的に俯瞰し、アメリカ民主主義の制度の中でさまざまな政治アクターの環境保全の視点とアプローチを論述する。とくにアメリカ国内において三権分立、連邦制の政治システムの枠組みの中で、京都議定書に賛同する市民がどのように環境政策に影響を与えたのか、また政策決定に関わる人びとがこれらの市民や利益団体の意思をどのように地球的問題である環境政策の決定に反映させたのかについて、政治アクターの視点とアプローチに絞って考察する。政治アクターとしては行政府の長としてジョージ・W・ブッシュ(George W. Bush)大統領とホワイトハウスの高官、環境保護庁、連邦議会の議員、連邦最高裁判所の判事、地方自治体、企業、市民・団体に注目し、それぞれの政治アクターの環境政策に対する見方・論理・思想を判例、公聴会、記者会見、声明、新聞報道、公式ウェブサイトの内容から分析する。

時期としては、アメリカの京都議定書離脱後(2001)、とくに民主党が上下院の多数派を中間選挙で占めた2006年前後からブッシュ政権在任期間終了の2008年までの間に注目する。なぜならこの時期は環境政策に対する一貫した姿勢を見せていた共和党の大統領ブッシュが、はじめて民主党が多数派を占める連邦

議会と対峙した時期であり、連邦最高裁判所においもブッシュの国内環境政策を抑制する判決が出た時期でもあり、地方自治体や市民団体が連邦政府の環境政策に反対する行動をすることが顕著に見られたためである。反グローバル的な環境政策を執りつづけたブッシュ政権下のアメリカにおいて、グローバルな視点から環境政策に影響を与えた政治アクターの行動に注目することで、アメリカの環境政策をその民主主義の構造の中で捉えることが目的である。

最初にブッシュ政権のとった環境政策について京都議定書離脱にいたった理由と説得方法について述べる。第2にブッシュ政権に反対した市民・団体・地方自治体・議会、企業がいかなる視点を持ち実際に行動を起こしたのかを考察する。第3に政府の環境政策への評価として連邦最高裁判所の判決 *Massachusetts v. EPA*（2007）を考察し、その判断に見られる多数派意見と反対意見に見られる視点の違いと行政と立法への影響について分析し、最後に大統領府、連邦議会、州政府がその判決後どのように行政判断また立法活動をしていったのかについて考察して、環境問題におけるアメリカの政治アクターの役割について考察する。

1. アメリカのブッシュ大統領の環境政策

(1) 2008年洞爺湖サミットにおけるブッシュの論理

2008（平成20）年7月北海道洞爺湖において主要国首脳会議が開かれた。この会議での争点の1つに温室効果ガスの規制の問題があった[11]。本会議に先立ち、7月7日には日本の福田首相とアメリカのブッシュ大統領が会談を開いた。ここでは日本側が2050年までに温室効果ガスを半減することを提案したのに対し、アメリカ側はインド、中国も同様の規制が課されることを提案して譲らない姿勢を示した。そこではブッシュは「私は現実主義者である」と述べ、インド、中国が参加しないのであれば、地球温暖化を防ぐのに十分ではないという意思を表明した[12]。

G8の首脳宣言では2050年まで温室効果ガスを半減する目標を世界で共有す

ることが話し合われた。しかしここでもアメリカは温室効果ガスを多く排出する中国、インドをG8に加えた主要排出国会合（MEM）の規制の重要性を訴えた。MEM参加国16か国で温室効果ガスの8割を排出しているためであった。そこで7月9日のMEM首脳宣言に期待がかかったものの、ここではG8首脳宣言を「支持する」という表現に止まった。むしろ中国、インド、ブラジル、南アフリカ、メキシコの新興5か国は、先進国に対して2050年までに、1990年比で温室効果ガスを80～95％のレベルまで削減をするように政治宣言を出した。またこれら経済の新興国に対して気候変動対策に協力するように、国内総生産（GDP）の0.5％を拠出するように求めた[13]。

　先のブッシュの言った言葉を文面通り受け取るならば、地球的視野に立って発言したとも取れないことはない。しかし、それまでブッシュ政権が国内の環境政策に示した姿勢を考慮するならば、そのままインド、中国の温室効果ガスの制限を強く求めることがアメリカの最重要な目的であったとは言いがたい。むしろアメリカ国内における温室効果ガス排出規制への一部の反対の声の「現実」の方が、ブッシュ大統領にとっては政策決定に重要な要素であったと考えられる。

(2) 京都議定書の影響

　1972年のストックホルムの国連の人間環境会議で環境保護への宣言が採択され、その後も環境保護に関しては国際レベルで高まっていった。1992年になると地球環境サミットにおいて地球温暖化に対する国際的な取り決めが実現される段階になった。この際、地球温暖化の原因となる大気中の温室効果ガスの濃度を安定化させる目的で規制を取り決める気候変動枠組条約が締結されたのである。そこでは先進国と発展途上国で責任が分けられ、先進国では温室効果ガス排出量を1990年レベルまでにするための計画とそれを達成するための政策措置の情報提供と発展途上国への技術支援が課せられた。ただしこの1994年に発行された気候変動枠組条約には法的な拘束はなかった[14]。

　1997（平成9）年12月気候変動枠組条約第3回締結国会議が京都で行われた。この会議で宣言されたのが「京都議定書」と呼ばれるものであった。この会議

では温室効果ガスと呼ばれる6種類のガス（二酸化炭素、メタン、亜酸化窒素、ハイドロフルオロカーボン類（HFCs）、パーフルオロカーボン類（PFCs）、六フッ化硫黄）についての規制について取り決めが行われた。これらのガスの排出量を二酸化炭素換算で5％の削減（全体として、5.2％削減）を目標とすることにした。特に日本は6％、アメリカは7％、EUは8％の割当量削減が課された。この規定は拘束力を持ち、2008～2012年を第1約束期とした。また発効要件として55か国以上の批准がなされ、批准した中の特定の対象国（主に先進国のこと）の総排出量が基準年である1990年比で55％以上占めていることが条件となった。つまり排出量が多い国が批准しなければ発効しないということであった[15]。

結局、155か国が批准したものの、アメリカのブッシュが2001年に京都議定書から離脱することを決めたため、総排出量55％を超えなくなり発効できなくなってしまった。しかし2004年11月にロシアが京都議定書に批准をしたことで最終的に京都議定書が発効したのである。

(3) 一貫していたブッシュ政権の姿勢 —— 京都議定書の離脱

ブッシュが大統領に就任して2か月目の2001年3月13日にチャック・ヘーゲル（Chuck Hagel）上院議員の質問に答える手紙の中でブッシュ政権が京都議定書を批准する意思がないことを述べた。京都議定書に反対を表明する理由として中国、インドが関与していないこと、1997年に上院で95対0で京都議定書が不公平で効果がないと決議されていることを挙げた[16]。また発電所の硫黄酸化物、窒素酸化物、水銀の削減については議会と共に検討する用意があるものの、二酸化炭素は大気中に自然発生する性質をもつため大気汚染物質ではないとして強制的な削減はしないとした。また二酸化炭素の削減を実施すると電力価格の高騰を招くことも理由に上げ、カリフォルニアで起こったエネルギー危機のためエネルギーの価格や確保のため気候変動に関しては技術の開発が先であり、科学・技術・市場ベースのシステムを含めてこれからも気候変動問題に取り組むことを表明した[17]。それを追認するようにドイツの首相ゲルハルト・シュレーダー（Gerhard Schroeder）との会見でブッシュは京都議定書につい

てアメリカが実行する意思がないことを伝えた[18]。

　ブッシュが京都議定書を離脱することに保守からは賛同の声が上げるなど見られた。たとえば保守系のシンクタンクであるヘリテージ財団（Heritage Foundation）は京都議定書がアメリカの支持できない欠陥内容であると発表するなどした。その指摘した点としては地球の温暖化が人為活動によって起こったという科学的証明がまだ十分になされていないこと、京都議定書の内容が不確実的な人口変動、燃料使用、技術発展、国際貿易、発展速度などから予測されていること、多くの国は同議定書の温室効果ガスの排出規制に達することが困難で非現実的な目標を掲げていること、中国・インド・ロシア・ブラジルに排出規制が加えられない不平等条項であること、アメリカの労働者にとって悪影響を与えることを挙げた。とくにこの記事の中では京都議定書を実行すればガソリン代は30％から50％、電気代は50％から80％増加し、その一方で所得は5％から10％減少するして、240万人の失業者をもたらすと述べるなどした[19]。

　もともとブッシュは大統領になる以前から、環境政策については企業の経済活動に負担にならないように連邦政府の規制に反対する立場をとっていた。そして環境規制は基本的に連邦政府ではなく、州や地方自治体が担うべきであるという立場をとった。しかも企業や土地所有者の自発的なプログラムによって環境の保護を促すという消極的な態度であった。またテキサス州知事時代は環境政策のポストである自然資源保全委員会に化学や石油関連の企業につながりのある人物を任命し、企業の経済活動の妨げにならないような環境保護政策を目指した。その上、テキサス州は連邦法の絶滅危惧種法（Endangered Species Act）に反対するなどした[20]。

　また大統領選挙戦ではブッシュの環境政策を理論的に支えたのはアメリカン・エンタープライズ研究所（AEI）であったが、その政策方針は私有地所有者の権利を重視し連邦政府の土地使用の規制に反対し、環境政策は企業の利益優先の環境政策であった。後にブッシュ政権で内務長官を務めるゲール・ノートン（Gale Norton）もAEIのメンバーであった[21]。

　いずれにせよ大統領就任後はじめてEUとの首脳会談に出発する直前の2001年6月11日、ブッシュは声明の中で京都議定書からアメリカ政府が離脱するこ

とを正式に発表した。この記者会見でブッシュは、「京都議定書は基本的な方法で致命的な欠陥であった」と述べた[22]。また温室効果ガスの規制は必要であるものの、先に挙げたようにアメリカについで世界で温室効果ガスの排出が多い中国とインドが京都議定書の拘束から免責されている点を挙げ、この議定書では十分に地球温暖化の対策にはならないとした。そしてむしろ新しい環境に良いエネルギー技術の開発と科学への投資の方が重要であるとして設立準備をしている国家気候変動技術イニシアティブ（the National Climate Change Technology Initiative）と共に新たにアメリカ気候変動研究イニシアティブ（US Climate Change Research Initiative）を設立すると発表したのである[23]。

　ここではブッシュはアメリカがあくまで市場経済を損なわないようにした環境保全の技術開発の方に力を入れるという姿勢を示したのである。その意味でブッシュの環境政策は自由市場経済の活動を妨げない範囲での規制を目指していたといえるし、それは在任中、一貫した姿勢であった[24]。

(4) ブッシュ政権の代替案 —— 国内の環境政策

　ブッシュ政権は京都議定書を離脱してから1年後の2002年2月14日に、米国海洋大気庁（National Oceanic and Atmospheric Administration、略してNOAA）へのスピーチの中でクリーン・スカイズ案（Clean Skies Initiative）を発表した。これは発電所から排出される硫黄酸化物、窒素酸化物、水銀の排出規制をするとしたのである。硫黄酸化物、窒素酸化物、水銀の各項目に関して2018年までに、その時点のレベルからそれぞれ73％、63％、69％に減少させるという内容であった[25]。またGDPの各項目に対して10年間で温室効果ガスの18％の削減を目指すとブッシュが述べた。これは2002年のGDPの100万ドルあたりの排出量約183トンを2012年に151トンにするというものであった。ブッシュはこれによって「新しい、よりクリーンなエネルギー構造に投資するために必要な経済成長を保持しつつも、長期的に温室効果ガスの濃度を安定化させる」と述べた。ただしこの数値設定は強制的な目標ではなく、経済産業界の自発的な協力を求めるような基準であった。そのため2012年までに達成できなかったなら次の方法を考えるという程度のものであった[26]。

これに対して環境問題のシンクタンクのワールドウォッチ・インスティチュート（Worldwatch Institute）は、ブッシュの案は京都議定書で定められた排出量よりも2010年において少なくとも35％も多い温室効果ガスの排出を認めることになると指摘した。また経済産業界に自発的に規制を求めるブッシュ政権の姿勢に対して、環境保護の団体は厳しく批判した。たとえばUSナショナル・エンバイロメンタル・トラスト（US Environmental Trust）のフィル・クラップ（Phil Clapp）は「これは信念を基にした提案です。…私たちは大企業が地球温暖汚染を減らすことを信じるように仕向けられているのです。過去10年間に企業がそのようなことをしてきませんでしたし、この先10年間に彼らがそうすると信ずるだけの理由は見当たりません」と、企業が地球温暖化に対して自発的に協力すると期待するブッシュ政権に対して批判した[27]。

 この法案は2003年に法制化されクリア・スカイズ法（Clear Skies Act）として施行された。この法律では硫黄酸化物、窒素酸化物、水銀の排出規制と共にキャップ・アンド・トレード制度（cap-and-trade system）が導入された。この制度は電力会社が割り当てられた排出規制量を他の会社と取引できるというものであった。そのことにより全体としての排出量規制を目指したのである[28]。しかし二酸化炭素の排出量の規制がこの項目として入ってなく、他の大気汚染物質の制限量にしても、京都議定書の規制に比べ規制は緩いものであった。

2. ブッシュ政権の国内環境政策への反対

(1) ブッシュの環境政策に反対した市民、団体、州政府

 アメリカ国内でブッシュ政権の京都議定書離脱後、地方自治体、環境団体、宗教界、世界の識者からの反対する声がすぐ上がった。たとえば2001年3月30日にはナショナル・カウンシル・オブ・チャーチス（National Council of Churches）がブッシュに送った書簡を発表した。それはキリスト教、ユダヤ教の宗教指導者が京都議定書離脱に対して批判する内容であった。その中では「地球温暖化がもっとも貧しいまた弱者に対して与える予想される影響は倫理的

に受け入れがたいこと」であるとし、「国内的また国際的な行動が緊急に要求される。アメリカ合衆国は世界の国家をリードし、これらの人々に奉仕するモラル的な責任があります」とブッシュの決定を批判した[29]。

アメリカ最大の環境保護団体シエラ・クラブ（Sierra Club）の会長ダン・ベッカー（Dan Becker）は「誰もが、ブッシュ政権と〔温室効果ガス〕排出者が同類であることに気づきはじめています」と言うなど、ブッシュ政権が温室効果ガス排出をする一部の企業と結びついていることを批判した[30]。環境保護に積極的な働きかけをする科学者のグループである憂慮する科学者同盟（Union of Concerned Scientists）のスポークスマンのアルデン・メイヤー（Alden Meyer）も「近代歴史のアメリカ大統領の中でこれ〔京都議定書離脱〕はもっとも反環境的な行為です。…ブッシュ政権は石炭・石油からのガス排出者に促された逆行的政策の下に世界の国々を投げ出し、9年にわたる〔京都議定書への〕取り組みを無駄にしました」と強く非難した[31]。

またブッシュが京都議定書離脱を発表してすぐに8つの環境保護団体が9つの州において、その決定を非難するテレビ・コマーシャルを流した。シエラ・クラブ、保存投票者連盟（League of Conservation Voters）、天然資源保護協議会（Natural Resources Defense Council）などが、30万ドルを出し、フロリダ、ジョージア、ルイジアナ、ミシガン、ネバダ、ニューハンプシャー、ニューメキシコ、オレゴンの各州とワシントンD.C.において環境保護のために連邦議会に働きかけることを訴えたものであった。ブッシュの支持率低下と関連して、天然資源保護協議会の会長アラン・メトリック（Allan Metrick）は「大統領のしたことは支持率低下に表れています。多くのアメリカ人が環境保護について逆行することを欲していないことを理解したと思います」と述べるなどした[32]。

これらの環境・市民団体の行動は徐々に市民間の理解を広げ、2005年になると地方自治体もブッシュの環境政策に反対する行動をするようになった。2005年6月5日には全米の158市のアメリカの市長が全米市長気候保護協定（U.S. Mayors Climate Protection Agreement）に署名した。これは京都議定書でアメリカに割り当てられた1990年より7％低い温室効果ガスの排出量の目標を、2012年までに達成することを求めたものであった[33]。

この全米市長気候保護協定の中では、全米市長会（U.S. Conference of Mayors）が連邦議会に温室効果ガスを減少させるための立法を連邦議会に促していくとした。同時に具体的に排出ガス制限の予定計画と排出ガスを出す企業に対しての柔軟な市場経済の中でのシステムを含むことを要求するとした[34]。その意味でブッシュ政権のように市場経済を優先に環境政策を決めるのではなく、まず京都議定書に定められた環境保護の目標を前提とした上で、経済活動にも税制面での考慮をするなどの現実的な対応を求めた。

　そして重要なのはこの協定の中で各市が責任をもって温室効果ガスの排出量を減少させていくための努力を行うことを約束したことであった。つまり各市・地域において温室効果ガス減少のための計画・実施要綱を作ること、公共の交通機関の発達や施設の充実、再生エネルギー源の発達、建物の電気などの省エネルギー化、市の設備に省エネルギーの補償されている電化製品の使用、リサイクル率の向上、森林の保護と植林の増加、環境保護の教育活動などを定めたのである[35]。

　その2年後2007年11月1日のワシントン州のシアトルで行われた全米市長会ではアメリカの全米の100の市から市長が気候保護サミットに集まり、その時点で全米で710市の市長が全米市長気候保護協定に署名したことが発表された。これにより温室効果ガス規制を求める市の範囲はアメリカの全人口の25％にあたる地域にまたがった[36]。

　この会議には元大統領のビル・クリントン（Bill Clinton）もスピーチをするなどした。クリントンは環境問題に取り組むことはアメリカの経済にも人びとの健康のためにも重要だと述べた[37]。また衛星放送を通じて環境問題の活動でノーベル平和賞を受賞した元副大統領アル・ゴア（Al Gore）が参加して質疑応答をしたりした[38]。市長会議長のダグラス・パーマー（Douglas Palmer）が「市長は〔環境〕問題についてすでに先駆を切っております。しかし環境保護をさらに進めるために全国の市で行っていることを加速させる方法を見出さなくてはなりません。この共通した課題について全米レベルのリーダーとともに協調するよりいい方法はありません」とクリントンやゴアのような環境問題に積極的に取り組む政治指導者との協力が必要なことを強調した。また環境問題に反

対するビジネス界とも協力を求めて働きかけていくことをが重要だと確認しあった。ここで重要なことはブッシュ政権に明確に一線を引き、グローバルな視点に立って京都議定書という国際社会の方針に沿っていこうとする市長らのアプローチが見られたということである[39]。

(2) グローバルな視点に立った企業の環境問題に対するアプローチ

　ブッシュが京都議定書離脱を発表した頃にアメリカのすべての企業が環境保護に消極的だった訳ではない。1997年の京都議定書が採択された時は一般に温室効果ガスを排出する多くの企業は、その条約に批判的、非協力的であった。しかし2001年ぐらいになると、自発的に温室効果ガス排出の減少に取り組む企業などが見られるようになったのも事実である。この理由として、国際社会の中で1992年の地球環境サミットから国家間の協力体制が本格化し1997年の京都議定書の採択していく過程の中で、企業の間では環境問題で国際的な取り組みが進んでいくことは避けようのない流れだと考え始めていたからである。したがってブッシュ政権の2001年の正式なアメリカの京都議定書離脱は一時的にエネルギー関連の企業の利益になっても長期的にはアメリカは国際的な環境保護の枠組みに対応していかなくてはならないとの意識が企業の中ではあったためである。

　持続可能なエネルギーのための経済人会議（Business Council for Sustainable Energy）の会長マイケル・マービン（Michael Marvin）は「産業界にあっては、すべてではなくとも、ほとんどの人々の中の考え方が根本的に変ってきています。…今日〔つまり2001年頃〕では産業界にあって〔気候変動〕は対処しなくてはならない重大な危機であるという一般的な認識があります。数年前はそのように話すことはできませんでした」と、京都議定書締結の1997～2001年の数年間でも経済界の認識は変わってきたことを指摘した[40]。この経済界の認識の変化はとくに多国籍企業に顕著であり、アメリカだけが国際的な基準を満たさないことで他の先進国との貿易等に支障を来たすことを避けることが現実的な目標でもあった。一時的にブッシュの環境政策にあわせてもブッシュ後の政権で法制度が変わる可能性があり、そのような不確実な規制に対応するよりは

国際的な基準に焦点を合わせていくことで世界経済の中で不利益を被らない方法を模索していたのである[41]。

　結果としてこれらの企業では人為的な行動で環境が汚染されるという科学的論拠を認め、自発的に温室効果ガス排出規制に乗り出したのである。たとえばウイスコンシ州の中堅の電力会社アライアント・エネルギー社（Alliant Energy Corporation）は自主的に1991～2001年までに730万メートルトンの二酸化炭素排出の制限を行った。またアメリカでも支社をもつイギリスの石油会社BP社（British Petroleum）も1990年を基準年として2010年までに10％の温室ガス排出量の規制に取り組むことを発表した[42]。

　また他の企業は将来的には環境保全のために企業への圧力は避けられないと先読みして、先行投資の意味で自発的に温室効果ガスの排出規制に乗り出したともいえた。とくに現今の化石燃料だけに頼るのではなく、化石燃料に代わる代替燃料の開発によって、将来の需要が見込まれる分野の開発研究に取り組むなど見られたのである。

　たとえばユナイテッド・テクノロジーズ（United Technologies Corp.）では環境に安全で効率的また再生可能なエネルギーの開発として地熱エネルギーの利用や固体電解質型燃料電池に取り組むなどして将来的に需要の見込まれる分野の研究をするなどした[43]。また同社は積極的に排出ガス規制に取り組み始め、1997年にエネルギーや水の使用を10年間で25％削減することにし、温室効果ガスも25％減少させる計画を立てるなどした。同社のCEOであるジョージ・デイビッド（George David）は10年間で環境政策に2億ドルを投じたと指摘する一方で将来的には、その10～15％は利益として還元してくると述べた[44]。

　また2001年にアメリカ最大の化学会社デュポン社（DuPont）も2010年までに65％の排出量の制限を行う計画を立てた[45]。ナイロン製品の開発などで有名なデュポン社はマサチューセッツ工科大学と協力して既存の化学に生物学を関連づけた研究から、生物工学を基礎とした物質の開発に移行して環境汚染に寄与しない新たな化学製品の開発を目指すなどした[46]。国際産業部部長のトーマス・ジェイコブ（Thomas Jacob）も長期的に見て「温室効果ガスの排出規制によって規制が厳しくなる社会になると予想している私たちにとって、先行して排

出規制をすることは、競争が激しくなる中で有利な立場になると考えております」と述べているように、将来的に環境によい製品の需要を見込んでの先行投資の意味も大きく含まれていた[47]。

さらに BP 社、ロイヤル・ダッチ・シェル社の2つの石油会社を含む8つの大企業が環境保護団体の環境防衛基金（Environmental Defense Fund）と協力して排出ガス規制の協力体制を作るために気候行動提携（Partnership for Climate Action）を設立するなども見られた。これらの機関は主に企業の情報交換の目的として機能したのである。この他にもアメリカン・エレクトリック・パワー社（American Electric Power Co.）、BPが設立した非営利団体である地球気候変動におけるピュー・センター（Pew Center on Global Climate Change）にはボーイング社（Boeing Co.）、ロッキード・マーティン社（Lockheed Martin Co.）、トヨタ自動車など32社が協力するなどして1998年に設立された。これらの非営利団体は経済成長を支えつつも環境保護のために政治家や知識人に情報や提案をする一方で、企業に環境保護対策への助言をする目的で設立された[48]。つまりこれらの企業も世界的な貿易で対等に立つために、京都議定書という国際的枠組みを基準とすることに利点を見いだし、グローバルな視野に立って行動したのである。

(3) 連邦政府から独立した行政政策を行ったカリフォルニア州

いくつかの州政府も環境政策においてはグローバルな視野に立ったアプローチが見られた。これは経済的にも政治制度的にも州政府が州民の利益を守るために世界に基準を合わせてることが賢明だと考えたためであった。たとえばカリフォルニア州は、2002年7月22日、当時の州知事グレイ・デイビス（Gray Davis）が、州政府としてはアメリカで初めて温室効果ガスの排出を抑えるために、車の排気ガス規制の州法に署名した。「私たちは他の州に模範となるでしょう。…他の州が追随することを確信します」と、自信をもってロサンゼルスのグリフィス天文台において署名式を行った。内容は2009年型の自動車において排気ガスの規制を課す内容であった[49]。

これに対して数年の内に排気ガス排出を抑え燃費効率のいい自動車の製造を

課された自動車業界はカリフォルニア州の決定に猛反対をした[50]。またブッシュ政権もカリフォルニア州の排気ガス規制は連邦政府の権限への干渉であると反発した。運輸省のスポークスマンであるチェット・ランナー（Chet Lunner）は「これは許しがたい連邦政府の権限への干渉です」と法廷で争う姿勢を示した。これに対してデイビスは「連邦政府が大気の質を保護する私たちの努力を阻止しようとすることには失望しています」とあくまで、州の方針は過っていないことを表明した。また環境保護団体もブッシュ政権が自動車産業の利益に加担していると批判した[51]。

その後2003年10月、デイビスを解任するリコール選挙において共和党から州知事になったアーノルド・シュワルツネッガー（Arnold Schwarzenegger）もデイビス同様、州政府主導の環境政策に取り組むことを表明した。2005年6月1日には行政命令を出して気候変動に関しての排気ガス減少のための具体的目標を掲げることを発令した。その中でシュワルツネッガーはカリフォルニア州が気候変動に対して脆弱な状態であること、たとえば温暖化による山脈の水源の危機、大気の汚染、水源の枯渇からくる農作物へのダメージなどを述べ、早急の行動が必要だと強調したのである。具体的には2010年までに二酸化炭素を含めた温室効果ガスの排出量を2000年のレベルに減少させ、2020年までに1990年のレベル、2050年には1990年のレベルから80％以下の量まで減少させることを目指すとした[52]。

これはブッシュ政権の反グローバルな環境政策の方針とは異なる州独自の政策方針を指示したものであった。しかも温室効果ガスに二酸化炭素を含めることで、ブッシュとはその定義において一線を引き、州政府として世界レベルの基準である京都議定書に近い目標を掲げたのである。シュワルツネッガーは「議論はもうし尽しました。私たちは科学を理解していますし、〔環境汚染の〕脅威を知っています。そして今行動を起こすときだと知っているのです」と述べるなどした[53]。

このシュワルツネッガーの行政命令を下に州環境保護局は2006年4月2日に報告書を州知事と州議会に提出した。そこには世界の国家と比較してもカリフォルニア州のみで気候変動のガスの排出量が世界の12番目にあたることを指摘

して、州政府の政策が世界の公共の福祉と環境にも影響するとした。そして市場経済のさまざまなセクターの状況を研究した上で2008年1月1日まで温室効果ガス排出規制のプログラムを提案するとした。また石油、ガス、石油精製、発電、セメントなどの排出ガスを多量に排出する企業に対しては、カリフォルニア気候行動登録（California Climate Action Registry）を義務付けて排出量の報告をさせることの重要性を述べた[54]。

またこの報告では公共・民間施設での州の省エネ対策の目標と基準に合わせ実施すること、新しいエネルギー源の確保することなどが含まれた。また環境政策の一環として経済効果の評価をした場合、経済活動にマイナスになることはなく逆に2020年までに8万3,000の雇用の増加と40億ドルの所得の増大になると報告した。それ以外にも学校教育で子供たちに環境問題の教育をすることなど州として総合的な環境政策を目指すことを示した[55]。

これに対し州政府の方向性に影響を受けるいくつかの経済・企業・農業団体から反対の声が上がった。カリフォルニア商工会議所（California Chamber of Commerce）のアラン・ザレンバーグ（Allan Zarenberg）は温室効果ガスについては地域の問題ではないので、州政府が規制すべきではないなどと懸念の声を上げた。またカリフォルニア農業会（California Farm Bureau）、西部州石油連盟（Western States Petroleum Association）、自動車製造者連盟（Alliance of Automobile Manufacturers）なども州の環境政策が雇用に悪影響を与えると懸念の声を上げた。その一方でシリコン・バレーのハイテク産業は州政府の環境政策は技術刷新などを目指すことから、新たな事業の分野への機会として肯定的に捉えるなど見られた[56]。

（4）共和党州知事と民主党多数派の州議会の団結と国際社会の擁護

この共和党知事のシュワルツネッガーの案は環境保護のための規制を望む州の民主党議員にとっても歓迎する内容であったし、カリフォルニアでの温室効果ガスの排出規制が成功することは他の州や連邦政府にも影響を与えるという意識を議員の間でも持っていた。民主党の州議会議員フラン・パヴリー（Fran Pavley）は「カリフォルニア州でうまくいけば、他の所でもうまくいきます。

…カリフォルニアが先駆を切り刷新していくなら、連邦議会も他の州も経済全体にわたる大気エネルギーの基準を実施していくと思います」と、述べるなどした[57]。

実際、カリフォルニア州は積極的に環境保護政策を連邦政府に働きかけた。2005年12月21日にはカリフォルニア大気資源委員会（California Air Resources Board）が環境保護庁に連邦法である大気浄化法に基づいて2002年の州法の施行を認めるように許可を求めた。またシュワルツネッガー自身も2006年4月10日にブッシュに書簡を送りカリフォルニア州の排気ガス規制の許可を早期に下すように要請したのである[58]。

2006年8月30日に州議会においては民主党の州下院議会議長ファビアン・ニュエズ（Fabian Nunez）が、パヴァリーと共に地球温暖化対策法（Global Warming Solutions Act of 2006 または「AB32」と呼ばれる）の法案を提出した[59]。また同日州上院においても同様の法案が提出された。この法案は2020年までに温室効果ガスを25％減少させるという内容であった。ニュエズは「地球温暖化対策法は炭酸ガスを減らし地球温暖を遅らせるため必要な技術と規制をもたらすために力強い第1歩を踏んだのです」とこの法制化の重要性を述べた[60]。

これに対し企業の排出ガス規制量を決めるこの法案に石油会社などの産業界からは反対の声が上がった。西部州石油連盟の弁護士は「ディーゼル燃料の高い需要が高まる中、私たちはこの立法が長期的に雇用、経済、産業界の持久力に与える影響に対して非常に関心を抱いております」と述べるなどした。その一方で環境保護団体からはこの州立法に対して賞賛の声が上がった。たとえば環境カリフォルニア（Environment California）のバーナデット・デルチアロ（Bernadette Del Chiaro）は「何年にもわたり、世界はアメリカ合衆国が地球温暖について1歩踏み込んで何かをするのを待っていました」と、州政府のグローバルな視点に立った政策を歓迎した[61]。

結局、2006年9月27日、シュワルツネッガーは地球温暖化対策法に署名し、連邦政府に先んじて二酸化炭素を含む温室効果ガスの規制の法律を州で成立させたのである。シュワルツネッガーは「ある人はAB32（地球温暖化対策法）がビジネスにとって良くないのではないかと言ってきました。〔それに対し〕私は

問題なくビジネスにとって良いことだと宣言します」と経済にとっても排気ガス規制は問題ないと署名式で述べるなど、同法に反対する政治家や企業とは異なる見解を示した[62]。この2年後の2008年10月には具体的プランが発表され、省エネルギー・再生エネルギーなどの開発などに関わる産業の振興で経済的な効果として、カリフォルニア州において330億ドル増の経済的産物、70億ドル増の州総生産、1人あたり200ドルの個人所得増、10万人の雇用増が見込まれると示した[63]。

いずれにせよ2006年の署名式にはイギリスのトニー・ブレア（Tony Blair）首相が衛星中継で参加して祝辞を述べたり、日本の小泉純一郎首相からの祝意を伝える書簡を受けるなど、国際社会からも祝福を受けるなど、その法制化の意味の大きさを示したのである[64]。その小泉の書簡の中ではカリフォルニア州の知事と州民が地球環境問題にリーダーシップを取ったことを称える内容であった。そして日米の経済大国が次の世代のために環境問題に責任を取る必要があることを述べていた[65]。

ある面、連邦政府の方針と異なる立場をとる州政府の方針に対して、イギリスや日本など他国の行政のトップから賛同を得る正式な書簡やメッセージを受けることは、カリフォルニア州の立場が政治的にも重要な立場にあることを示したともいえる。もちろんカリフォルニア州政府が署名式に日英の首相を招待することによって、連邦政府に政治的にアピールする意図はあったとも考えられる。つまり州政府は連邦政府とは異なるグローバルな視点から、州の政策を打ちたて、連邦政府にもそれを認めさせようとアプローチしたのである。

実際、その後も10月24日にシュワルツネッガーはブッシュに書簡を送って州の排気ガス規制を認めるように連邦政府の早期の行動を促した[66]。しかしブッシュ政権は依然として排気ガス規制の実施許可を留保したため、2007年4月27日にシュワルツネッガーは連邦政府に対して告訴することを辞さないことを発表した[67]。

3. 連邦最高裁判所の判決に見られる三権分立のダイナミズム

(1) 州政府の主張とブッシュ政権の判断

　2007年4月2日、連邦最高裁判所の判決において、環境保護庁が大気浄化法に照らしてマサチューセッツ州、カリフォルニア州など12州の環境に関する州法の施行を許可しないで留保し続けることは違法であると判断を下した[68]。先に述べたようにカリフォルニア州の地球温暖化対策法は2009年からの新車の排ガスの規制をする内容で、連邦法の大気浄化法よりも車の排気ガスを厳しく取り締まる法律であった。自動車・トラックからの排気ガスがアメリカの温室効果ガスの4分の1を占めているだけに環境保護には重要な規制であった。ただしそれを実行するためには州法が連邦法である大気浄化法に抵触しないことを環境保護庁から認められる必要があった[69]。

　ブッシュ政権は二酸化炭素が大気汚染物質ではないという主張していたことから、大統領府の独立行政機関である環境保護庁もカリフォルニア州の州法は大気浄化法の認可する対象とはならないと主張していた。また仮に二酸化炭素を大気汚染物質だと環境保護庁が認めた場合、環境保護庁が燃料経済性を向上させる政策をすることになり、運輸省の政策権限の管轄との対立が起こるため許可できないとの理由も挙げた。さらに他の理由として大統領の政策方針の妨げとならないために環境保護庁は州法の実施を認可できないということも示した[70]。

　その上、環境保護庁は温室効果ガスの排出規制のような世界的な問題は経済・政治が絡む問題であり同庁の権限が及ぶものではなく、もしこれを規制するのなら連邦議会で大気汚染物質という幅広い意味を含む定義ではなく、特定した物質名を挙げた条文が必要であるとしたのである[71]。しかし制定した州法が実効されないままになってしまったカリフォルニア州と同州と同様の基準を持つマサチューセッツなど他の州政府は、環境保護庁の拒否は大気浄化法に課せられた義務に沿っていないとして裁判に訴えたのである。つまりここではグローバルな視野に立って環境保全の政策を実行する州政府とそれを越権行為として抑え込もうとするブッシュ政権の対立構造が見られたのである。

(2) 連邦最高裁判所判決 Massachusetts v. EPA の主文

　環境政策に関する 2007 年 4 月 2 日の 5 対 4 の連邦最高裁判所の主文の中では、二酸化炭素の増加によって地球の温度が上昇していることは科学者の指摘するところであるとして、ブッシュ政権と環境保護庁の立場に真っ向から反対した。そして二酸化炭素は大気汚染物質であり大気浄化法の下で規制対象となると述べた。ジョン・ポール・スティーブンス（John Paul Stevens）判事は大気浄化法に基づいて「公共の福祉や健康を危険にさらす」可能性のある、いかなる大気汚染物質の排出を環境保護庁は規制しなければならないと述べた。さらに「福祉」とは気候や天気に影響も含む環境と定義したのである[72]。

　また環境保護庁の大気浄化法の解釈は間違いであることを指摘した。つまり大気浄化法においては大気汚染物質は「大気中に排出される、もしくは吸収されるいかなる物理的、化学的、（…）物質または物体も含め、いかなる大気汚染の物質またはそのような物質の混合物…」と定義しており、二酸化炭素はこの定義に含まれると指摘し、法の目的はあくまで大気汚染に対処するための規制であるとした[73]。

　さらに環境保護庁が州政府に州法の内容を許可しなかった理由の 1 つとして運輸省との権限の重複を避けるとした点についても、スティーブンス判事は責任転嫁であると糾弾した。「運輸省が燃費の設定する権限を持つことで、環境保護庁が環境の責任を転嫁できることにはならない」と述べ、2 つの省庁の義務が重複したとしても、それぞれの省庁が責任を果たすために業務の重複を調整することはできると指摘した。そして新しい車から排出されるガスを取り締まる制度的な権限を環境保護庁はもつとして、それまで各州からの要請に応えてこなかったことに対して同庁は権限を放棄していると述べた。したがってマサチューセッツ州やカリフォルニア州などのこの裁判の原告の州の規制に対して環境保護庁は許可を出す義務があるとしたのである[74]。

　また州が独立した準主権国として、そこに暮らす州民の環境における責任を持つことをスティーブンス判事は指摘した。そして連邦法である大気浄化法より京都議定書に近い基準を設けたカリフォルニア州の法律は、住民の権利として認める見解を出したのである[75]。

またこの裁判の1つの争点に原告の当事者適格の問題があった。つまりマサチューセッツ州、カリフォルニア州などの12州は裁判で原告として環境保護庁に訴える利益と資格があるのかということであった。基本的には第1に具体的かつ詳細な被害があること、第2にその実害が適正に被告に起因していること、第3に好ましい裁判の判決によってその被害を是正しうるということの3つであった。スティーブンス判事は原告の12の州の中、1つの州でもこの適格にあっていれば原告としての利益と資格があるとした上で、マサチューセッツ州の訴訟の理由を判断した。地球温暖化によって地球全体の海水位が20世紀を通じて10～20cm上昇しており、マサチューセッツ州の海岸の海水位も高くなっていることを挙げ、それが破滅的な被害を同州に与えること、連邦政府が州政府の望む規制を実施することで実害を軽減できることを述べ、原告に当事者適格があることを認めた[76]。スティーブンス判事は「法の手続きの権利とマサチューセッツ州の準主権〔国家〕の利益を保護する試みにおいて、当該州は当裁判所の当事者適格の分析において特別の配慮を受ける資格がある」と述べたのである[77]。そして州の要請に応えてこなかった環境保護庁の行動は「恣意的、気紛れ、…もしくは法を遵守していない」ものであるとして、原告の主張を認めたのである。つまり連邦最高裁判所は、州政府の環境保全のためのグローバルなアプローチが連邦法に照らして違法ではないと判断したのである[78]。

(3) 判決に対する反応

　この判決後、カリフォルニア州知事のシュワルツネッガーは環境保護庁が「車両の排出ガスレベルを厳しくする基準の適用をカリフォルニアまた他の州に速やかに認める」ことを期待すると述べた。また環境保護団体もこの連邦最高裁判所の判決を歓迎する声明を発表した。シエラ・クラブのカール・ポープ（Carl Pope）は、「今日の判決は地球温暖化への戦いにおいて重要な転機となるものである。…〔連邦最高裁判所は〕未来がこれまでの時代遅れの汚れた技術によって成り立つのではなく、明日の経済を支えるクリーンエネルギーによって成り立つと、業界に明確な意思を示しました」と述べた[79]。
　また全米市長会の事務局長トム・コックラン（Tom Cochran）も声明を4月2

日に出して連邦最高裁判所の判決に賛同の意を表した。その中では「全国の市長を代表して全米市長会は、アメリカの隅々に渡る全ての市に疑いもなく利益を与える排気ガス規制の権限を環境保護庁に与えるとした連邦最高裁判所の決定を賞賛するものである」と述べた。もちろん、これは環境保護庁が二酸化炭素の排出の規制することを前提として述べたことであり、そのことを裁判所が命じたことを賞賛したのである。その上でコックランは「各市長は、たとえ連邦政府の支援がなくとも、それぞれの市において人為行動を変えることによって、炭素ガス排出を減らすモラル的また本質的な義務を持っていると信じています」と述べ、ブッシュ政権の支援がなくとも地域にあっては環境保護に取り組む行動を起こすことを示唆した。そして何百人もの市長たちが京都議定書に沿った温室効果ガスの排出削減を推進することを望んでいるとしたのである[80]。

　その一方で環境保護庁を支持していた自動車製造者連盟（Alliance of Automobile Manufacturers）は自動車産業は燃費の良い自動車を開発中であり、排気ガスの連邦政府の制限は競争面で不利な立場に業界を置いてしまうと述べ、この連邦最高裁判所の判決に危惧の声を上げた。また同連盟の会長デイブ・マッカディー（Dave McCurdy）は、産業界が「温室効果ガスに取り組むための経済全体のアプローチ」を議会・行政と建設的にしていきたいと述べ、政府と議会に働きかけることを述べた[81]。

(4) 連邦最高裁判所の反対意見に見られるロジック

　この連邦最高裁判所では裁判長のジョン・ロバーツ（John Roberts）や他の3人が反対意見に署名した。ロバーツ裁判長の反対意見では地球温暖化は現代における重要な課題であるとしながらも、本件は立法や行政で解決されるべき問題であり、司法が介入する問題ではなく環境保護庁の判断に任せるべきであるとしたのである。「当該裁判所の司法審理は、このような問題の苦情の是正が連邦裁判所によってではなく『連邦議会と最高行政官によって』なされることを確認する」のが役割であると指摘した[82]。

　またロバーツ裁判長は原告の当事者適格は認められないとした。まずどれだけの実害があったのかについて詳細に特定できる実害の証拠を原告は示してい

ないことを指摘した。たとえば20世紀に地球温暖化によって10〜20cm海水位が上がったことでマサチューセッツ州の海岸に被害を受けたという理由は、具体的な証拠に欠け完全な推測でしかないと指摘したのである。また自動車の排ガス規制をしなければ間近にマサチューセッツ州の海岸に被害をもたらすという論理も予測にすぎないとした。しかもある予測では2100年までに20〜70cm海水位が上がるとしながらも、計算の誤差が30〜70cm出る可能性も認めており、はっきりとした間近な被害を予測する資料とはならないと述べるなどしている[83]。

　その上、当事者適格の条件として、害を起こす原因を解決することで予想される修復できない害を回避することが期待できる点について、それがこの裁判では成り立たないことをロバーツ裁判長は指摘した。つまり大気汚染は世界的な事象であり、原告の資料上、アメリカの自動車の排ガスは地球全体から見れば6％で、温室効果ガス全体から見れば4％であり、これを規制したところで将来予測されるであろう原告の被害を回避することにはならないということである。ロバーツ裁判長は中国やインドなどの発展途上国の排出する温室効果ガスは年々増えていくという原告側の資料を引用し、アメリカの自動車の排ガス規制によって根本的な問題が解決しない点を挙げた。そして問題の是正を予測だけで行うことになり、原告の当事者適格は成り立たないとしたのである。ロバーツ裁判長は「この不一致は原告の本当の訴訟の目的は象徴的なもの以外の何ものでもない」としてスティーブンス判事の多数派の意見に反対したのである[84]。

　この反対意見のロジックはブッシュ政権のそれと同様のものであった。つまり環境保全を目指した連邦法の意図に沿ったアプローチをブッシュ政権は採用してこなかったのに関わらず、グローバルな視点から環境保全のアプローチをとろうとする州政府に対して越権行為であると主張することであった。

4. 連邦裁判所の判決以降の動き

(1) 議会の動きと環境保護庁の判断

　2006年11月の中間選挙における民主党の勝利は、ブッシュ政権にとっても政策決定をする上で柔軟性を求められることとなった。環境保全に共和党より積極的な民主党が上院・下院でも過半数を超え、立法においてブッシュと共和党の政策の転換を迫ることが予測されたからである[85]。

　実際、全般的に民主党議員は連邦最高裁判所の判決を歓迎するのが見られた。たとえば温室効果ガス排出規制の法律を強く推進してきたカリフォルニア州のバーバラ・ボクサー（Barbara Boxer）上院議員は、「この判決は私たちにとって追い風となります。この判決で政府が地球温暖化の汚染に取り組むための行動を起こさないために使ってきた言い訳を取り除いたのです」と、ブッシュ政権が地球温暖化に対して積極的でなかったことを示唆して、政府が温室効果ガス規制に着手することを望む声を上げたのである[86]。

　これに対しブッシュ政権は最終的には決断には至らなかったものの、一旦は温室効果ガスの排出規制に乗り出そうとした。このホワイトハウス内の決定過程は2008年7月15日の下院エネルギー自立・地球温暖特別委員会（Select Committee on Energy Independence and Global Warming）の公聴会において環境保護庁副長官補であったジェイソン・バーネット（Jason Bernett）の証言で明らかにされた[87]。それによると環境保護庁は温室効果ガスの規制に乗り出す方向性で動いたこと、2007年末あたりにはホワイトハウスの高官も一時はそれを認めたこと、しかし石油企業と副大統領の側近の反対に会い、最終的にはブッシュ在任期間は排気ガス規制に乗り出さないことを決定したということであった[88]。

　先にも述べたが、2007年4月における連邦最高裁判所判決では二酸化炭素が大気浄化法の規制対象となる大気汚染物質であること、大気浄化法に基づいて排気ガスが公共の健康と福祉を害する大気汚染の原因となっているのかを環境保護庁は明確にすること、もし同庁が害があると判断したなら温室効果ガスを

規制しなくてはならないことを主文で命じた[89]。

　連邦最高裁判所の判決の後、2007年5月14日にブッシュ政権は記者会見を開き2007年末までに最高裁判所の判断を吟味して行政として排気ガス規制に対して提案を出し、それを2008年末までに実行していくことを発表した。ブッシュは環境保護庁長官、運輸省長官、農務省長官、エネルギー省副長官と共にホワイトハウスで声明を発表し、これらの各長官との会談の結果、各省庁に10年間で20％のガソリン使用量を減らすというブッシュ政権の基本方針（「20-in-10」計画と呼ばれる）にしたがって、省庁間の協力の下にガソリン使用量と自動車排気ガスの中の温室効果ガスを減らすための規制に着手することをこれらの省庁に命令したことを発表した。つまりブッシュは裁判の結果を受けて、環境保全に対する新たな方針を打ち出したのである[90]。

　この方針を受け2007年7月22日には環境保護庁長官ジョンソンが同年年末までに大気浄化法に基づいた規制案を出すことを発表した。そして基本的にブッシュ政権は最先端の技術をもって排出規制をしていく方向性であるとした。その上でブッシュの5月の行政命令に従って2007年12月までに大気浄化法に基づいて規制案を出し、2008年末までにその案を遂行し完了していくと述べた。またカリフォルニア州の請願についても2007年末までに決定すると発表した[91]。

　その年の11月8日にもジョンソンは下院監視・政府改革委員会（Committee on Oversight and Government Reform）の公聴会において環境保護庁の活動状況について証言した。基本的にこの公聴会は連邦議会から最高裁判所の判決以降、環境保護庁が具体的に行動を起こしていないことに対して意見を求めるもので、この時点で何ら具体案も発表していないジョンソンにとっては厳しい追及を受ける内容であった[92]。これに対してジョンソンは環境保護庁が車の排気ガスと固定燃料からの温室効果ガスの確認条項の取りまとめていること、2007年12月までには規制についての危険状況の確認事項を取りまとめ、2008年末までにそれを実行することを公の場で再び報告した[93]。

　この時点で実際、環境保護庁は二酸化炭素を含む温室効果ガスの規制に取り組む方向でホワイトハウスの高官と会合の調整をしていた。ホワイトハウスの

首席補佐官代理ジョエル・カプラン（Joel Kaplan）には大気浄化法第111条で定められた条項を基に温室効果ガス排出規制をする方向で危険状況の確認事項を提出することを確認しており、それをカプランも了承したとされる。またエネルギー省、財務省など関係閣僚からの同意を得た後に行政管理予算局のスーザン・ダドリー（Susan Dudley）、環境諮問委員会のジェームズ・コノートン（James Connaughton）、経済政策補佐官のキース・ヘネシー（Keith Hennessey）、経済諮問委員会のアル・ハバード（Al Hubbard）など環境政策決定に携わる主要人物への提案をするなどして、排ガス規制の方向へと進んでいった[94]。

　そして2007年12月になると、環境保護庁は排気ガス規制へ向けての危険状況の確認条項をホワイトハウスに提出する前に企業など関係方面の調整に乗り出した。その中でたとえば全米の電気・ガス・水道の公共事業を代表するエジソン電気協会（Edison Electric Institute）からは自動車並びに固定燃料の規制を進めることに対して理解を得るなどした。しかし同庁の方針は石油企業を代表したエクソン・モービル（ExxonMobile）、米国石油協会（American Petroleum Institute）、全米石化・精製協会（National Petrochemical and Refiners Association）からは強く反発されたのである。彼らは、排気ガス規制を推し進めることはブッシュ大統領の保守政治のレガシー（legacy）に傷を残すという理由を主張した。ここでいう保守政治とは政府の規制を最小限にして自由市場経済を尊ぶ「小さな政府」を目指すことであった。また副大統領ディック・チェイニー（Dick Cheney）のエネルギー顧問を務めるチェイス・フットー（Chase Hutto）も石油会社と共に規制に反対した。これらの反対に会い、一旦はグローバル的な視野に立った規制に前向きの姿勢を示していたホワイトハウス高官たちも、最終的にはそれまで公に取り続けていた規制反対の立場に戻っていったのである[95]。

(2) 環境問題に対する省庁間の温度差

　ホワイトハウス内で環境保護庁の排気ガス規制の方針を撤回した後、ブッシュ政権は環境保護政策にはますます消極的になり、しかも一時にせよグローバルな視点から環境政策を提案した環境保護庁の権限も削減するようになった。たとえば2007年12月3日に経済諮問委員会のハバードが下院議長のナンシー・

ペロシ（Nanci Pelosi）に当時連邦議会で議論されていたエネルギー自立保障法（Energy Independence and Security Act）の法制化を止めることを促す書簡を送った。この法律はブッシュの一般教書の「20-in-10」計画に応じる形で連邦議会が自動車の燃費を規制するための法制化案であった。ハバードの書簡では自動車の燃費の規制について環境保護庁と運輸省の権限が曖昧であることから混乱をもたらすということであった。そのために各省庁間の調整を先にすべきであると述べた[96]。

先に記したように2008年7月の下院エネルギー自立・地球温暖特別委員会の公聴会におけるバーネットの証言によると、2007年12月には排気ガス規制はブッシュ在任期間は行わないことがホワイトハウス内で決まったため、それを推し進めようとする環境保護庁の権限を縮小する動きに変更したのである。12月5日にバーネットは行政管理予算局のダドリーに正式に温室効果ガスが地球温暖化に影響を与えるという危険状況の確認事項を電子メールで送り、大気浄化法に基づいて環境保護庁が排気ガスの規制をする方針であることを伝えた。しかしホワイトハウスの首席補佐官代理カプランがその電子メールの受信直後にジョンソンに電話をして確認事項の撤回を求めるなどしたのである[97]。

さらに連邦議会でエネルギー自立保障法の法案が審議されている中、行政管理予算局は12月6日に下院、同月13日に上院に排気ガス規制の取り締まりに関しては環境保護庁ではなく運輸省だけに権限を委ねることを要請する意見書を送った。そしてこのことが解決されない限り大統領が拒否権を発動する可能性があることを示唆した。つまりこの時点で連邦議会にも、ホワイトハウスが環境保護庁の権限を取り除き、エネルギー自立保障法において運輸省のみに排気ガス規制の権限を与えることを公に示したのである[98]。

これに対して連邦議会側は環境保護庁が排気ガス規制の権限を失うことに反対した。ただし大統領が拒否権を発動する意思があると示したことによって、連邦議会はその法案の内容に修正を加え妥協策を模索することになった。その1つとして企業に対しての税金の優遇措置を再検討することになった。とくに石油・天然ガスの助成金排除に対してブッシュ政権が反対していたこともあり、その補償について再検討された。最終的には12月6日に下院で235対181で自

動車の燃費については2020年まで1ガロン当たり35マイル（これは1L当たり約14.9kmになる）にする規制内容に落ち着き、再生可能燃料基準として年間360億ガロンの増加を盛り込んだ。そして税制に関しては210億ドルの石油や天然ガスの助成金排除をそのままにする代わりに、210億ドルの税制上の優遇措置をエネルギー効率と再生可能エネルギー条項を盛り込んで大統領との妥協を図った。ただし排気ガス規制に関しては運輸省の単独の権限にはせず、あくまで環境保護庁と協調することも取り入れた。上院でも下院同様の修正を図り12月13日に86対8の評決によって法案を通過させたのである。そしてブッシュ政権も環境保護庁の排気ガス規制における権限は認め、12月19日にエネルギー自立保障法案に署名し法制化（P.L.110-140）したのである[99]。

　この連邦最高裁判所判決からエネルギー自立保障法成立の間に行政府内で起こった駆け引きは、省庁間でもブッシュの環境政策への姿勢に対して温度差があったのが原因であった。つまり環境保護庁が京都議定書に沿ったアプローチをこの時期に持っており、側近の大統領補佐官の間もそのアプローチは受け入れる可能性があった一方で、副大統領は環境保護庁とはまったく反する視点を持っていたということである。しかも最終的には石油会社の意見を取り入れたことや科学的根拠を重視しがちな環境保護庁に対してその権限を縮小しようと試みたことはブッシュ政権の環境政策に対する性質を顕著に表していたといえる。しかし逆にいうならばブッシュ政権末期においては、反グローバルな環境政策を行政府内部で貫くことも難しくなってきたことも事実であったということである。

(3) 連邦政府のレトリックと州政府の反論

　最高裁判所の判決後に新しい方針を出したのにも関わらずブッシュ政権が完全に排気ガス規制には踏み出さないことが環境保護庁にも明らかになり、同庁も方向転換を図らざるを得なくなった。その顕著な例としてブッシュがエネルギー自立保障法に署名した2007年12月19日に、ジョンソンは正式にカリフォルニア州の大気汚染の規制法に対して許可をしない旨を同州知事のシュワルツネッガーに書簡で伝えた。その中ではカリフォルニア州法への許可は地球の自

然大気の規制であることから州や自治体よりも国家・世界全体で解決されるべき問題であることを述べた。そしてこの問題はカリフォルニアにとって「排外的もしくは特定の」ことではないとして、連邦政府レベルでの対応が重要だと指摘した。また「20-in-10」計画をもとに法制化されたエネルギー自立保障法が成立したことですべてのアメリカ人の環境の向上がなされることを述べた。さらに「地球の自然における気候変動の問題に照らしてみて、カリフォルニア州は『切実で特別な状況として対応しなくてはならない必要性〔をもつこと〕』はないと判断しました」と述べ、環境保護庁が同州の法規制に許可を与えないことを示した[100]。

これに対して連邦議会は環境保護庁のジョンソンの判断を不当だとして公聴会に召喚した。しかし2008年1月24日の上院環境・公共政策委員会の公聴会においても、ジョンソンはシュワルツネッガーに送った書簡の内容を繰り返し、気候変動がカリフォルニア州にとって「切実で特別な」状況を与えていないとして、同州の温室効果ガス排出規制の許可を拒否する発言を行った。そして「地球的問題は地球規模の解決か、または少なくとも、国家的な解決が求められる」と発言して、1つの州の規制は適当ではないとの立場を示したのである[101]。

これに対し、メリーランド、ペンシルバニア、ヴァーモントの各州知事が環境問題はこれらの州の住民にとっては重要な事柄であり、グローバルな解決と同時に州レベルでの解決の必要性があることを訴えた。メリーランド州知事のマーティン・オマリー(Martin O'Malley)は同州を含め、その時点で17の州がカリフォルニアの大気汚染の規制法の基準をもつことを目指していることを上げ、それが実現した場合にアメリカの45%に当たる自動車が排気ガス規制の対象になることを上げ十分な効果があることを訴えた。また過去に環境保護庁は同庁の権限の関わる州法への許可を与え続けたのに、この問題に対して消極的であることに対して追求した[102]。

またヴァーモント州知事のジェームス・ダグラス(James Douglas)は環境保護庁のカリフォルニア州法への不許可の理由が不適切であると述べた。つまり連邦議会でエネルギー自立保障法が通過したことに対して、同法がカリフォルニアの規制基準に取って代わるという環境保護庁の見解は誤っていると指摘し

たのである。カリフォルニアの規制基準を実施した場合の方が、エネルギー自立保障法の車の排気ガス規制が施行する2020年の4年も前に、すでに79％の温室効果ガスを減少させることができると述べた[103]。ペンシルバニア州知事のエドワード・レンデル（Edward Rendell）もダグラスと同様の趣旨で環境保護庁の判断は誤りであると証言した。つまりエネルギー自立保障法よりもカリフォルニアの規制基準の方が温室効果ガスの減少をもたらすとした。つまり2020年までにペンシルバニア州だけでもカリフォルニアの規制基準を適用した場合、エネルギー自立保障法での規制よりも660万メートルトンの温室効果ガスの規制ができると述べた[104]。

その後も連邦議会はブッシュ政権に対して京都議定書に沿った政策を実施するように圧力をかけたものの、ブッシュ政権の遅々たる対応は故意的に温室効果ガスへの規制を遅らせているという警戒を高めるのみであった。そして議会の懸念は2008年4月のブッシュの発言によって現実のものとなった。2008年4月16日にブッシュは大気浄化法、絶滅危惧種保護法、国家環境政策法（National Environmental Policy Act）は地球気候変動を取り締まる法律ではないと見解を述べた。連邦最高裁判所のスティーブンス判事が二酸化炭素を大気汚染物質として解釈したことに対してブッシュは触れず、大気浄化法等は世界的な地球温暖化に対処する法律ではなく、国内の産業に対して対処する国内法であることを強調したのである。つまりこの時点で二酸化炭素の排出規制を同政権の在任中はしないことを間接的に表明したようなものであった[105]。その後も2008年5月23日に環境保護庁のバーネットは提案規則作成先行公示（ANPR）を行政管理予算局に送ったが、その内容の中で危険状況の確認事項が示されておらず、具体的に環境保護庁が2007年4月の連邦最高裁判所の裁判で命令された排気ガス規制を実施するアプローチは示されなかった[106]。

結果的には三権分立の原則の下、立法・司法の権限内ではブッシュの政策アプローチの矛盾を指摘できても、政策の実行を翻すことはできないのは明らかであった。しかし裁判所で州政府のグローバルな視点からの環境保全が認められ、連邦議会の中でも民主党が多数派を占めたことで、反グローバルな環境政策がアメリカ国内では受け入れられなくなってきたということは明白になってきた。

まとめ

　世界的な環境保護の規制が進む中にあって、2001年にブッシュ政権が京都議定書離脱を発表しことでアメリカが国際社会から隔絶した感は否めなかった。ただしブッシュが2000年11月に大統領に選出された時、国際社会はブッシュ政権が京都議定書から離脱することをある程度予想し、その後も継続的にアメリカに働きかける姿勢を見せていた[107]。同様にアメリカ国内にあってもブッシュの京都議定書離脱の政策決定を支持しなかった人びとが地球的な規制に従うように働きかけていくのが伺われた。これは環境政策におけるブッシュの反グローバル化に対して、国内でのグローバル化への動きであったのである。

　それは環境保護団体のみならず、州や市などの自治体が連邦政府に京都議定書の締結を促したり、独自に排気ガス規制の方針を決定する行動に見られた。また1997年の京都議定書締結で国際的に環境保護規制が認められて来る頃には、企業によっては国内外の環境保護の国際的なルールが構築されていくことは避けられないと判断し、ブッシュの環境政策は一時的なものと考えたところもあった。それらの企業は自主的に排気の制限をし、省エネルギー・代替エネルギーに対応する分野の研究開発に投資をするなどして、来るべき国際経済のルールに遅れを取らないようにしたのである。

　州政府レベルでもカリフォルニア州の共和党知事のシュワルツネッガーが自動車の排気ガス規制の方針を明らかにして法制化していった。その後カリフォルニア州の法律を基準にして他の州も排気ガス規制の方針を打ち出すなどして、連邦政府に対して州政府の法規制を認めるように求めるようになった。そしてそれに応じない連邦政府に対して裁判による解決も辞さなかったのである。司法にあっては連邦最高裁判所が2007年に行政府の環境保護庁に対して大気浄化法に基づいて州政府の要請に対応することを求める判決を下した。これは州政府の環境保全のアプローチは合法であると認めた判断であった。また連邦議会でも2006年11月の中間選挙で民主党が勝利し上下院を占めるようになり、ブッシュ政権の環境政策に圧力をかけるようになった。それは連邦議会による法

制化に見られたり、公聴会における情報の公開によって実行されたのである。

つまり 2001 年のブッシュによる京都議定書離脱後、アメリカ国内では徐々にグローバルな視点に立った環境保全のアプローチが市民、企業、地方自治体で見られ、2006 年以降は連邦政府内でも立法・司法でもその視点が受け入れらてきたということである。そして 2008 年 11 月の大統領選挙で、行政府によってもその視点が取り入れられることが確実になった。

この大統領選でアメリカ史上初めて有色人大統領に選出されたバラック・オバマ（Barack Obama）は選挙戦中、IPCC で提案された 2050 年までに基準年 1990 年の二酸化炭素排出量の 80％以下の目標を目指すと述べるなど、ブッシュ政権の環境政策の方向転換を指し示した。またオバマは「温室効果ガスの世界最大の排出国として、アメリカは〔削減〕をリードしていく責任がある」と述べ、世界的に環境政策に積極的に関わっていくことも示した[108]。

いずれにせよ、今後、民間企業を含め市民レベルからのグローバルな視点に根付いた環境保護へのアプローチに対して、オバマ政権を含めどのような政権も反対を唱えることは困難であると思われる。つまり今後は実質的にアメリカが京都議定書に沿った温室効果ガスの排出量の減少に向かわざるを得ない状況がアメリカの政策で起こるということである。

注

1) Rachel Carson, *Silent spring*, 40th anniversary ed. (Boston: Houghton Mifflin, 2002). 邦訳はレイチェル・カーソン『沈黙の春』新潮社、2001 等がある。
2) Albert Gore, *Earth in the balance : ecology and the human spirit* (New York: Rodale, 2006). 邦訳はアル・ゴア『地球の掟』ダイアモンド社、2006
3) 阿部斉、五十嵐武士編『アメリカ現代政治の分析』東京大学出版会、1991、p.219-248
4) 久保文明『現代アメリカ政治と公共利益 ― 環境保護をめぐる政治過程』東京大学出版会、1997
5) 太田宏「アメリカの環境政策をめぐる政治」『アメリカ政治外交のアナトミー』国際書院、2006、p.213-249
6) 中村昭雄「アメリカの環境政策とアクター（1）」『大東法学』48 号、2006、p.149-170
7) 諏訪雄三『アメリカは環境に優しいのか』新評論、1996

8) 中尾豊、中尾文子「アメリカの環境政策 ― クリントン政権からブッシュ政権へ ―」『環境情報科学』30号2集、2001、p.67-73

9) 及川敬貴『アメリカ環境政策の形成過程 ― 大統領環境諮問委員会の権限』北海道大学図書刊行会、2003

10) 髙橋克樹『キャップ・アンド・トレード：排出権取引を中心とした環境保護の政策科学』有斐閣、2008

11) この会議にはG8の首脳の他、中国、インド、アフリカ諸国等を加え22か国の首脳が参加した。ここでは環境問題の他、食料、原油の高騰、アフリカ諸国の問題が話し合われた。「アフリカ支援で討議スタート＝地球環境、食料が焦点―洞爺湖サミットきょう開幕」『時事プレス』（2008年7月7日）。

12) 「温室ガス削減で日米首脳合意に至らず、決着はサミットに持ち越し」『日経CNBC』（2008年7月7日）。

13) 吉川裕子「〔焦点〕G8首脳宣言も力不足、主要排出国はCO₂削減の長期目標に合意できず」『ロイター』（2008年7月9日）。ただしMEMも「引き続き建設的に協力する」ことで一致しており、話し合いの機会を持つこと、また2009年に開かれるイタリアの主要国首脳会議で第2回目のMEMを開催することに合意した。

14) ここでは先進国・発展途上国に関わらず基本的に温室効果ガス排出吸収の目録作り、温暖化対策の計画の策定・実施、エネルギー分野での技術の開発普及、森林など吸収源の保護増大対策推進、科学調査研究、計測の国際協力、情報交換、教育、訓練の国際協力、条約の実施に関する情報の提供が求められた。『気候変動枠組条約』環境庁のホームページ。http://www.env.go.jp/earth/cop3/kaigi/kikou.html. 参照。

15) 温室効果ガスの総排出量の基準は、CO₂、CH₄、N₂Oの3ガスについては、基準年を1990年とし、HFC、PFC、SF6の3ガスについては基準年を1995年として、二酸化炭素換算で計算されるとした。これは環境庁に掲載されている京都議定書の暫定訳から。『気候変動に関する国際連合枠組条約京都議定書』環境庁。
http://www.env.go.jp/earth/cop3/kaigi/kyoto01.html. 参照。

16) 上院議員ロバート・バード（Robert Byrd）とチャック・ヘーゲル（Chuck Hagel）の提出した決議案でS.Res.98である。5人の上院議員は棄権票を投じた。*A resolution expressing the sense of the Senate regarding the conditions for the United States becoming a signatory to any international agreement on greenhouse gas emissions under the United Nations Framework Convention on Climate Change.*, 105th Congress - 1st Session, S.RES.98 この決議はビル・クリントン（Bill Clinton）大統領の時代に上院で行われた。1997年7月25日にアメリカの上院は95対0の評決で、京都議定書に対して、中国、インドなどの発展途上国に対して免責されていることと、アメリカ経済に悪影響を与えることを理由に政府は署名すべきではないとする決議をしたのである。クリントンは上院の賛同を得られないままに1998年

11月12日に京都議定書に署名していた経緯があった。クリントンは2000年の大統領選挙選挙で同時に行われる連邦議員の選挙で民主党が再び多数派を占めることを期待し、在任期間は上院に京都議定書に批准の承認を得ることはなかった。

17) 2000年のブッシュが大統領になった頃は、京都議定書に参加する締結国の間では、アメリカが京都議定書に離脱することを予想しており、クリントン政権時に合意にもっていくことを望んでいた。しかし合意にはいたらず、2001年3月にブッシュ政権が京都議定書離脱を発表した後、日本やEUがアメリカに働きかけ、京都議定書をアメリカがブロックしないこと、またドイツのボンで行われるCOP6の再開までに何らかのアメリカからの提案がなされることを期待した。しかし2001年9月11日に同時多発テロが起こったことにより、アメリカは環境政策に対する提案をする余裕はなくなり、結局、2001年10月からはじまったモロッコのマラケシュで行われたCOP7にも具体的な提案はなされなかった。浜中裕徳『京都議定書をめぐる国際交渉：COP3以降の交渉経緯』慶応大学出版会、2006参照。

18) "Bush firm over Kyoto stance," *CNN.com*, 29 March 2001.

19) Charli E. Coon, "Why President Bush Is Right to Abandon the Kyoto Protocol," *The Heritage Foundation*, 11 May 2001.

20) 中尾「前掲論文」p.67-73

21) 中尾「前掲論文」p.69-71

22) George W. Bush, "President Bush Discusses Global Climate Change," 11 June 2003. http://www.whitehouse.gov/news/releases/2001/06/print/20010611-2.html

23) *Ibid.* またブッシュはアメリカに求められている京都議定書の基準が科学性に基づいておらず、恣意的なものであり、この基準に合わせていくならばアメリカ経済に悪影響を及ぼすと述べた。そこで気候変動を研究して科学技術を上げることで、環境に良いエネルギーの開発の方を重視し、この後にNASAに3年間で1億2,000万ドルを投資するなどを発表したのである。

24) ただし本稿の後で述べるように2007年11月ごろには環境保護庁の説得により環境政策の転換を図ることをホワイトハウス内で検討したことはあった。しかし具体的な政策転換として発表はされなかった。

25) George W. Bush, "President Announces Clear Skies & Global Climate Change Initiatives," 14 February 2002 (Office of the Press Secretary, 2002).

26) *Ibid*; Fred Pearce, "Bush unveils US alternative to Kyoto protocol," *NewScientist.com*, 15 February 2002.

27) Pearce, *Ibid*.

28) The United States Environmental Protection Agency, "Clear Skies Act of 2003, Fact Sheet, Clear Air, Better Health, Brighter Future," The United States Environmental Protection Agency.

第9章　環境問題とアメリカ――京都議定書離脱後のアメリカ国内における環境保全への視点と政治的アプローチ――　*237*

http://www.epa.gov/air/clearskies/pdfs/fsfeb27.pdf.

29）Edmund Doogue, "Religious Leaders Rebuke Bush Administration Over Kyoto Protocol," *Christianity Today*, 1 April 2001.

30）EU議長がブッシュ政権に京都議定書離脱に対して「ヴィジョン、政治的勇気、国際協力への大いなる努力が求められます」と書簡を送り協力を求めた。デッカーは「ブッシュ大統領は環境保護団体の意見のみならずヨーロッパの人々の意見にも耳を傾けないようです」と、京都議定書離脱を批判した。Duncan Cambell, "EU pleads with Bush to honour eco-deal," *The Guardian*, 24 March 2001. シエラ・クラブは1892年に設立されたアメリカ最大の環境保護団体。130万人のメンバーと支援者を持つ。http://www.sierraclub.org/ より。

31）"Bush rules U.S. out of Kyoto agreement," *National Post*, 29 March 2001. 憂慮する科学者同盟は1969年にMITの教授と学生によって生活全般にわたって環境の向上を目指して作られた非営利団体で組織化され、現在では20万人以上の市民、科学者から構成される。http://www.ucsusa.org/ucs/about/ より。

32）Kara Sissell, "Pro-Industry Stance Takes its Roll on Bush," *Chemical Week*, 2 May 2001. ブッシュ政権の支持率は在任中高いものではなかったが、環境政策について立場を変えることはなかった。その意味でメトリックの2001年のこの意見はかなり楽観的な見方であった。

33）U.S. Conference of Mayors, "The U.S. Mayors Climate Protection Agreement," (2005). http://www.moenviron.org/pdf/usmayorscpa.pdf; United Nations Environment Programme., *UNEP year book 2008: an overview of our changing environment* (Nairobi, Kenya: United Nations Publications, 2008).

34）U.S. Conference of Mayors, *Ibid*.

35）*Ibid*.

36）The United States Conference of Mayors, "U.S. Conference of Mayors Holds Climate Protection Summit: 100 Mayors Convene To Tackle Global Warming in Cities," *For Immediate Release*, 1 November 2007.

37）Lisa Stiffler and Jennifer Langston, "Clinton sees global warming fight as a way to create jobs, opportunity," *Seattle Post Intelligencer* 2 November 2007.

38）Dan Balz and Juliet Eilperin, "Gore and U.N. Panel Share Peace Prize; Nobel Committee Honors Work on Climate Change," *The Washington Post*, 13 October 2007. 2007年10月12日にゴアがIPCCと共にノーベル平和賞を受賞したことが知られた。受賞理由としては環境問題への取り組みが「真に地球上の緊急事態」への関心を高めたとした。これに対しゴアは「気候の危機は政治的問題ではなく、すべての人類に対してのモラル的かつ精神的挑戦です」とコメントを寄せた。民主党議員はゴアに賛辞を送る一方で、大統領候補のジョン・マケイン以外の共和党議員は無視するか、ノーベル賞の決定に懐疑的であった。

39）The United States Conference of Mayors, *Ibid*.

40) William H. Miller, "Industry Warms To Climate-Change Action," *Industry Week*, 7 May 2001. 企業の意識が変りつつあったというのは環境保護団体も認めるところであった。Worldwatch Institute のクリストファー・フラヴィン（Christopher Flavin）も「明確に産業界は正しい方向に動いています」と発言などしていた。
41) "Firms at Odds with Bush," *Chemical Week*, 1 August 2001.
42) Laurent Belsie, "Firms climb toward 'climate neutral'," *Christian Science Monitor*, 20 August 2001. またユナイテッド・テクノロジーズ社のウェッブ http://www.utc.com/home.html を参照。
44) Miller, *Ibid.*
45) Belsie, *Ibid.*
46) "New Life for DuPont: Interview with Chad Holliday," *Technology Review*, November 2001. デュポン社は1990年半ばには使用しなくなったオゾン層を破壊するクロロフルオロカーボン排出によりアメリカで最も環境破壊に貢献していた企業であった。しかしその反省から環境によい製品の開発で他の企業との競争に勝つことを目指したのである。
47) Miller, *Ibid.*
48) *Ibid.* またピューリサーチのサイト、http://www.pewclimate.org/ 参照。
49) Gary Polakovic and Miguel Bustillo, "Davis Signs Bill to Cut Greenhouse Gases," *Los Angeles Times*, 23 July 2002.
50) *Ibid.* 自動車製造者連盟が反対を表明するなどした。
51) Elizabeth Shogren, "Calif. Overstepped Authority on 'Clean' Cars, U.S. Contends," *Los Angeles Times*, 10 October 2002. ホワイトハウスの主要なポストにはエネルギー関係のロビー活動をしている人がいた。たとえばブッシュ政権の首席補佐官のアンドリュー・カード（Andrew Card）はもともと自動車会社のためにロビー活動をするなどしていた。
52) Arnold Schwarzenegger, "EXECUTIVE ORDER S-3-05 by the Governor of the State of California," ed. State of California Executive Department (2005).
53) Climate Action Team California Environmental Protection Agency, "Executive Summary: Climate Action Team Report to Governor Schwarzenegger and the California Legislature," (California Environmental Protection Agency, 2006).
54) *Ibid.* すべての企業が政府の温室効果ガスの排出規制に反対だった訳ではなく、カリフォルニア州でも自発的にカリフォルニア気候行動登録に登録して排出量を報告する企業も60社ほどあった。その中には大企業の Honda, Kodak, Johnson and Johnson などもあった。その意味でカリフォルニア州の環境政策に協力的な企業も多くあったということである。
55) *Ibid*; California Environmental Protection Agency, "Climate Action Team Report: Governor Schwarzenegger's Climate Change Goals Are Achievable, Benefit Economy," *Press Release*, 3 April 2006.
56) Marc Lifsher, "Governor Is Urged to Push for Monitoring of Emissions," *Los Angeles Times*, 3

April 2006.
57) John Holusha, "California Bill Calls for Cuts In Emissions," *The New York Times*, 4 April 2006.
58) Arnold Schwarzenegger, "Letter to George W. Bush from Arnold Schwarzenegger on April 10, 2006," (2006). From http://gov.ca.gov/index.php?/press-release/501/
59) AB32は「Assembly Bill 32」(議会法案32)の略。Marc Lifsher and Jordan Rau, "State on Verge of Greenhouse Gas Restrictions; The Senate votes to slash emissions 25%, the first such action in the nation. Business groups are angry, but the governor is on board," *Los Angeles Times*, 31 August 2006; United Nations Environment Programme.
60) Fabian Nunez, "'Global Warming Solutions Act' Final Legislation Announced," *News Release*, 30 August 2006. From http://democrats.assembly.ca.gov/members/a46/press/a462006119.htm
61) Marc Lifsher and Jordan Rau, "State on Verge of Greenhouse Gas Restrictions; The Senate votes to slash emissions 25%, the first such action in the nation. Business groups are angry, but the governor is on board," *Los Angeles Times*, 31 August 2006. すべての企業が反対した訳ではない。パシフィック・ガス・アンド・エレクトリック会社 (Pacific Gas & Electric Co.) は、この法制化は環境の向上と経済保護のバランスをとりつつ排出ガス規制をするし、雇用と新しい産業を生み出すとして前向きの見方をした。それとシュワルツネッガーがこの法案を積極的に行ったのは、リベラルな州民の多いカリフォルニア州において、次の選挙のために歩み寄りをする必要があったと見る見方もあった。
62) Office of the Governor, "Gov. Schwarzenegger Signs Landmark Legislation to Reduce Greenhouse Gas Emissions," *Press Release*, 27 September 2006. From http://gov.ca.gov/index.php?/press-release/4111/; "Gov. Schwarzenegger Signs Emissions-Cap Law," *The Wall Street Journal*, 28 September 2006.
63) California Air Resources Board, "Climate Change Proposed Scoping Plan: a framework for change" October 2008.
64) Office of the Governor, *Ibid*.
65) 在サンフランシスコ日本領事館「小泉総理からシュワルツネッガー・カリフォルニア州知事へのメッセージ — 地球温暖化対策法 (AB32) 署名にあたって —」http://www.sf.us.emb-japan.go.jp/pdf/PM_Letter_Gov.pdf http://www.sf.us.emb-japan.go.jp/pdf/PM_Letter_Gov.pdf. 参照。
66) Arnold Schwarzenegger, "Letter to George W. Bush from Arnold Schwarzenegger on October 24, 2006," (2006). From http://gov.ca.gov/pdf/press/Bush_George_10-24-06_clean_air_signed.pdf
67) Office of the Governor, "Governor Schwarzenegger Warns U.S. EPA of California's Intent to Sue if Federal Government Fails to Act on Waiver to Reduce Emissions," *Press Release*, 25 April 2007. From http://gov.ca.gov/index.php?/press-release/6031/
68) 環境保護庁の温室効果ガスの対応に反対したのはカリフォルニア、マサチューセッツ、コ

ネティカット、イリノイ、メイン、ニュージャージー、ニューメキシコ、ニューヨーク、オレゴン、ロードアイランド、ヴァーモント、ワシントンの 12 の州に及んだ。また裁量上訴願い（Petition for Certiorari）を出したのはこの 12 州の他にワシントン D.C.特別行政区、アメリカ領サモア、ニューヨーク市、バルティモア市の自治体、そして各種団体として Center for Biological Diversity, Center for Food Safety, Conservation Law Foundation, Friends of the Earth, Environmental Advocates, Environmental Defense, Greenpeace, International Center for Technology Assessment, National Environmental Trust, Natural Resources Defense Council, Sierra Club, Union of Concerned Scientists, U.S. Public Interest Research Group であった。先の 12 州以外でも数州がカリフォルニア州法の基準に従って、温室効果ガスの規制を定めた州法を通過させ連邦政府の許可を求めていた。

69) 正確には州法が大気浄化法を遵守した規制であるとして環境保護庁が同法に定められた同庁の権限を放棄（waiver）して州政府に権限を委ねるという承認である。ニューヨーク・タイムズ紙では 2004 年のアメリカの温室効果ガス排出の割合は、電気発電 27.9 ％、輸送 27.9 ％、自動車・トラック・バス 22.5 ％、産業 19.6 ％、農業 7.0 ％、商業 6.6 ％、住居 5.6 ％となっている。ロサンゼルス・タイムズ紙では 2005 年の人為活動による二酸化炭素排出の割合として、輸送 33 ％、産業 27 ％、住居 21 ％、商業 18 ％としている。また温室効果ガスの 2005 年の割合は二酸化炭素 84 ％、メタン 7 ％、亜酸化窒素 7 ％、HFC、PFC、SF6 の合計 2 ％と示している。*Massachusetts et al. v. Environmental Protection Agency et al.*, 549 U.S. 497; 127 S. Ct. 1438 (2007).; David G. Savage, "Justices push EPA to act on car emissions; The court ruling scolds the Bush administration for refusing to regulate greenhouse gases as air pollutants," *Los Angeles Times*, 3 April 2007; Linda Greenhouse, "Justices Say E.P.A. Has Power to Act on Harmful Gases," *The New York Times*, 3 April 2007.

70) また EPA は他の政府の行政の優先事項との兼合いから、州政府の請求に応えることは拒否するという姿勢を示したのである。つまり二酸化炭素が大気汚染物質であるとされても州の請求に応えることはないとしたのである。*Massachusetts v. EPA.*

71) *Massachusetts v. EPA.*

72) ワシントン D.C.の巡回裁判所は 2005 年 7 月 15 日にこの点を否定した。つまり大気汚染物質が公共の福祉や健康に悪影響を与えるかどうかは、科学的に不確実だと判断した。*Commonwealth of Massachusetts, et al., v. Environmental Protection Agency*, 415 F.3d 50 (2005).

73) Clean Air Act, Pub. L. 101-549. 1963 年に制定された後、1966 年、1970 年、1977 年、1990 年と改正された。*Massachusetts v. EPA.*

74) *Ibid*; Savage, *Ibid*.

75) *Georgia v. Tennessee Copper Co.*, 206 U.S. 230, 237 (1907); "Clearing the air; A Supreme Court ruling offers support to California's cutting-edge efforts to control greenhouse gases," *Los Angeles Times*, 3 April 2007. 1907 年の裁判においてはジョージア州が州外の企業による大気汚染か

第9章 環境問題とアメリカ —— 京都議定書離脱後のアメリカ国内における環境保全への視点と政治的アプローチ —— 241

ら州民の健康と福祉を保護するという目的で訴訟を起こした。ここでは原告の州政府を一定の独立体と見なして準主権国（quasi-sovereign state）としている。これは連邦政府が完全な主権国であるのに対して、州政府が部分的に主権をもっていることを指す。たとえば学校制、結婚登録、自動車免許などは州政府単位で法律があり行政を行っている。

76) これはワシントン D.C.の巡回裁判所においてマサチューセッツ州の当事者適格がないと判断したことに対して連邦最高裁判所の多数派が示したことで点である。つまり原告は具体的かつ特定の被害を被告から明らかに受けていることを示さなければ当事者適格はないとされ、この件においては原告はこれに適用するような事例に当たらないとしたのである。*Massachusetts v. EPA*; Greenhouse, *Ibid.*

77) *Massachusetts v. EPA.* アメリカの州は一般に「State」が用いられるがマサチューセッツ州、ケンタッキー州、ペンシルベニア州、バージニア州の4州は正式名としては「Commonwealth」が使われている。

78) *Ibid.*

79) Savage, *Ibid.*

80) The United States Conference of Mayors, "Statement of the United States Conference of Mayors Executive Director Tom Cochran on Supreme Court Decision on EPA Control Emissions," *For Immediate Release*, 2 April 2007.

81) 環境保護庁を支持した団体としては自動車製造者連盟の他に、National Automobile Dealers Association, Engine Manufacturers Association, Truck Manufacturers Association, CO2 Litigation Group, Utility Air Regulatory Group があった。またアラスカ、アイダホ、カンザス、ミシガン、ノースダコタ、オハイオ、サウスダコタ、テキサス、ユタの各州も環境保護庁の主張を支援したのである。したがって州政府によっても環境政策の取り組みは異なっていたといえるのである。*Massachusetts v. EPA*; Savage, *Ibid.*

82) *Massachusetts v. EPA.*

83) *Ibid.*

84) *Ibid.* 原告側の意見の1つとしてアメリカが率先して温室効果ガスの規制をすることで他の国がアメリカ同様の技術を応用してその国の排ガス規制をするであろうと述べた。そのことに関してもロバーツ裁判長は、このような予測に関しても、それを裏付ける証拠を示さなくてはならないと指摘する。

85) この選挙で民主党は1994年以来始めて両院において多数派を占めることになった。上院では民主党が49議席、共和党が49議席と同数になったのだが、無所属で当選したコネティカット州のジョゼフ・リバーマンは元民主党議員であり、ヴァーモント州のバーナード・サンダースも無所属であるものの民主党よりの投票をするため、実質的に民主党が51議席になり過半数になった。下院では民主党が229議席、共和党が196議席を獲得した。

86）Felicity Barringer and Nick Bunkley, "Ruling Undermine Lawsuits Opposing Emissions Controls," *The New York Times*, 3 April 2007.
87）Jason Bernett は環境保護庁の Associate Deputy Administrator として 2007 年 4 月の連邦最高裁判所の判決 Massachusetts v. EPA に対する同庁の対応の調整役として同年 7 月より働き始めた。Report of the Select Committee on Energy Independence and Global Warming Majority Staff, "Investigation of the Bush Administration's Response to *Massachusetts v. EPA*: How Big Oil Company Persuaded the Bush Administration to Abandon Proposed Regulations for Global Warming Pollution," (Select Committee on Energy Independence and Global Warming, 2008), p.24.
88）Select Committee on Energy Independence and Global Warming, *Telephonic Interview of: Jason K. Burnett*, 15 July 2008; Report of the Select Committee on Energy Independence and Global Warming Majority Staff, *Ibid*.
89）*Massachusetts v. EPA*.
90）George W. Bush, "President Bush Discusses CAFE and Alternative Fuel Standards," 14 May 2007 (Office of the Press Secretary, 2007); "Executive Order: Cooperation Among Agencies in Protecting the Environment with Respect to Greenhouse Gas Emissions From Motor Vehicles, Nonroad Vehicles, and Nonroad Engines" (Office of the Press Secretary, 2007). ブッシュはガソリンの使用量をこの先 10 年間で 20％減らすことを発表した。略して「20-in-10」計画と呼ぶ。これは 2007 年の一般教書演説においてもブッシュはエネルギー政策の目標として強調した案でガソリンに代わる代替燃料の開発と共に挙げられた目標である。George W. Bush, *State of the Union Address* (Office of the Press Secretary, 2007) From http://www.whitehouse.gov/news/releases/2007/01/20070123-2.html.
91）Stephen Johnson, "As Prepared for Administrator Johnson," (Traverse City, M.I.: Natural Resources Committee Meeting of the National Governors Association, 2007). この中でジョンソンはアメリカ政府の行っている政策として Asia-Pacific Partnership on Clean Development and Climate においてアメリカ、日本、インド、中国、韓国、オーストラリアの 6 か国で温暖化防止の政策を協議してきたこと、2004 年 11 月から開始された Methane to Markets Partnership において 20 か国、500 の公的・民間の団体と連携して温室効果ガスの排出量減少のためメタンの活用について協議してきたこと、国内においては省エネルギーの製品を奨励する EnergyStar の運動を展開してきたことなど述べ、さまざまな活動を通して気球温暖化防止のために働いてきたことを述べた。
92）これはとくに環境保護庁が 2 つの発電所（ニューメキシコ州の Desert Rock とネバダ州の White Pine）の建設を二酸化炭素排出量の規制をしないで許可したことに因を発する。同委員会の委員長ヘンリー・ワックスマン（Henry Waxman）は環境保護庁が推進してきた EnergyStar などのプログラムで抑制してきた排出量をこれらの発電所はそれを上回るだ

けの温室効果ガスを排出するとして、その許可の真意を厳しく追及したのである。

93) Committee on Oversight and Government Reform, *Hearing on EPA Approval of New Power Plants: Failure To Address Global Warming Pollutants*, 8 November 2007.

94) Report of the Select Committee on Energy Independence and Global Warming Majority Staff, *Ibid*; Committee on Oversight and Government Reform, *Ibid*.

95) Report of the Select Committee on Energy Independence and Global Warming Majority Staff, *Ibid*. ブッシュは公約上は政府の規制を最小限に留め自由市場経済、「小さな政府」を目指す方針を持ってきた。ただし実際は財政、貿易の政策では「小さな政府」ではなかった。たとえば国内の鉄鋼産業が弱くなると2002年にはヨーロッパや日本からの鉄鋼の輸入に対し関税を上げ、同年11月にはWTO（世界貿易機構）から条約違約を勧告されたり、中国との貿易赤字が膨らんだ2003年11月には商務省が繊維製品に輸入規制を引くなどした。当時の連邦準備銀行のアラン・グリンスパン議長がブッシュ政権は保護貿易政策をしていると批判した。Elizabeth Becker, "U.S. Tariffs on Steel Are Illegal, World Trade Organization Says," *The New York Times*, 11 November 2003; Neil King and Dan Mors, "Bush Sets Quotas On Some Imports Of Chinese Goods," *The Wall Street Journal* 19 November 2003; Edmund L. Andrews, "Greenspan Voices Concerns on U.S. Efforts to Limit Imports," *The New York Times*, 21 November 2003. また国内にあっても医療健康保険制度を改革して、その経常予算が10年間で5,340億ドルになるなど「大きな政府」に傾注していった。規制内容も自由市場主義に反する部分もあった。共和党でもジョン・マケインは連邦政府が製薬会社と医薬品の費用の交渉を自由にできなくする規制だとしてこの医療健康保険制度に反対した。Vicki Kemper, "Senate Poised to Pass Drug Plan That Would Overhaul Medicare," *The Los Angeles Times*, 25 November 2003; Robert Pear and Edmund L. Andrew, "White House Says Congressional Estimate of New Medicare Costs Was Too Low," *The New York Times*, 2 February 2004; Robert Pear, "Senate Removes Two Roadblocks to Drug Benefit," *The New York Times*, 24 November 2003.

96) Committee on Oversight and Government Reform, *Ibid*.

97) Juliet Eilperin, "White House Tried to Silence EPA Proposal on Car Emissions," *The Washington Post*, 26 June 2008. この報道に対してホワイトハウスの報道官トニー・フラットは環境保護庁長官のジョンソンが自らの判断で排ガス規制をしない方針を決定したことを強調した。

98) Office of Management and Budget, "Statement of Administration Policy," http://www.whitehouse.gov/omb/legislative/sap/110-1/hr6sap-h_2.pdf ; Office of Management and Budget, "Statement of Administration Policy: H.R. 6 - Energy Independence and Security Act of 2007 (Reid Amendment)," From http://www.whitehouse.gov/omb/legislative/sap/110-1/hr6sap-s_3.pdf. 下院に当てた意見書の中では代替燃料または再生可能燃料の導入に対して法律で指定するより市場原理で開発

させること、再生可能電気基準は連邦政府よりも州政府レベルで設けること、連邦議会の法案の中で税金を引き上げることなどにも反対している。上院に当てた意見書の中では、法律での権限を運輸省に与えることだけを述べている。

99) Fred Sissine, "Energy Independence and Security Act of 2007: A Summary of Major Provisions," in *CRS Report for Congress* (Energy Policy Resources, Science, and Industry Division, 2007); "Energy Independence And Security Act of 2007," in *Public Law 110-140*, ed. 110th Congress (Washington, D.C.: 2007). 1ガロンは3.79L、1マイルは1.61kmにあたる。

100) Stephen L. Johnson, "Letter to Governor Schwarzenegger from EPA Administrator Johnson on Dec. 19, 2007," (The United States Environmental Protection Agency, 2007).

101) Friends of the Earth, "EPA Finalizes Nonsensical Decision on California Waiver," *News Release*, 29 February 2008; Matthew L. Wald, "E.P.A. Chief Defends His Decision On California," *The New York Times*, 25 January 2008. また上院環境・公共政策委員会の委員長ボクサーはジョンソンが環境保護保護庁の彼の部下の研究とは反した意見を述べているのではないかと追求した。ボクサーは彼女のスタッフが同庁の内部資料の閲覧を許された際に「カリフォルニア州はいくつかの環境保護庁の決定で確認されているように、切実で特別な危険を持ち続けている」という同庁の職員の発言のメモを基にジョンソンを追求した。

102) The United States Senate Committee on Environment and Public Works, *Testimony of Governor Martin O'Malley State of Maryland*, 24 January 2008.

103) The United States Senate Committee on Environment and Public Works, *Testimony, James Douglas, Governor State of Vermont*, 24 January 2008.

104) Environmental Defense, "Overview: California's Clean Cars Law" (2008), http://www.edf.org/page.cfm?tagID=15503.

105) George W. Bush, "Fact Sheet: Taking Additional Action to Confront Climate Change" (Office of the Press Secretary, 2008); George W. Bush, "President Bush Discusses Climate Change," 16 April 2007 (Office of the Press Secretary, 2007); George W. Bush, "Executive Order: Cooperation Among Agencies in Protecting the Environment with Respect to Greenhouse Gas Emissions From Motor Vehicles, Nonroad Vehicles, and Nonroad Engines" (Office of the Press Secretary, 2007).

106) この間6月24日には下院エネルギー自立・地球温暖特別委員会のスタッフによる審査があり、2007年12月の環境保護庁の危険状況の確認事項の内容を調べた。そしてANPRでこれらの事項の推薦内容が含まれていなかったことを指摘した。同特別委員会委員長エドワード・マーキーはブッシュに対して「ほとんど何もしないということは温室効果ガス排出が危険であると示す圧倒的な科学的証拠をあからさまに否定することであり、科学的また合法的な環境保護庁の推薦を覆すことであり、アメリカと世界における気候変動に関した事柄に関してあなたの政権の信頼をさらになくさせることである」と書簡を送った。Report of the Select Committee on Energy Independence and Global Warming Majority

Staff, *Ibid.*, p.28.
107) 浜中裕徳『前掲』参照。
108) Andrew C. Revkin et al., "On the Issues: Climate Change," *The New York Times Online*, 4 November 2008. http://elections.nytimes.com/2008/president/issues/climate.html 対立候補だったマケインはオバマほど積極的に地球温暖化に取り組む姿勢は示さなかったものの、アメリカが温室効果ガス排出規制に取り組まなければならないことは明言した。

あとがき

　アメリカ・アジア太平洋地域研究叢書第3巻として、『グローバリゼーションとアメリカ・アジア太平洋地域』を刊行することができ、大変光栄に存じます。「グローバリゼーション」という同じ用語を用いても、研究者によってその理解や分析方法は異なります。本書では、「グローバリゼーション」がアメリカ・アジア太平洋地域でどのような影響を与えたのかを分析するという点を共通の問題意識としてもち、さまざまなバックグランドをもつ10人の研究者が研究を行いました。グローバリゼーションの是非に関して、多様な意見を1冊の本に並存させました。この多様性こそ本書の最大の特長です。

　本書出版の契機を与えてくれたのは大学教育出版の佐藤守社長です。100年に一度といわれるくらい厳しい経済状況の中、本書のテーマの重要性を感じ取り、積極的に後押しして下さった佐藤社長に心より御礼申し上げます。今回もこれまで同様、安田愛様が編集を担当して下さいました。細部にわたって骨のおれる緻密な作業を的確にこなしてくださいました安田様に感謝申上げます。また、厳しい日程の中、編者の修正要請などに真摯にかつ迅速に応えてくださった執筆者の皆様および翻訳者の方々にも感謝申し上げます。

　私事で恐縮ですが、3人の子どもの育児という裏方に徹する昌子の存在があってこそ、本書の執筆と編集に専念することができました。家内に多謝。

2009年3月

兵庫県川西市の自宅にて
杉田米行

執筆者紹介

序章、あとがき　杉田　米行（すぎた　よねゆき）（編著者）
大阪大学大学院言語文化研究科准教授。主な著書に Mark E. Caprio and Yoneyuki Sugita eds. *Democracy in Occupied Japan: The U.S. occupation and Japanese politics and society* (New York: Routledge, 2007); *Pitfall or Panacea: The Irony of US Power in Occupied Japan 1945-1952* (New York: Routledge, 2003);『ヘゲモニーの逆説：アジア太平洋戦争と米国の東アジア政策、1941年－1952年』（世界思想社、1999年）など。

第1章　森藤　一史（もりとう　かずや）
大阪大学大学院法学研究科教授。最近の著書に『ガイドブック　国際関係論』（共著、大阪大学出版会、2008年）、『概説　日本政治思想史』（共著、ミネルヴァ書房、2009年）など。

第2章　杉野　俊子（すぎの　としこ）
防衛大学校外国語教育室教授。博士（教育学）。主な著書に『トータル・イングリッシュ―インプット・アウトプット総合効果による総合的英語力増強法 ―』（大阪大学出版会、共著、2009年）；*Nikkei Brazilians at a Brazilian School in Japan: Factors Affecting Language Decisions and Education*（慶應義塾大学出版会、単著、2008年）；『英語論文の書式と使える表現集（ナツメ社、共著、2008年）；『大学で学ぶ議論の技法』（慶應義塾大学出版会、共訳、2006年）；『アメリカ的価値観の揺らぎ』（三和書籍、共著、2006年）など。

第3章　井村　俊義（いむら　としよし）
國學院大學兼任講師。主な著書・論文に「アメリカを内側から相対化するラティーノ：人種概念の溶解とチカーノ文化」（杉田米行編著『アメリカ〈帝国〉の失われた覇権』三和書籍、2007年）、「近代化に抗するテクスト：多民族から考えるボーダーランズ」（『多民族研究』2号、2008年）、「アメリカの帝国主義に抗するチカーノ：フロンティアとアストランの論理」（『和光大学表現学部紀要』7号、2007年）、「米墨国境地帯から考えるアメリカス：〈ボーダーランズの歴史〉の構築に向けて」（『アメリカス学会』12号、2007年）など。

第4章　中垣　恒太郎（なかがき　こうたろう）
大東文化大学経済学部専任講師。専門領域はアメリカ文学・比較文学・現代文化研究。主要論文に、「21世紀の『ボーン・イン・ザ・USA』―ポスト9.11時代のアメリカ大衆文化の想像力」杉田米行編『アメリカ的価値観の揺らぎ』（三和書籍、2006年）、「コミック・ジャーナリズムと戦争表象―スピーゲルマン以後のアメリカン・コミックス」『立教アメリカン・スタディーズ』第28号（2006年）、「『ノン・フィクション・ノヴェル』再考―『冷血』と映画『カポーティ』に見る視点の問題」『英米文化』（英米文化学会）第37号（2007年）、（共同執筆）伊藤詔子ほか編『エコトピアと環境正義の文学』（晃洋書房、2008年）、（共同執筆）越智道雄監修『9.11とアメリカ―映画にみる現代社会と文化』（鳳書房、2008年）など。

第5章　ゲイル・K・サトウ（Gayle K. Sato）
1986年米国ブラウン大学大学院修了。Ph.D.（英米文学）。ハワイ大学、慶応大学を経て、1997年明治大学文学部助教授、1998年同教授。専門はアメリカ文学、特にアジア系アメリカ文学、文学における戦争の記憶の表現。主要論文に、"'To attend the sound of stone': The Sensibility of Silence in *Obasan*" (*MELUS* Vol.12, No.3), "Momotaro's Exile in John Okada's *No-No Boy*" (*Reading the Literatures of Asian America*, Temple Univ. Press, 1992), "Lawson Inada's Poetics of Relocation: Weathering, Nesting, Leaving the Bough" (*Amerasia Journal* Vol.26, No.3), "Asian American Literary History: War, Memory, and Representation" (*Asian American Literary Studies*, Edinburgh Univ. Press, 2005), "Japanese American

Internment," "Karen Tei Yamashita," "Toshio Mori," "Wing Tek Lum" (*The Greenwood Encyclopedia of Asian American Literature*, Greenwood Press, 2008) など。

第5章　寺澤　由紀子（てらざわ　ゆきこ）（翻訳者）

明治大学兼任講師。2009年明治大学大学院博士後期課程学位取得（文学博士）。専門はアメリカ文学、特にアジア系アメリカ文学。主要論文に、"The Gendered Representation of Memory through Fetal Imagery: *A Gesture Life and Comfort Woman*" (*Global Perspectives on Asian American Literature*, FLTR Press, 2008)、「チカーナボディと境界のポリティクス」（『アメリカ文学』第68号）、"'Shifting the Pattern of History': Narration and Counter-Memory in Karen Tei Yamashita's *Brazil-Maru*" (*Feminist Studies in English Literature* Vol.13, No.2) など。

第5章　佐藤　隆夫（さとう　たかお）（翻訳者）

1982年米国ブラウン大学大学院修了。Ph.D.（実験心理学）。電電公社武蔵野電気通信研究所、ATR視聴覚機構研究所、NTT基礎研究所を経て、1995年東京大学大学院人文社会系研究科助教授、1996年同教授。

第6章　樋口　謙一郎（ひぐち　けんいちろう）

椙山女学園大学文化情報学部講師。東アジア政治・言語政策専攻。最近の業績に「米軍政期南朝鮮における国語醇化に関する一考察」（『比較文化研究』No.78、日本比較文化学会、2007年10月）、「韓国―初等教育政策の経緯と論点」（河原俊昭編『小学生に英語を教えるとは？―アジアと日本の教育現場から』めこん、2008年）など。

第7章　山中　亜紀（やまなか　あき）

九州大学法学（政治学）研究院学術研究員。主要論文に、「ライマン・ビーチャーのネイティヴィズム―信仰復興と教育による国民統合」『アメリカ研究』第40号（2006年）、「『ネイティヴィズムの再燃』論争をめぐって―多文化社会の『ナショナル・アイデンティティ』」『法制研究』第72巻第2号（2005年）など。

第8章　正司　光則（しょうじ　みつのり）

大阪大学非常勤講師。慶應義塾大学SFC研究所上席研究員（訪問）。慶應義塾大学大学院政策メディア研究科博士課程単位所得退学。最近の業績として、「日米防衛協力のための指針と周辺事態法 ― 北朝鮮の核実験と周辺事態の認定 ―」『国際情勢』第77号（国際情勢研究会、2007年2月）、「日米の安全保障政策における『空間概念』(1945-60) ― 二つの日米安保条約と『極東条項』の変容 ―」『年報戦略研究』第5号（戦略研究学会、2007年11月）、「日米安全保障体制における在日米軍駐留経費」杉田米行編『アメリカ社会を動かすマネー：9つの論考』（三和書籍、2008年4月）など。

第9章　上田　伸治（うえだ　しんじ）

アメリカ創価大学図書館特別プロジェクト研究員。創価大学法学部卒。クレアモント大学大学院修了、政治学博士（Ph.D.）。主な業績：『アメリカで裁かれた本：公立学校と図書館における本を読む自由』（大学教育出版、2008年）；『本と民主主義：アメリカの図書館における「表現の自由」の保護と制限』（大学教育出版、2006年）；『アメリカ社会を動かすマネー：9つの論考』（共著、杉田米行編、三和書籍、2008年）；『アメリカ〈帝国〉の失われた覇権―原因を検証する12の論考―』（共著、杉田米行編、三和書籍、2007年）；『アメリカ社会への多面的アプローチ』（共著、杉田米行編、大学教育出版、2005年）など。

■編著者紹介

杉田　米行（すぎた　よねゆき）

1962年大阪生まれ。大阪大学大学院言語文化研究科准教授。
主な著書に Mark E. Caprio and Yoneyuki Sugita eds., *Democracy in Occupied Japan: The U.S. occupation and Japanese politics and society* (New York: Routledge, 2007); *Pitfall or Panacea: The Irony of US Power in Occupied Japan 1945-1952* (New York: Routledge, 2003);『ヘゲモニーの逆説：アジア太平洋戦争と米国の東アジア政策、1941年－1952年』（世界思想社、1999年）など。

アメリカ・アジア太平洋地域研究叢書　第3巻

グローバリゼーションとアメリカ・アジア太平洋地域

2009年5月13日　初版第1刷発行

■編　著　者──杉田米行
■発　行　者──佐藤　守
■発　行　所──株式会社大学教育出版
　　　　　　　　〒700-0953　岡山市南区西市855-4
　　　　　　　　電話(086)244-1268㈹　FAX(086)246-0294
■印刷製本──サンコー印刷㈱
■装　　丁──ティーボーンデザイン事務所

ⓒYoneyuki Sugita 2009, Printed in Japan
検印省略　落丁・乱丁本はお取り替えいたします。
無断で本書の一部または全部を複写・複製することは禁じられています。

ISBN978-4-88730-901-2

> **アメリカ・アジア太平洋地域研究叢書
> 全4巻**
>
> 大阪大学　杉田米行 編著

[既　刊]
第1巻　アジア太平洋地域における平和構築
　　　　―その歴史と現状分析―　　　　　　　2007年4月刊
第2巻　アメリカ外交の分析
　　　　―歴史的展開と現状分析―　　　　　　2008年4月刊

[以下続刊]
第4巻　日米の社会保障とその背景

　アジア太平洋地域の安全保障に関する論文・書籍はすでにたくさん刊行されているが，従来，日米同盟や多国間地域機構など軍事面に焦点を絞った研究が多い。本叢書では，この地域の軍事問題のみならず，さまざまな平和構築の方法，外交政策の歴史的分析，グローバリゼーションの影響，近年ますます重要性を増してきた社会保障を大きなテーマとして取り上げ，当該地域の研究に新しい視点を吹き込むことを目的としている。学問分野を横断し，思想・学派・立場などを超えて，この地域の複雑な様相について多角的に知見を提示する。